U0029412

Empire of Love: Histories of France and the Pacific

愛的帝國

權力與誘惑，作為感官文本的「法屬太平洋」

Empire of Love

Matt K. Matsuda

馬特・松田——著 丁超——譯

目次

導論

田園詩與帝國主義：太平洋地區糾纏不清的生命
棕櫚樹旁的兩個原住民女孩和歐洲男人（一八四七年）
圖片來源：澳洲國家圖書館／Charles-Claude Antiq.

沿著提帕魯伊（Tipaerui）①峰巒起伏的山道迤邐而上，群峰之間是碧綠谷地，峰頂俯瞰大溪地首府帕比提（Papeete），沿著這條路，可找到保存法屬玻里尼西亞領土檔案的地方。在那數不清的事務清冊、行政要求，和一箱箱裝滿蓋有印信的手寫命令以及遞交各機關與各部會的報告中，仍可看到引述著一個惹人注目的計畫，直到十九世紀，這個計畫都還深深影響著法國文學以及治理殖民地的作為：在太平洋上打造一個愛的帝國。

下面的故事主要側重於這個計畫的歷史體裁與其爭議。法國航海家路易斯．安東尼．布干維爾（Louis-Antoine de Bougainville）在一七六〇年代為歐洲及全球締造了一則著名的敘事神話，他報導自己在馬塔瓦伊灣（Matavai Bay）②受到的款待，那裡距離提帕魯伊大約十公里，「一艘艘獨木舟上滿是女人，她們的姿色及風韻，比起多數歐洲女子，毫不遜色……這些精靈般的美女大都一絲不掛，而隨行的男人與老婦早就脫下了原本遮蔽下體的腰布。」他熱情激揚的敘述，認真傳達了法國人涉入太平洋地區的本質，那是屬於感官與情色誘惑的意圖。這些意圖開創了一種異國情調風格，與「令人咋舌但慷慨的當地東道主」，以及「能與風情萬種的『海島女子』輕易發生性接觸」等報導都是同一回事。[1]

在兩代人的時間裡，太平洋上的接觸是鋪天蓋地的殖民主義，體現在宰治及占有的教條和實踐，但其中倒也不乏愛的意旨。提帕魯伊檔案保存著十九世紀殖民地指揮官下達給麾下各駐地首領的指令，從這些最本土基層的指令中便可看出端倪。發給拉帕島（Rapa）③一名法國憲兵的信函是以責任訓示為開頭：「即日起，你將擔任拉帕島哨所指揮，」任務包括組織學校、郵政服務、氣象站、補給站和行政辦公室。這些主要殖民機構是在一個熟悉的邏輯框架中運作：「你們要盡一切努力在這一小片人口中推展有益於己和文明的行動，」對於這道著名的法蘭西帝國「文明使命」（civilizing mission）召喚，凌駕其上的還有最高級別的第一要務：「你們的首要職責，是要讓原住民熱愛法國——他們的新祖國。」[2]

從布干維爾的故事和關於法國憲兵上任時接獲的指令中，冒出若干有趣的問題。是什麼樣的歷史性布局，將「法國」與「原住民」的關係牽扯到對立的「帝國」與「祖國」之間的「愛」？在冠冕堂皇成為大洋洲（Oceanic）④、亞洲和歐洲互動場所的「太平洋地區」，這

---

① 大溪地的一個居民區。
② 位於大溪地的北海岸。
③ 位於太平洋東南部的一座法屬火山島。
④ 地緣政治學用語，將澳洲與太平洋諸島嶼併稱的地理區域。

些布局又扮演何等角色？為了找出答案，我仔細審視這個帝國，在我眼中它是在太平洋地區不斷變化的一種操作，它畫界於、同時也付諸心血於愛的展現，這是法蘭西帝國計畫重要的構成部分。無論是渴求異國的情欲感官或是政治親和，從玻里尼西亞到東南亞的統治、反抗及結盟作為，在歷史上都與愛的操作有所瓜葛。

本書各章詳細介紹了不同地區的帝國運作及愛的操作，對眾多族群特定的大致原貌、遭遇的挑戰及歷史定位做了概述與考察，對象包括大溪地王族、新喀里多尼亞（New Caledonia）[5]的卡納克族（Kanak）戰士、法國資產階級政客、窮困的大洋洲白人移民、流放的犯人、富圖納（Futuna）[6]酋長、中美洲印地安人勞工、條約口岸與殖民地大雜燴的東亞及東南亞籍居民。這許多故事——有關權力和藝術、勞動和奴役、信仰和傳統、階級和種族、家庭和意識形態——是從多個視角來突顯出組成法屬太平洋上一個「愛的帝國」諸多當地特色的龐大敘事。這裡沒有什麼經驗是獨一無二的，然而，源自一成不變的歷史布局下，表現「愛」的方式卻明顯不同：一切不外乎帝國不斷侵占導致的談判衝突，以及對於帝國愛恨交織的掙扎。

故事發生在多個地點和背景中，所以我從空間和地方說起，試著重新想像以大航海時代的縱橫四海重新組構歐洲的太平洋歷史。對歐洲而言，太平洋是在世界的另一頭，並不具備像是與地中海或大西洋那樣直接毗鄰的意義。那麼，這片占地球表面三分之一、完全不和歐洲接壤的廣袤空間，應該如何利用呢？法國海洋作家稱其為「大海洋」，這是一片遼闊的水域，向東、向西的盡頭觸及海岸，宛如歐洲人印象中行旅商隊前往「東方」時所遭遇的毫無路線可循的浩瀚沙漠。[3]「太平洋」在這樣的敘述中是如此遙遠，唯有透過跨越時空距離的文字與想像而賦形。時常見到有記述文硬生生地給太平洋地區的人民戴上「孤立」的帽子：一九〇〇年大溪地的「開發遲緩」被歸咎為「她與世隔絕，與祖國距離迢遙」；新喀里多尼亞「人性低劣」是因為該群島「極度孤立」[4]。如此這般，永遠以歐洲為依歸並對當地進行責難，卻忽略了太平洋地區的人民幾個世紀以來的遷徙與航海活動，何況往往都是因為殖民者畫界設限才中斷了當地的交流。

⑤ 位於大洋洲西南方的法屬群島。
⑥ 南太平洋霍倫群島中的一座島嶼。

有別於這種太平洋乃龐然虛無的陳腔濫調，艾培力・郝歐法（Epeli Hau'ofa）[7]等學者把空曠的海洋重新想像成「島嶼之海」，以島嶼之間的連結摒除距離，將原本被斷定為孤立的島民重新設想為流動的「大洋」民族。透過馬紹爾群島流傳的傳統密克羅尼西亞原住民（Micronesian）[8]航海圖，同樣可以觀察太平洋地區的空間，這些航海圖以硬木枝相互搭接、綑綁構成輪廓，勾勒出航海路線和深海湧浪模式（swell pattern）[9]。這種模型將島嶼群呈現為多重木枝框架的交叉點，而代表洋流與潮汐的木枝在此彎折，這恰好與紙本地圖相反，紙本地圖以著色的正空間代表陸地主體，水域則呈現為無著色的負空間來表達邊界與禁區。[5]

原住民使用的航海表述——集其一切豐富多采的航海、天文與神話元素——這種象徵手法雖顯粗糙，但也頗具啟發性：太平洋並非孤立的，而是充滿錯綜複雜的歷史。對所有強行加諸於太平洋的敘事，在這裡都被反將一軍，換成由「太平洋地區」來形塑歐洲歷史。於是，一個貿然介入的歐洲的種種故事，都被解構重置在一幅「航行圖」（chart）上，它的木枝架構本身已具備時間、空間與目的地的特定造型，不像西方本位的地圖把所有地理位置全部畫入正式邊界之中。[6]

這樣的重新定義十分動人，用的方法是借鑑考古人類學家布朗溫・道格拉斯（Bronwen

Douglas）「策略性挪用他人概念」的論點，將大洋洲與歐洲結合在一起。[7]航行要衝的思維透露了法國海洋政策的某些面向——尤其是為了測繪集結、補給和轉移地點及交會點的地圖來定義太平洋所做出的想像。一八四三年，有位法國作家武斷地說，太平洋上的島嶼「可能永遠都不過是被當作『休憩點』（points de relâche）罷了」；到了一九〇〇年，則有其他人指出「那些著名的『集結點』（points d'appui）應該成為（我們的）行動基地或避難港。」在他們這些文字定義中對於休整及武力集結點的呼應，這種強調，並非宣告要對更大區域進行控制，而是要主宰關鍵的航道、航行要衝及補給站所在的位置。[8]

從這類特殊地點衍生而來的歷史應該很少中斷；即便是對「大海洋」漠不關心的歐洲學者，長久以來也受益於一如對太平洋投入大量研究的這種地方性思考。這種方式讓學者有辦法針對小聚落、特定地區的紀念活動與節日慶典、原因不明的反抗和叛亂、短暫的心智狀態

⑦斐濟籍東加作家和人類學家。

⑧太平洋三大島群之一，另外兩大島群為玻里尼西亞、美拉尼西亞。

⑨與風浪不同，湧浪是從外水域生成傳來的浪。

（mentalités）、話語習俗和地方回憶（lieux de mémoire），進行歷史人類學研究（民族誌研究）。在太平洋歷史上，葛列格・丹寧（Greg Dening）⑩和尼古拉斯・托馬斯（Nicholas Thomas）⑪等學者，透過對於相遇、交流和互派使者的研究，反覆證明了多起事件或一系列的相關事件是如何體現出與族群、文化或特定年齡相關的共通性，這個發現令人振奮。[9]

休憩點和集結點處於獨特的位置，每一處都具有諸多特定時刻和外部共振從而構成潮汐及波浪模式的意義，這些獨特的位置就這樣參與了太平洋的歷史。這也指出了在其他大洋洲地點之間接觸、相遇和文化轉移所形成的不斷變化的路線與航行。就這一連串的地點與遭遇來想像，與其說「法屬太平洋」的定義是一種征服與探險的政治或機構性敘述，倒不如把它說成是對歐洲、大洋洲、美洲和亞洲在時空及地理上融合在一起的時刻與地點的突顯。這種說法可以由郝歐法的海洋觀來定義，他在架構上援引馬歇爾・薩林斯（Marshall Sahlins）⑫令人難忘的一個詞「歷史之島」，鏗鏘有力地掌握神話般的區別與孤絕，同時也在具有爭議的時間與編年史中，反映出太平洋地區的深層含義。[10]

這種對於獨特性的強調，事實上與該地區的學術歷史完全吻合，也就是說，大洋洲上的法蘭西帝國是一個偶然的產物，肇因於一連串事先無從預料的部會決定、海軍指揮官造成的既成事實（fait accompli）、移民者煽風點火的影響、島民的關切、民族主義分子的壓力，以及在一旁虎視眈眈的其他歐洲強權。在十九世紀，法屬太平洋的地理疆界從來都不是一個明確界定與加以固守的地區，而是一系列不斷變化的地點，它們隨著政治、商業和意識形態的命運，時而具備、時而喪失其存在意義。

這些星羅棋布的微妙地點和位置究竟如何構成一個「愛的帝國」？對此，正是它自身姑且認定的領土的不確定性提供了不少回應。「法屬太平洋」之所以成為一個獨特的地區，是因為該地區在紛至沓來而且往往未有定論的聲索下變得支離破碎。英國殖民威權在印度的日常治理，或在澳洲及美洲不斷擴展的邊境敘事，廣泛涵蓋在與地方及帝國無數對手的衝突當

---

⑩澳洲太平洋歷史學家。
⑪澳洲歷史人類學家。
⑫美國人類學家。

中，然而對於異常繁多紛雜的各色人種與環境，往往只具有暫時性的權力。這突顯出與其說太平洋是殖民歷史或擴張主義領土控制的場所，不如說是高度不穩定和激烈衝突的地區，特別是對法國人而言，他們一直沒得到像澳洲和紐西蘭這樣的移居地，直到十九世紀末才鞏固了對於「印度支那」的控制。[11]

至於向南延伸至包括玻里尼西亞和充當流放地的新喀里多尼亞的所謂「法屬」太平洋，比起有屯墾者定居的殖民地，更像是一片衝突層出不窮、僅供臨時駐紮的區域。一八四三年，法國在大洋洲占領地的總督阿爾芒．布魯特（Armand Bruat）自帕比提發回國內的報告中如是說道：「很多人都搞不清楚，他們認為政府的目標是為出口產品建立一處殖民地，然而這裡島嶼面積狹小，缺乏人力和勞動人口……不利於長治久安。」在同一期間，大溪地女王波馬雷（Pomare）曾經提到：「一八四二年之前，住在我島上的法國人只有九個，就那麼九個。」[12]

法國人介入太平洋時，便是以這種毫無章法的方式粉墨登場，然而其扣人心弦的敘事，在吸引、形塑、定義（和維繫）法國在太平洋上的存在著實功不可沒。他們透過王室架構、帝國與共和政體、傳教士、商人和海軍統帥，開始規畫出駐留站、領地和受保護國，然而「帝國」的成分主要存在於話語、情感、和啟蒙願景的範疇：夏多布里昂（Chateaubriand）⑬流亡的故事、布干維爾眼中感性的「新賽瑟島」（New Cythera）⑭、狄德羅（Denis Diderot）⑮露骨的嘲諷。「皇家南海」任務創造了一塊關於失落、關於回憶的界域，留下了廢墟和祕辛：謎樣般消失的法國探險家拉彼魯茲（Comte de La Pérouse）⑯，而不是庫克功成名就的英勇事蹟（儘管最後賠上性命）。[13]

如果沒有這些文學及哲學範式，就無法說明十九世紀法蘭西帝國主義的浪漫性質；這麼說來，「帝國」中的「法屬」成分，是由故事和未實現的占領野心怪異串聯而演變出來的。英國性學專家哈維洛克・艾利斯（Havelock Ellis）⑰曾建議從十八世紀感傷主義中汲取靈感，

---

⑬ 十九世紀法國知名作家兼政治家。

⑭ 此處用以隱喻大溪地。在希臘神話中，愛神阿芙羅狄蒂誕生於賽瑟島。

⑮ 十九世紀法國啟蒙思想家。

⑯ 十八世紀法國探險家，率隊前往南太平洋企圖完成英國船長詹姆士・庫克（十八世紀英國探險家，航行至南太平洋，遭當地土著殺害）未竟之事，後來失蹤。

⑰ 英國醫生，研究人類性心理與行為。

到太平洋地區建立一種「法國模式」。「這些法國航海者與傳教士——雖說其中不乏若干頗有名望且頭腦較清醒的英國人及其他水手，當他們詫異於眼前奇怪的行為和風俗習慣（但往往如此殷勤又荒誕），會因而感到興奮和陶醉。」[14]

美國歷史學家派特里夏．斯德（Patricia Seed）⑱指出，自十六世紀開始，以資產為重心的英國殖民主義是如何專注於屯墾定居及開闢種植園，與此同時，法蘭西帝國則深受禮節政治及王室恩寵影響，其特徵是「尋求結盟，觀察土著民族的態度與言行，見機行事以博得人心。」[15]在十九世紀，感傷主義與政治親和力被重新轉化為對人民、國家和新領土形形色色的依戀與嚮往。法國作家斯湯達爾（Stendhal）⑲在他的經典之作《愛情論》（*de l'amour*）中，描述了從義大利人的善嫉到德國人的神祕主義等各式各樣的歐洲情感面貌。他認為，大革命之後的法國人在政治與情感的結合上獨樹一幟，「為『民族激情』的需求，奉獻了愛」。很顯然地，法蘭西帝國主義者及思想家經常認為，自己對殖民地人民的「同化」乃是一種真心誠意的情感交流，完全不同於盎格魯-撒克遜人只會「剝削」殖民地。[16]

風行一時的煽情主義著作諸如《殖民地愛的藝術》（*L'art d'aimer aux colonies*），也曾提出獨特的法國特色論點，尖銳地就大溪地女子的故事來比較庫克和布干維爾的作為，聲稱

「你會注意到這兩位知名航海家對這件事情的敘述有多麼不同。」英國的庫克說這是「維納斯的恩賜」，但布干維爾就「更加坦率」、不帶「虛偽的端莊」，他不假辭色地承認有些水手禁不住誘惑而縱身於情欲享樂。[17] 從這些太平洋的故事中，我們清楚看到法蘭西帝國基本調性的特殊之處——那是對情欲想像、世俗吸引、民族和拉丁式友愛的一種好奇而又富有歷史性的立場。

這樣的敘述，讓殖民地和領土變得具有吸引力且令人嚮往。一八八一年，在法國海軍將官布羅薩德·德·科爾比尼（Brossard de Corbigny）的手稿中如此描述大洋洲中部：「今天，此地全部居民都孤立於世界其他地區，悲慘地活在沒有工業的環境中。」雖然這位將軍使用「孤立」一詞，但他同時相信自己的眼光，認為帝國可在休憩點上建立燃料補給站，使得「貨船能從巴拿馬順利航行至雪梨」，如此一來島民與殖民者均可蒙受其利。[18] 這種將帝國利益提升為共同利益的作法，是「文明使命」的一部分，藉著將帝國妝點成造福世界的一股開明

---

⑱ 以專研製圖和導航歷史聞名。

⑲ 本名為馬利-亨利·貝爾，筆名斯湯達爾，著有《紅與黑》。

力量，來為愛的想像賦予意識形態。當時，法蘭西帝國的擴張正從皇室勢力過渡到由共和政體主導，將帝國海外屬地改以用熱情來營造，或許是最能讓人民信服的文明敘事，同時也把感傷主義遺緒帶入了民族時代：以愛的語言來表述帝國主義。

義大利作家路易莎・帕瑟里尼（Luisa Passerini）在其著作《愛在歐洲，歐洲之愛》（*Europe in Love, Love in Europe*）中曾提出：「大多數人想到歐洲時，腦海中浮現的印象都與愛無關：都是些經濟的、軍事的、或商業的事物。這項調查……致力將思想史的研究和國際接觸及交往的研究，與情感、文學及文化生成的歷史寫作重新聯繫起來。」[19]

帕瑟里尼的見解一體兩面地適用於帝國和殖民主義。有關帝國主義商業及經濟邏輯的經典研究，可以追溯至霍布森（John Hobson）[20]和列寧[21]，然而軍事史則一直都是不斷的征服、安撫、和治理的敘事。在這種敘事體中，「愛」似乎顯得有點格格不入。不過歷史學家文斯・拉斐爾（Vicente Rafael）倒是揭露出菲律賓菁英分子對所謂美國進步主義和日本泛亞現代性的「白色之愛」[22]。然而，諸如約翰・赫斯特（John Hirst）和珍・山姆森（Jane

Samson）這些論點迴然分歧的學者則把對澳洲的敘事編織成一種遵循英國「帝國善行」殖民邏輯的「多愁善感國度」（Sentimental Nation）。[20]愛麗絲・康克林（Alice Conklin）、朱莉婭・克蘭西－史密斯（Julia Clancy-Smith）、法蘭西斯・古達（Frances Gouda）和安托瓦內特・伯頓（Antoinette Burton）等歷史學者的研究，拓展了帝國計畫中關於人道主義意識形態、性別角色，以及物質與情感家庭之間的交集。這類研究的翹楚之一——安・斯托勒（Ann Stoler）㉓反覆表明，情感和親密關係的充分實現，可以像經濟發展、基礎教育或衛生與保健計畫等更熟悉的「文明使命」組成要素一樣，成為帝國的一部分。[21]

愛絕不只是一種對抗權力、無視帝國威權的親密情感，它可以是，也曾經是威權的一部分，是一種強大的組織力量和競爭場域。一八八六年，法國殖民地行政長官朱勒斯・布藍蘇貝（Jules Blancsubé）為西貢一家報紙撰文，高度頌揚：「我滿懷激情地熱愛富有活力的交

⑳ 英國經濟學家，其著作《帝國主義》對列寧的思想產生重大影響。
㉑ 蘇聯創始人，領導發動十月革命，推翻俄國臨時政府。
㉒ 參見*White Love and Other Events in Filipino History*，Duke University Press Books，2000。
㉓ 歷史人類學家。

趾支那（Cochinchine），大家都期望它變得偉大繁榮，我們都渴望它成為法國的好幫手。」將法屬印度支那的第一個殖民地營造成「我們心愛祖國的一支全新且相當可觀的力量」，布藍蘇貝將此視為他的個人成就。如同布藍蘇貝所理解的，他對交趾支那的愛，僅是為真正摯愛的祖國獻身服務的一種巨大政治權力來源的實例。他對自己的計畫和他的帝國臣民信心十足：這群人對法國的愛，對我們的信任，絕對形成了我們在此地事務上最堅強的力量。[22]

即使布藍蘇貝的計畫受到了來自村民、官員和武裝叛亂分子的慫恿、推動和挑戰，然而這群人之間的關係只能以龐雜曖昧的若即若離來定義。這種競爭勾勒出一個強而有力、但永不確定的愛的帝國變化無常的邊界。這樣的帝國是一個沒有疆界的空間，它是一組興衰起伏不定的地點，興起於特定的權力與事件、場所與時刻的交會，在那裡，歐洲人和美洲人從法國航向大海洋，就這樣與大洋洲世界及亞洲領土締造了關聯。

這個帝國的界限取決於不同的聲索權主張。因此，我探討的主題必然侷限在法國殖民地的管轄範圍（例如，法屬大洋洲機構〔Établissements français de l’Océanie〕），不過也有些例外——主要在美洲和亞洲。在日本展開的故事牽扯到玻里尼西亞的鬥爭，而中美洲發生的英雄事蹟與悲劇，則歸屬到法國西部與澳洲海域的脈絡。大洋洲上的法屬太平洋地區、亞洲、美洲和歐洲，在軍事、商業、宗教以及情感的清晰表述方面，譜出了感性十足與充滿異國情調的田園詩。我對於素材的採用原則，是有選擇地從一個斷斷續續述說其殖民地及治理方式的「法屬太平洋」的歷史中來界定。大致說來，我以自己描述的休憩點和集結點為樣本，串連這些地點上屬於政治、經濟、治理、和美學體系的時刻，並以此角度來探視帝國主義。[23]

本書第一章我們會造訪法國大西洋沿岸一個有著旱船塢的小鎮，有位拜物教徒作家和其死忠信徒在那兒創造了一個瘋狂的大洋洲幻想。故事會聚焦在皮耶·羅逖（Pierre Loti）㉔這位海軍軍官兼文學家身上，以及他的強大後盾——茱麗葉·亞當（Juliette Adam）㉕，細細琢磨這對令人驚詫的男女的「浪漫」，如何讓他們創建了一個大受歡迎的海外帝國，而這也反射出兩人對國家高度情緒化的理想。在第二章，我們前往巴拿馬，在那兒，浪漫的耶穌會遺址、地峽人民（isthmian people）、和法國的運河計畫映照出聖西門主義（Saint Simonian）

㉔本名朱利安·維奧，著有《冰島漁夫》、《菊花夫人》等書。

㉕法國作家和女性主義者。

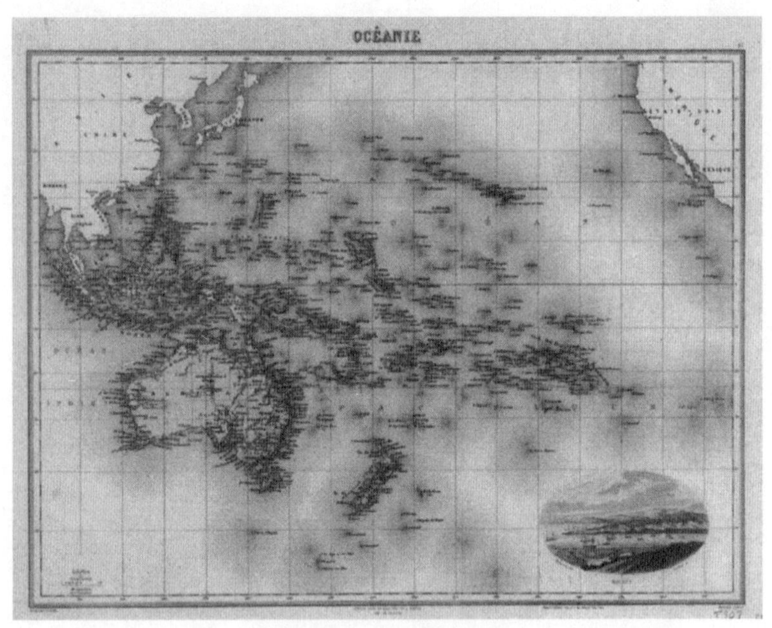

大海洋：愛的帝國？

法國人繪製的大洋洲；新喀里多尼亞的諾美亞港入海口

圖片來源：澳洲國家圖書館

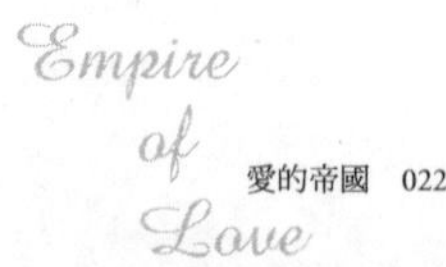

[26]愛的群眾，他們密謀以熱情的高盧民族主義來征服太平洋航道。在太平洋的瓦利斯島和富圖納島，神父們遭遇拉維魯阿氏族（Lavelua）尼里基王（king Niuliki）的挑戰，在此，一名殉道者之愛促成神聖與世俗結盟，從而產生了南太平洋的第一位聖徒。在大溪地，我們將被投放到一個其暴力征戰曾一度載入海軍戰史及大洋洲歷史、但之後又被刪除的地方，諸如波馬雷女王和法國海軍軍官為了爭奪社會群島（Society Islands）[27]控制權而進行的戰爭與結盟，過程中或曾傳出與大溪地「原住民」的感官之愛。在新喀里多尼亞，歐洲屯墾者、管理者和流放當地的囚徒，面臨了一項遭到當地卡納克族土著反抗的帝國計畫，因為該計畫要為移居當地的殖民者提供愛的媒合並藉以建立家庭。

我們審視法國在東南亞屬地一貫地以國家之愛、挾制「原住民」、和殖民式婚配等算計，來伸張其殖民地訴求，以及越南人如何在殖民結盟與武力反抗中的同樣遭遇，那麼也許在印度支那的遊歷便是以愛來操作政治的最明顯的表述。在這段航程末了，我們一路北行，來到

㉖ 十九世紀上半葉法國的一項政治、宗教、社會運動。
㉗ 名稱源自派遣庫克船長探索世界的英國皇家學會。

日本，透過長崎港一家茶樓裡的菊花夫人（madame chrysanthème）的淚水，看看法國自身處於危機中的歷史——亦可在巴黎歌劇院欣賞相同橋段。此處，我們深入了解日本和法國針對東、西方政治、經濟、公民、與情感生活本質的辯論，以及愛之於現代國家的可能性，因為雙方競相定義以上所有研究的共通之處：對帝國愛恨交織的矛盾互動。

太平洋上如此彆扭的一個愛的帝國框架形塑於政治之下，並在十九世紀中葉透過文學傳記與帝國主義虛張聲勢的形式，讓歐洲觀眾們大開眼界。沒有人能比身兼作家及海軍軍官的皮耶·羅逖（即朱利安·維奧）更能融入並利用這個時刻。他的一生（一八五〇至一九二三年）恰到好處地涵蓋了上述段落中所提的幾十年的遊歷經驗，作為小說家，他創造出膾炙人口的「拉拉呼」公主（Princess Rarahu）[28]、《菊花夫人》[29]和《冰島漁夫》中的布列塔尼水手亞恩和席維斯特雷（而他的筆名「羅逖」則取自大溪地的一種花朵），這些故事讓他的名聲遠遠傳揚到他的文學讀者群以外的世界。他的文采加上他的軍事身分，使他能夠經常將自己的文章寫在戰艦指揮官、殖民地文宣、大眾傳播記者以及致海軍部長的報告與文件中。

身為一名艦隊軍官，羅逖的任務是確保法國海軍及海洋權力得以行使於亞洲各條約港及島嶼殖民地。身為一個文化人物，他的異國情調愛情故事引發人們嚮往玻里尼西亞或亞洲（以及土耳其和阿拉伯）事物的時尚風潮，並被巴黎、倫敦和紐約劇作人改編成歌劇演出。英美作家亨利．詹姆斯（Henry James）非常欣賞法國人，曾如此評價其性格：「我們欣賞他們的質樸，我們普遍喜歡他們的風格。最重要的是，沒人能像羅逖那樣，讓我們愛上他的情人。」[24]

羅逖的異國戀人乃因帝國而出現；另一方面，這個帝國是隨著他一生之中不斷變化的法國而形塑，對他來說，沒有人比他的繆斯女神以及莫逆摯友茱麗葉．亞當更能體現這個法國。作為第三帝國時期的自由思想家與後來共和派的顯要人物，這位政治上有權有勢又長命的亞當（一八三六至一九三六年）是羅逖的守護神，也是羅逖既愛戴又特別尊崇的少數女性之一。法國共和派政治家萊昂．甘必大（Leon Gambetta）稱亞當為「偉大的法國女性」，她長期

㉘ 他在《羅逖的婚姻》一書中這麼稱呼他遇見的大溪地女孩。

㉙ 義大利歌劇《蝴蝶夫人》改編自此劇《菊花夫人》。

為自己的《新評論》（*Nouvelle Revue*）擔任編輯，她的黨派活動、政治沙龍，以及她大量關於國際事務、道德哲學、女權主義和宗教的著作，巧妙捕捉到了愛與民族主義者的相互呼應，這正是法蘭西帝國政治的核心。

羅逖與亞當的雙人搭擋將穿插於本書各章節之中，然而其本身並不扮演「殖民」角色，而是充當「休憩點」與「集結點」——從亞洲和南海的文學和政治生成背後帶出了帝國主義不斷變化的介入。羅逖著眼於太平洋各地的戰略地點，手稿上滿滿寫著對西方的移入與習慣的尖銳觀察，以及深刻的懷舊之情，對他來說，這標誌著太平洋「傳統」的崩潰和消亡。身在巴黎的亞當，發表了有關亞洲和大洋洲帝國的文章，批判在新喀里多尼亞的殖民政策，並闡明了一個真正的高盧、拉丁，與法國世界存在的意義。兩人彼此呼應著一個永恆的大洋洲與孩提時代對東方的想像，從而塑造了愛情故事，其中的激情與渴望、失落與懷舊，勢必成為帝國宰治的必要元素。[25]

羅逖離開大溪地之後，於一八七八年在其著作《羅逖的婚姻》（首先由亞當出版）中，回想自己的玻里尼西亞情人「拉拉呼」，「他開始愛起她，真的愛上她。他想知道，他那遠方朦朧的愛如今變成什麼樣子，她是否渴望著他」。這種陳腐的南海囈語不斷刻板地重複著，曝露了所謂法屬太平洋的可能性深深銘刻在沒完沒了的愛與政治表述的形式之中。羅逖的朋友、小說家保羅・布爾熱（Paul Bourget）在一八八九年的著作《現代愛情》（*l'amour moderne*）中推出自己的一套公理：「專一的愛意味著擁有，正如同勇氣意味著危險。情人猶如和平時期的士兵，而愛其者則猶如作戰中的士兵。」情人們如同士兵，於是帝國主義便是占有；羅逖的感情亦是如此，由海島上的歡愉構成，在履行對法國的使命中方才實現。[26]

在羅逖啟航離去之際，他像一個真正的情人和堅定的殖民主義者一樣，開始思考是否能夠滿足於自己的存在。羅逖藉由分析並擁抱「文字的樂趣」，從而形成了自己的帝國權威，正是這些帝國與敘事的魅力、樂趣、誘惑及策略，讓彼此相輔相成。美國作家賽迪亞・哈特曼（Saidya Hartman）靈活勾勒出可以讓諸如「享受」等用語在法律上成立的使用方式，例如「滿意地擁有、占有和使用；占領或受益於」。那麼，當故事或實踐中的這種「享受」是滿意地行使占有和占領時，帝國主義的樂趣就很容易被喚起。[27]

帝國的愛被證明是非常矛盾的——渴望和「享受」主人的地位，以及殖民地臣民的關注，但又帶有強烈的焦慮：種族、社會秩序和文明地位的界限，由於島上土著王族的受洗靈魂、歐亞混血的梅蒂斯（Métis）㉚聯繫、公然的軍事抵抗、土著官員的成功「仿傚」或經濟現代化等而變得複雜起來。[28]因此，「愛」絕不僅僅是一種普通的島嶼式情欲——而是像變動的集結點——一種以多重且高度政治分贓的奉獻與結盟為特色的一系列不穩定、潛在暴力的爭議性過境點。馬克斯．拉蒂格在其著作《最後的蠻族》（*The Last Savages*）中用一句話來總結馬克薩斯群島：「在努庫希瓦（Nukahiva）的駐軍只會招徠對法國一詞的恐懼與敬畏。雖說這相當過分，然而卻使法國至今仍然受到愛與祝福。」[29]

到了二十世紀中葉，高棉㉛王儲西索瓦．尤德馮（Sisowath Youtevong）為這種政治上的泛愛景象做出一番理想上的表述：「法國為己聚集了許多文明，這些文明標誌著人類的藝術、哲學和精神史；這些文明……允諾要自我豐富、去愛、去服務，而不要自暴自棄。在日常生活習慣中的產物，無論自願接受與否，都不是一種奴役關係，而是一種愛的交好。」[30]我所審視的正是這種愛與奴役之間的緊張關係，因為它們在塑造帝國的過程中表露無遺。

這種帝國主義的激情和權威完美勾勒出十九世紀中期至二十世紀初，歐洲國家在太平洋

地區巨大且充滿矛盾的野心。像浪漫主義欲望那種想把地球上所有的人全都吸引到西方文明盛大敘事中的計畫所造成的互斥效應，將是一場世紀末的終極危機。按地緣詩學（geopoetic）的觀點，一八八九年的《法屬大洋洲旅遊指南》（*travel guide de France en Oceanie*）捕捉到了一場橫跨太平洋的航行，然而那並非無遠弗屆的廣袤經驗，反倒把人禁錮在無比壓抑的藍色邊際之內：「一如波特萊爾（Baudelaire）[32]所言，我們感到無限的概念正在消失，代之而起的是侷限、狹隘、自我囚禁的模糊情感。」[31]

在政治和意識形態上，十九世紀後期的帝國主義擴張，還不夠格號稱已達到斯蒂芬·格林布拉特（Stephen Greenblatt）[33]所描述的那種非同凡響的境界，這種境界是歐洲文藝復興晚期西班牙、葡萄牙、荷蘭和英國——或啟蒙運動時期法國——帝國主義願景的特徵。在那些驟然間變得更大的宇宙裡，出現了難以想像的新人種、植物與動物的新物種，以及像太平

㉚ 法文意為既有原住民血統又有歐洲血統。

㉛ 柬埔寨歷史上的一個帝國政權，其最大遺產之一為吳哥城。

㉜ 法國詩人，象徵派詩歌先驅。

㉝ 美國莎士比亞文學史學家和作家。

洋這樣的新地區，在在都與世紀末帝國列強所瓜分的世界形成鮮明對比。英國早已擁有一個日不落帝國；德國叫囂著要在陽光下分一杯羹；抵達北美西海岸後，美國已經擴展到了北美大陸的極限，眼看就要把太平洋視作其「昭昭天命」（Manifest Destiny）之擴張的閉幕式。在這些帝國的畫界當中，羅逖哀歎道：「殖民地曾代表我通往未知世界的門戶；但如今它還能帶我前往何方？前往哪些我尚未探索過的海洋？」[32]

進入十九世紀和二十世紀之交，殖民帝國表述已從「發現」、冒險和領土聲索轉型為治理，這在倫敦和巴黎的殖民博覽會上最為明顯，以往在大會上被視為「活藝品」的島嶼土著，如今則被推定要「受保護」，並被掛上了大都會主子的下屬身分，成為民族國家的一部分。在一九〇〇年的全球殖民地會議（International Colonial Congress）上，法國代表宣布：「征服的時代已經結束；此刻需要進入發展時期。」法國共和總理勒內・瓦爾德克－盧梭（Rene Waldeck-Rousseau）將殖民政策從「同化」轉向「聯盟」，這是一種新的法國領土與其保護國共同體，其意識形態空間承諾為海外領土本身提供「經濟力量與人類發展」。[33]

對於尚・路易・德・拉尼桑（Jean Louis de Lanessan）與阿爾貝・薩羅（Albert Sarrault）等殖民地總督，或身兼外交家和地理學家的奧古斯特・帕維（Auguste Pavie）[34]來說，這理應是開明統治新時代的正式到來。但對於羅逖來說，在認知到如此計畫後他覺得十分可悲，理由是這將為他所厭惡的帝國主義面向賦予權威和願景：殖民地、利益與治理者成了活生生的現實。然而，他或許會理解，後來的這種治理實踐本身是多麼仰賴愛的語言而慢慢被塑造出來，以至於寮族村民將會對帕維在他們領土上的介入做出如此回應：「你是我們家庭和人民的父親。我們像無知的孩子一般向你致敬……長久以來，早在龍坡邦（Luang Prabang）㉟見到你之前，我們便已認識你，也愛著你。」[34]

羅逖所處時代的男女們，從十九世紀中葉到二十世紀的前幾十年，藉著把「文明使命」結合到探索之旅中的浪漫事蹟，從而創造了一種新的全球宰治，其前提是象徵性地抹去以政治和經濟網絡所建構的殖民主義體系，對此，「法國教育界」（universitaire）和評論家費利

㉞ 法國殖民長官，促成寮國保護國的成立。

㉟ 寮國古城，屬世界文化遺產。

西安・查拉耶（Félicien Challaye）[36]不久後將其稱之為「一種政治壓迫統治，其目標是經濟剝削人民主體」。在亞當的政治與文學薰陶下，羅逖在自己的生活中竭力抗拒這些現實；他的帝國只許是淒美的，他一心只想證明自己致命的異國情調田園詩的正當性，儘管繼他之後的殖民主義仍然建立在愛的帝國的基礎上。[35]正如查拉耶在一九三〇年代所坦承：「三十五年前，當我踏上第一次偉大的航海旅程時，我天真地相信了別人告訴我的事情……我以為法國在所有殖民強權中最為仁慈，且其臣民的忠誠證明了他們感恩戴德。」[36]

在一九三一年一份關於太平洋海軍戰略報告中（當中特別提到大溪地），海軍少將拉烏爾・卡斯泰（Raoul Castex）總結了帝國主義世界的變化和羅逖時代之遺緒：「美國人沒拿走的，中國人就會拿走。今天，只有幾個官僚仍在提醒法國，這個島嶼在我們的歷史和我們的擴張中從未發揮過任何作用，除了喚醒我們對波馬雷女王、『拉拉呼』，和其他屬於皮耶・羅逖幻想中如詩如畫的文學印象。」[37]我們將看到卡斯泰其實說得不對；在玻里尼西亞及太平洋上，大溪地有著無與倫比的歷史——這位將軍無視於一種事實上存在的構建：法屬太平洋可愛的皎潔空無。就此，他卻無意中讚賞了懷舊大師羅逖——在適應不良的二十世紀塑造並體現了十九世紀的帝國遺緒。

這就是帝國及其想像的興衰起伏，在對無限的統治和文學浪漫渴望下，管理並剝削屬地的人民與領土。書中角色像是羅逖和亞當，擁有才華與敘事威望，旋而成為故事的一部分。另外，像是玻里尼西亞、美拉尼西亞[37]和亞洲的人民，他們接納並適應法國來的異鄉人，抑或是大溪地的波馬雷氏族，或新喀里多尼亞和富圖納的阿泰人（Atai）與尼里基人那般，他們動筆撰文反擊，則是故事的另一部分。正如我所指出的，法國的帝國主義在太平洋的「現實」並不完整，而是顯得比較零零碎碎，這多半是因為殖民者在各島嶼上各行其事，而非聽從巴黎部會指揮調度的緣故。相較於任何想像中的「殖民政策」，當地發生的財產或宗教衝突、外國商人和島民之間的交易機會、重要領導者突然死亡或海軍護衛艦的到來，可能反而對島上生活的影響還要更大。我所尋求的是那些敘述和遭遇相會的導航點，存在於意識形態「潮流」和想像所引導出來的事例中，這些意識形態和想像對於帝國的重要性非同一般。

這些零散的時刻就是休憩點，也是木枝航海圖所表述的太平洋帝國上的搭接點與聯繫

㊱ 法國哲學家和人權活動家。

㊲ 太平洋三大島群之一，意為「黑人群島」。

點。我試著特別突顯其中某些時刻，因為它們標誌著一塊領土從相遇和想像的狀態重新歸整為占有與治理的所在。在我考察的地點與事例中所敘述的那些統合的夢想、權力的主張以及對欲望本身的渴望，都可被標誌為是替太平洋，或者說，是經由太平洋、島嶼和海洋人民而寫的歷史，也是為了那些被吸引來到太平洋的人們，他們來到這個充滿應許與激情的地區，形塑出愛的帝國的疆界。

1／法國太平洋的家族浪漫史

羅什福爾

收藏的帝國：家鄉視角

皮耶・羅逖坐在他的寶塔廳內

圖片來源：克里斯蒂安・吉內特收藏品

在法國西部的羅什福爾（Rochefort）①，鎮上人家以窯瓦屋頂與百葉窗為特色，是大西洋沿岸一個迷人的省級城市，當年科爾貝（Jean-Baptiste Colbert）②特別將該地建設成造船重鎮，為法王路易十四的皇家海軍裝備纜繩，羅什福爾所沾染的海上輝煌一直延續到十九世紀，這要歸功於當地大量的操作工及裝配工，他們在鎮上的兵工廠裡經年累月地裁切金屬、組裝魚雷艇。假如說是羅什福爾塑造了法蘭西帝國，也許並不誇張，尤其是在歐洲的利益轉向遼闊無垠的遙遠太平洋之際，這有一部分可追溯到從鎮上發展出來的強大海軍與航海歷史。然而，打從十九世紀後期開始，許多羅什福爾居民更可爽快地提起鎮上某位英雄出少年的傑出孩子，直言他對於大洋世界的重要性：從綠樹夾道的主廣場，走進刷成白色的住宅區和市場巷弄裡，小說家兼海軍軍官皮耶．羅逖的家就在那裡，他本名朱利安．維奧（Julien Viaud）。羅逖以他在一八七〇年代描寫南美洲及復活節島、大溪地和太平洋的故事而聞名遐邇，一八八〇年代他隨艦遊弋於印度支那附近海域，並登陸日本，於是又將東亞——法國稱之為「大海洋」中的土地——納入了他的敘事版圖。[1]

在羅逖的創作中，法屬太平洋是一個愛的帝國。當路易斯．安東尼．布干維爾和德尼．狄德羅秉持十八世紀啟蒙運動遺緒，將大溪地塑造成一座華美的蠻荒天堂時，羅逖則勤於書寫並蒐集素材，為十九世紀後期歐洲帝國與世紀末文化世代創造出戲劇化的太平洋浪漫史。得道多助，羅逖背後有其堅實盟友與靈感繆斯——茱麗葉．亞當，他本著一八七〇年代後歐洲資產階級民族主義的政治敏感度，改寫布干維爾的感性理想主義，講述海軍任務與四處留情的敘事，消融了愛情故事與帝國意識形態之間的界線，從而創造出一個浪漫的法屬太平洋。從大溪地到印度支那到日本，再到整個太平洋地區，羅逖筆下寫出了挑逗人心的故事，他們乘坐戰艦，於所到之處宣揚法國主權，吟誦異國情調的田園詩，描繪出歷任法國政權都曾投射於遠洋的海軍和海上力量的戰略與感性地理。

作為一位異國情調作家和水手（後來升任船長），羅逖是個表述十九世紀帝國乃一場愛情故事的理想人物。他成功地將帝國主義描述為一種家庭浪漫——為效命祖國，家中愛子變成軍中同袍的戲碼。像《羅逖的婚姻》這類以大溪地為背景的故事，主要描寫西方軍官因激

---

① 羅什福爾為法國普瓦圖－夏朗德大區濱海夏朗德省的主要城鎮。

② 法國政治家，長期擔任法國國王路易十四的財政大臣和海軍國務大臣，強調重商主義、保護國內工商業，並加強海港防禦工事，提升法國艦隊的實力。

情而難以自拔但又受責任所驅策，介於一種在情感和愛國主義之間的微妙平衡。同船水手之間的感情，以及與亞洲和大洋洲當地婦女的交好，都是引人入勝的情節的一部分，塑造出一個低調但又包羅萬象的愛情故事：祖國之愛。在「迎娶」玻里尼西亞「拉拉呼」公主的橋段中，羅逖不僅落實了他對新娘的渴望，還博得大溪地統治者波馬雷女王的青睞。

如同書名《羅逖的婚姻》所暗示，羅逖對愛情的追求與其說是建立在男性英雄的基礎上，不如說是有意識地關注角色、結盟與體制。羅逖是自己許多故事的主角，他把自己裝扮成一個永遠的追求者，而不是一個放蕩的冒險家。他對於自己有關帝國的描述十分敏感，在他最受歡迎的小說中，他描繪了對歐洲婚姻的態度以及對家庭感情的嘗試，這符合資產階級敏感的胃納；正如尖刻的散文家埃米爾·伯傑拉特（Émile Bergerat）在對法國情緣的研究中所說，「信條是……僅承認婚姻，也就是說，公開宣布並保證……在婚姻之外，沒有愛。」[2] 羅逖透過他布列塔尼小說③中的同命夫妻、莊嚴犧牲的「拉拉呼」公主，和賣淫的日本菊花夫人，運用婚姻的形式來緩和與粉飾殖民戰爭、不平等條約、被玩弄的情婦、和致命的傳染病所留下的遺憾。在融合帝國方面，他利用看似多情、身負使命的男人和誘人的女人的故事來吸引讀者，把尊重與情感放在殖民關係的核心——如同歐洲屯墾者、傳教士和整個太平洋地區的行政官員那樣，頌揚殖民家庭美德以及法國對屬地子民的熱愛。

一八五〇年，羅逖出生於羅什福爾，他在那裡度過了人生的幼年時期，後來他又回到此地，蓋了一座房子，在裡面收藏許多奇珍異寶，還有仿東方寶塔、廟宇、清真寺造型和中世紀寢閣風格的雅室——羅逖就是這樣從羅什福爾，把亞洲和太平洋變換成為文字。這位作家筆下的帝國主義和異國故事，與他在羅什福爾的老家有著如此強烈的聯繫，可謂意義重大。羅逖在巴黎一直過得不太舒服，對於法國政府的支持，也表現得十分淡漠（他稱這個政府是「可憐的雜貨店共和國女兒」），雖說他曾前往世界各地執行殖民任務，但終其一生，他仍寄情於法國故鄉。他那縱橫四海的「愛的帝國」牢牢根植在對於法國地方的鄉戀，尤其是他對自家帝國的諸多怨埋：共和國政府訂下的制度和政策對法國地方城鎮與村莊形成「內部殖民」的局面，加之以巴黎對大西洋沿岸等法國地方的侵占。

---

③指《冰島漁夫》。

當共和政府首長茹費理（Jules Ferry）[4]和夏爾・德・肖塞斯・德・弗雷西內（Charles de Saulce de Freycinet）[5]在一八八〇年代推崇國家鐵路網、工業發展和義務基礎教育時，羅逖寫信給茱麗葉・亞當表達自己「對一切進步、思想和現代事物的恐懼」。羅逖自己的遠航，他的遠方帝國，都是一種為了抓住自己的過去的嘗試；從來不是出於地緣政治野心，且最終回歸到一個屬於家的空間：就像羅什福爾一樣的熟悉，兒時的他蒐集羽毛和貝殼、對這世界發夢的地方。他更喜歡與「在鄉下長大的人，在水手中長大的人，在漁夫兒子中長大的人」相處。而這個讓人熱愛、如今正在改變的法國，是一個他試圖透過海軍任務來保護其天真燦爛的地方，他想在國外找到他想像中的純真或原始的世界，讓他的家充滿了回憶童年的藝術品和手工藝品。這一切，連同他太平洋情婦的故事，都不是遙遠國度的紀念品，而是他自己漂泊一身的展現。他周身環繞在羅什福爾的收藏物中不停地寫著尋找愛的故事，吟誦著：「這無疑是因為，對某些已知事物的執著最終會欺瞞我們，使我們對自己的穩定和存在產生迷惑。」[3]

在羅逖的情狀中，這場失敗的戰鬥——一種維護自己法國一角的憂鬱野心——取決於他在海外的帝國地位。在國內因巴黎殖民化所逸失的情感，也許可以透過在大海彼端的帝國中尋找回來。在一封寫給他著名女演員朋友莎拉・伯恩哈特（Sarah Bernhardt）的信中，羅逖非常滿意地描述自己接到海軍任務的命令，「重新展開生活與愛」的時刻到了，再次尋找「另一種生活，另一種友誼，另一個愛」無論是作為收藏物品和徽章的場所，還是作為兒時夢想的原初之地，都成為異國情調的浪漫，而羅逖的羅什福爾就是他愛的帝國的核心。

打從一八七〇年代起，羅逖開始把海軍航行中的見聞摘要投遞刊登在期刊和報紙上，在一八八〇年代和一八九〇年代隨船航行的大把時間裡，他在船上起草故事與小說。他的第一個故事，描寫土耳其情人的《阿齊亞德》（*Aziyade*），銷售並不理想，後來能夠再次發行大賣，都要多虧了讓他一舉成名的第二本書——大溪地愛情故事《羅逖的婚姻》。這本以玻里尼西亞為背景、敘述年輕海軍軍官與一位當地公主「結婚」（權宜安排）、富有田園詩風格

---

④法國共和派政治家，兩度出任法國總理。

⑤法國政治家，四度出任法國總理，重要政績之一為改革法國陸軍。

的小說，很快就賣光了第一版，書中女主角「拉拉呼」佩戴的緞帶飾物一時之間掀起了一股流行熱潮，同時間該書還被改編成一齣有著海島少女扮相演員的甜美女聲歌劇。朱利安・維奧（即羅逖）來自一個信奉胡格諾教派（Huguenot）⑥的家族，一直處於財務困頓之中，隨時擔心房子被拍賣查封而進不了家門。如今他還清了債務，準備「成為」皮耶・羅逖——他以自己書中的航海英雄為筆名。羅逖的傳奇是一個才華橫溢、受命運之神眷顧的故事，然而在更大成分上，其實是以異國情調和帝國為中心的商業與政治產物。[4]

當時他的出版商「卡爾曼－利維」（Calmann-Levy）與令人敬畏的茱麗葉・亞當聯手創辦了《新評論》，在藝術、科學、政治及文學領域，和對手《兩個世界評論》（*Revue des deux mondes*）分庭抗禮，順勢造就了這位默默無聞但前途無量的作家崛起成為明日之星。在亞當與她的文學沙龍、連同《新評論》的大力支持下，羅逖的小說和遊記開始被連載，進而發展出廣大的閱讀群眾。他當下便感受到巴黎的文化魅力。亞當給他的「拉拉呼」故事取了個大眾熟悉的名字《羅逖的婚姻》，她與莫泊桑（Maupassant）、龔固爾（Goncourt）、布爾熱（Bourget）和都德（Daudet）等作家往來密切，這也幫助羅逖與文學界維持了良好關係，乃至最後成名。

亞當自詡為新才智的促進者，她的影響力籠罩在整個法國「美好年代」（Belle Epoque）[7]直到世紀末。亞當這位強悍、迷人、長袖善舞的女性，是熱情激昂的資產階級共和黨人、知識分子和愛國者，在一八七九年時被人們稱呼為「法蘭西大人」（La Grande Francaise），到了一九一八年又被尊稱為「祖國的祖母」（Grandmother of la Patrie）。早年茱麗葉・亞當嫁給銀行家兼議員艾德蒙・亞當（Edmond Adam）時，她撰文反對皮耶-約瑟夫・普魯東（Pierre Joseph Prodohn）[8]哲學並與之展開論戰（她支持普魯東的社會主義論點，但反對他的反女性主義），亞當還與喬治・桑（George Sand）和維克托・雨果（Victor Hugo）等作家為伍，並應阿道夫・蒂耶斯（Adolphe Thiers）、萊昂・甘必大等昔日政敵的共同央請，開辦了一個熱鬧十足的共和黨人沙龍。民族主義者和帝國主義者在為法國尋求一種「高尚、好戰與庇護」的標誌時，已不再僅僅仰賴「瑪麗安娜」（Marianne）[9]的神話與

---

⑥信奉喀爾文思想的一支新教教派，在歐洲宗教審判時期遭受迫害。

⑦歐洲藝術潮流發展的一段時期，從一八七〇年代至第一次世界大戰前。

⑧法國無政府主義奠基人。

⑨象徵法國共和體制的女神。

象徵來表達他們對祖國的依戀，亞當的出現適時填補了這個角色。[5]

從普法戰爭到第一次世界大戰，身為政治上雪恥主義者（復仇）的靈魂人物，亞當曾如此沉思默想：「四十四年來，我沒有一天忘記給心中古老的鐘上發條，它將為復仇的時刻發出鳴響。」她激勵法國道德與知識的復興，並支持在此情感上志同道合的作家。在一次與包括甘必大和格萊斯頓（Gladstone）等政要在內的晚宴上，她被要求說明她的《新評論》的目的，她回答道：「對抗俾斯麥，要求收復亞爾薩斯-洛林地區（Alsace-Lorraine）⑩，並從我們年輕作家的思想中剷除因國家戰敗而蒙上的沮喪陰影。」[6]

十九世紀是法國小說家和散文作家人才輩出的偉大時代——雨果、斯湯達爾、喬治·桑、福樓拜（Flaubert）、大仲馬、巴爾札克——也包含特定領域的受眾，即文人群體，他們藉由書籍、短篇小說、散文、通俗報刊、沙龍和寫作獎，來形塑出著名的「民族」文學。亞當在各種應酬圈子裡如魚得水，經常應家族友人的邀請，與學界人士、記者和出版商共進晚餐，例如其中便有新聞界大亨埃米爾·德·吉拉丹（Emile de Girardin），當時他的《小日報》（*Petit Journal*）發行了將近一百萬份。文學工作是對民族國家的規畫與書寫，是一種文明的歷史和創造力的積累敘事。

亞當在《新評論》不僅只是個資助人，她也為自己保留一個定期專欄〈外交政策快報〉，發表她對德國、奧地利、英國、俄羅斯、希臘、匈牙利、中國和日本的觀察，闡述深具影響力的觀點（她常被認為有功於確保締結一八九四年的《法俄同盟條約》），她後來還曾發表對英國在埃及政策的詳細研究。在二十世紀之交，像亞當這種政治行動者以及文化品味創造者，又把注意力放到了一八七〇年後歐洲的緊張局勢，並繼續致力塑造共和權力，尋找寫法國人這個民族的作家，對羅逖而言，寫的則是帝國。

那麼，是什麼吸引了亞當，讓她為《新評論》選用大溪地的故事，從而開啟了羅逖的文學生涯呢？有關太平洋的蛛絲馬跡，其實可從查爾斯-維克托．克羅斯尼爾．德．瓦里格尼（Charles-Victor Crosnier de Varigny）——曾經擔任夏威夷王國第五代國王的財務大臣——的文章中取得，他的著作《在三明治群島的十四年》（*Fourteen Years in the Sandwich Islands*）就在普法戰爭之後不久出版。他在故事和回憶錄一開頭，便充滿歉意地寫道：「我不曉得大洋洲一個小王國的歷史，是否會引起人們的興趣，尤其此刻大家眼前已有這麼多難題要面

⑩ 法國在普法戰爭後的失地。

對。有時我真有點懷疑。」然而，德．瓦里格尼繼續寫道：「我們越是對周圍的世界感到灰心，就越會求助於小說的魅力。」美麗的故事可以恢復一個受傷的文明；而對於亞當的民族主義文學計畫同樣包含這種消除「沮喪陰影」的想法，德．瓦里格尼則加上他自己的大洋洲啟迪：「一切困擾歐洲的問題都曾在這個小社會中遇到過，並且找出了解決之道。」在文章中，德．瓦里格尼再次提起島嶼之間的隔絕與單純，適可作為實驗、理想和渴望的微觀場所的經典看法。[7]

《羅逖的婚姻》顯然並沒能為動盪的法國提供有用的政治解決方案，不過詩歌體強烈的娛樂效果本身就是一種意識形態投射。回顧起來，羅逖著實是個奇葩，方才能以他對巴黎、軟弱的共和政體，以及輝煌、浮華的浪漫和憂鬱漂泊的矛盾心態，在殖民地寫作和殖民政策上產生如此的效應。然而，也正是他從一八七〇年代直至世紀之交，始終專注於感傷愛情故事，才使他成為亞當的理想人選。亞當在自己的《尚和帕斯卡》(*Jean et Pascal*)一書中，描寫一個法國女孩試圖贏得一名阿爾薩斯軍官的愛，甘必大直言這個故事象徵著亞當的人生哲學：「分析了兩種最崇高的、能擄獲人心的激情——愛情與愛國。」故事中，帕斯卡愛上了尚的妹妹——尚是他的朋友與戰友（「我的同袍」），但堅稱：「我不想愛，我不會愛……

我嚴守分際，因為我以自己的肉體與靈魂為她許諾，我為法國流的血不夠多。……我發誓，我對法國的熱情使我宛如宗派狂熱分子。我的心被她的名字觸動，即便僅是唸一下，也幾乎就要從我胸口迸出，只因我熱愛她！」

尚試著告訴他朋友，愛國主義和「個人感情」不但不相悖，反而可以很容易地融合：「愛一位年輕法國女孩也愛法國難道不對嗎？」在亞當的早年著作《新婚夫妻之歌》（*La Chanson des nouveaux époux*）中，她筆下的英雄——同樣是軍官——對他的新婚妻子說：「我對祖國的崇拜是我存在的樣態；法國就是我的存在本質。唯有在她的驅策下我才行動，唯有透過她我才會愛。妳的形象在我眼中就是祖國的特徵，妳的美麗容顏是她的真實表情。我無法分清妳與她，我屬於妳也屬於她。」[8]

在亞當的許多作品中，都以這種從個人、政治、軍事和婚姻迸發的熱愛，構建她民族主義敘事的主要理念。羅逖則以更高超的才華來表達相同理念，吸引讀者為帝國效力，然而卻更有魅力，更少說教。他寫了不少海軍軍官造訪殖民地的感性故事，在言語、景貌，當地風光和自己的珍貴情感等細節上盡情揮灑，但往往迴避殖民體制的現實。亞當宣揚一個激情十足的法蘭西民族，以及一種感性而文明的帝國理想。羅逖的帝國則被尋找愛的法國敘事，以

權力與遊說：茱麗葉・亞當和她的知名沙龍
最右邊身穿海軍制服者便是皮耶・羅逖
圖片來源：克里斯蒂安・吉內特收藏品

及未實現的欲望所帶來的失落與悲劇所束縛。兩者的故事都掩蓋了從他們內心映射而出的暴力成分：亞當反德國的好戰愛國主義、羅逖那被描繪成景色秀麗的失落與哀愁的殖民主義。

亞當與朱利安・維奧因共通的文學視野而結盟，透過精心安排的社交人脈，兩人合作把皮耶・羅逖推上了一個充滿想像與浪漫幻想領域的帝國舞台。羅逖憑藉其才華渲染帝國的感性與哀愁，亞當則提供一個批判性論壇，以精心編制的敘事向公眾發表政治論述。創辦《新評論》之初，亞當公開宣稱：「隨著共和政治似乎已變成一種政治酬庸分贓，我對自己的政治沙龍也失去了興趣。」這並不意味著她準備放棄政治活動。相反地，她懂得如何善用其他更有說服力的手段來達到目的。戲劇文學將是強化她政治愛好的有力工具。對於一個在社會與文化網絡中處於優越地位的人來說，編輯《新評論》將比會見議員與黨代表更具權力基礎。

文學、愛情和政治對於亞當，都是等同視之。在傑出的贊助者和盟友支持下，她要重塑自己的法國，將她的激情注入偉大的寫作與發行推廣計畫中，毫無保留地深信終將重新喚起對於法國共和政體的熱愛：「我全心全意地要讓我的評論為法國文學界增光，反映出共和政體的無私、愛國主義與尊嚴。」[9]

雖然卡爾曼-利維仍是羅逖的主要出版商，但羅逖是因為和亞當聯手，才塑造出自身與愛情、帝國及歷史的強大融合。亞當——這位「法蘭西大人」、共和國化身——自稱為羅逖的「道德與智慧之母」（她比羅逖年長十三歲），深情地責備他：「親愛的羅逖，我想我知道朋友間許多愛的形式，你像個兒子般愛我，不是嗎？」羅逖對共和政體抱持懷疑態度，但仍以同等熱情的辭彙回應亞當關於愛的傾訴，他在回信結尾寫道：「我全心全意地愛妳，像兒子一般溫柔地牽你的手。」[10] 這位了不起的法國女人創造了她的男人，而他則實現了她的願望，寄信給她，獻給她後來讓自己成名的手稿，從而協助她塑造了一個法蘭西帝國的空間。

羅逖是個在現代名聲遠遠不如當年在世時的作家。當時的他，是個受人尊敬且備受歡迎的藝術家，儘管不久便被遺忘；他的粉絲們追憶他為一位在技術專家治國時代的幻術大師，儘管被嘲笑為膚淺的帝國主義者，他的作品與生命仍流連於法國文學和歷史意識的邊緣地帶。他於一八九一年當選法蘭西學院院士，然而事實證明他是個相當平凡的歷史人物；容易叫人喜歡，也容易讓人嫌惡或漠視。

他的作家職業生涯和作為帝國主義者而引人注目的生活，在法國進入二十世紀塑造並進行國內社會和文化變革時起了示範作用，特別是在文學文化和表述海外帝國方面。羅逖的作品或多或少符合英國文學研究的觀點，認為冒險浪漫是一種表現男性陽剛的文學流派，是有意識地反對自然主義狂熱的頹廢。一八八七年，英國暢銷作家萊特・哈葛德（Rider Haggard）在一篇文章中，指稱埃米爾・左拉（Emile Zola）[11]的諷世小說「毫無男子氣概」，而當時羅遜也打敗左拉，在奧克塔夫・費伊耶（Octave Feuillet）[12]死後，獲得法蘭西學院出缺的院士席位。經過了一場廣為宣傳的競賽，羅遜在他的就職演說一開場便引起聽眾鼓譟，他口無遮攔地抨擊左拉的作品：「另外，對自然主義的譴責還體現在這一點：它專門以大城市的人渣為主題，而作家本人卻在大城市裡放縱。」當羅遜詆毀道：「這些農夫，這些工人，就跟所有你在貝爾維爾舞廳裡會見到的人一樣。」據說，這時人在大廳後方的左拉臉上浮現淺淺笑容，羅遜還攻擊自然主義的「病態現象，尤其是在巴黎市周邊」。

羅遜的政治立場在此表露無遺。最明顯的是他對巴黎的厭惡，還有他對工人階級的蔑視。巴黎不僅是共和國的一部分，也是屬於無產階級和不同社群的都市，這種新社會結構，有違他對貴族高尚的追求。儘管羅遜並未直白地把通俗的帝國論點說成是壓制國內工人騷動

[11] 法國作家，自然主義文學代表人物。
[12] 法國作家。

的「安全閥」，但他顯然相信，他有責任將文學從他所謂的「粗俗和憤世嫉俗」的城市階級鬥爭，轉變為「理想與永恆」的帝國浪漫情懷。[11]在普法戰爭期間，他曾被指派海軍任務，並且以自己偏愛的方式進行鬥爭：在海上，保有他的特許冒險願景，保衛一個有朝一日只能在海外找到的真正法國。

羅逖在法蘭西學院的演講中曾預測，左拉和其「學派」所描述的世界一旦被「支持它的不良好奇心拋棄，就會消亡」。至於羅逖，則繼續專注於改寫十九世紀小說中的家庭倫理與冒險主題，成為愛的帝國的帝國主義者。剛開始，他似乎恢復了一些流行於十八世紀的情感崇拜，以夏多布里昂的手法將激情和精緻的描述結合到富有異國情調的地域。亞當定期登出這些文章，並將其小說連載於《新評論》。

羅逖被讚嘆（也被嘲笑）是個「敏感」作家，他的寫作方式描繪了一代人的特徵，而後逐漸消亡。在二十世紀的前十年，出了年輕一輩的海軍軍官作家，其中像是謝閣蘭醫生

（Victor Segalen）⑬，他將羅逖斥為一個「印象派遊客」，以屬地民族與地域的人種誌殖民文學（ethnographic littérature coloniale）為基礎，發展出一種高度理論化的異國情調。諸如安德列・紀德（André Gide）⑭這樣的作家，他在道德上模稜兩可的心理和性取向，刻畫出戲劇性的人生與反殖民主義，相形之下，羅逖辭藻華麗的作品就顯得無可救藥的珍貴。一九二〇年代，非洲和亞洲殖民地的民族開始用自己的語言、法語及英語寫作回擊。羅逖雖銳不可擋，卻未贏得敬重，縱觀其一生，他可說既受人萬分仰慕，卻也極度不合時宜。[12]

他與其他帝國的浪漫主義者具有某些共同特點，但又曲高和寡。同時代的英國作家像是魯德亞德・吉卜林（Rudyard Kipling）、哈葛德、亞瑟・柯南・道爾（Arthur Conan Doyle）⑮和羅伯特・路易斯・史蒂文森（Robert Louis Stevenson）等人，都以描寫男子氣概十足的英雄執行遠征任務而變得大有名氣，這多半是想擺脫喬治・艾略特⑯陰陽怪氣的「家庭現實主

---

⑬ 法國海軍軍醫、人種學家。
⑭ 法國作家，一九四七年諾貝爾文學獎得主。
⑮ 英國小說家、醫生，著有《福爾摩斯》偵探系列。
⑯ 英國小說家瑪麗・安妮，喬治・艾略特是她的筆名。

義」和維多利亞時期英國客廳裡令人乏味的話題。雖然同樣尋求冒險，羅逖始終對當時文學同儕那種史詩般的航海和吃苦耐勞、力爭上游的精神興趣缺缺。更確切地說，他的優越感讓他寫出了一個令人欽佩、不太真實的「夢幻般」的水手，在文學生涯晚期，他在《阿齊亞德》中描寫女主角英勇赴義的故事，迎合了婦女讀者的胃口。評論家和崇拜者都注意到他的小說擁有大量的女性讀者。法國作家羅曼．羅蘭（Romain Rolland）語帶刻薄地批評：「女人們都為這個夏多布里昂的小侄子而瘋狂……五、六個白種的、黃種的、或紅皮膚的女人為了愛而殉情。」[13]

如果說哈葛德的成名作《所羅門王的寶藏》鮮明地將十九世紀晚期浪漫主義突顯為一種男子氣概、超自然冒險和文風創新的暴力領域，那麼羅逖便是墨守成規，繼續編織他浪漫的情感依戀。[14]他的海軍人員身分，以及他的文筆同時吸引男性及女性讀者的表現，讓茱麗葉．亞當十分滿意，當時她正在自己的沙龍中大肆宣揚這種高雅、激情和愛國主義風尚。亞當在她反普魯東的著作中譴責這位哲學家的暴力狂妄（「世上我最喜歡的就是那種好戰情緒」），並建立了這般觀點：「武力辦不到，唯有愛，才是對理想的啟示……正由於情感的影響日趨強大，戰爭才趨於消失。」[15]

一八七〇年後，亞當自己推崇的復仇主義（revanchisme）倒是毫無和平可言，她設法將自己的人性之愛重新塑造成愛國主義身分，這有部分是仰賴羅遜所扮演的帝國主義和浪漫主義者敘事。高傲的亞當與「敏感」羅遜之間的長期合作，在當時是個為人稱道的愛情故事。她是堅強的「男性化」女人，而他則是一個柔軟的「女性化」男人。由於她的地位和才華融合了愛國心，不論在政治上或知識上她都無比耀眼；而他的熱情主要專注於男性和軍隊，或許因而多愁善感。[16]

這些姿態在國際事務中適得其所。一直到十九世紀末，法蘭西第三共和政體才開始正視歐洲新秩序威脅到發起「文明使命」的自家後院。普法戰爭之後，作家和評論家諸如朱勒斯·達福瑞（Jules Davray）認為有必要宣布「光明之城」（la ville lumière）⑰「仍然是法國乃至歐洲最高尚的城市」，因為法國人感情豐富的創造力。達福瑞堅定說道，在他家鄉，「戀愛中人總是『新鮮和意想不到』的。」在達福瑞提到「愛」時，他特別引用了克勞德·迪金（Claude Digeon）的辭藻，迪金在他的分析中，首度將一八七〇年代後的德國人描述為「一

⑰ 即巴黎，在路易十四時期得此別名。

種無定形、集體化的存在，完全不具個人欲望與意志」。[17]

這種觀點散播到了無數的著作中和法國基礎教育中——乃至殖民地，引起數十年的強烈共鳴。一九二一年，越南親法小說家阮攀龍（Nguyen Phan-Long）創造了一個退伍軍人角色明先生（M. Ming）來闡述自己的看法。曾在歐洲為法國人而戰的明先生警告說，一個「死的世界」即將到來，他吟誦：「看看德國，在文化上的紀律和組織，已給了我們一個先兆。」明先生指出，法國人也曾陷入「死氣沉沉、一板一眼」的社會危機，但在革命時期，他們「感到需要重新用心生活，用愛與熱忱之泉源來喚醒靈魂。於是言談之中才再度出現『情感』一詞」。[18]

在相當程度上，羅逖巧妙地重新找回對於帝國的情感，並調適成他個人版本的法蘭西之愛。亞當在定義她自己的高盧道德哲學時，也堅持感性的手腕，透過愛的現象來為她的理想增加政治分量。她提出看法：「宇宙中有三種狀態——物質、心智和靈魂。野蠻的物質（Brute matter，她讀作『普魯士』）是由解體、腐敗和停滯的元素所組成」。相反地，心智（法國精神）是一種「重建的力量，驅動有機生命，尋求形式」。靈魂是行動的表達以及「與環境的協調運作」。但要注意，靈魂強加的行為是「將奉獻和英雄主義導向其目的」，英雄主義是「人類對神聖最不可否認的肯定」。為了避免這顯得過於抽象，亞當自己明確指出：「思想越抽象，對於心靈之人的靈魂就越加有力。祖國的理念也是如此，它是人類最抽象的思想，能使（一個人）以最大愛心（加之以柔情）犧牲自己的生命。」[19]

這些發自英雄主義、犧牲和奉獻的愛的召喚，也是亞當和羅逖創造的愛的帝國的共同元素。與吱吱亂叫的英國冒險主義英雄、或條頓武士粗厚的大手不同，羅逖擺出架勢，強調自己才是真正有男子氣概的作家和不同凡響的士兵。他和亞當都知道，一八七〇年代後法蘭西帝國的男人們將不再（如果他們曾經是）僅僅是戰士或冒險家，而是那些能夠表現出或激發起偉大激情的人，比如說「深受愛戴」的海軍上將孤拔（Admiral Amedee Courbet），羅逖曾對《費加洛報》（*Le Figaro*）說道，當孤拔死在澎湖時，「所有水手全都哭了」。軍隊是這種情感特別豐富的來源。羅逖的一個同伴也曾如此感慨孤拔之死：「永別了，我的上將！……你的名字將在國家歷史上燦爛發光；我們心中會永遠愛戴和尊敬你。」一名法國海軍軍官在讚揚海軍中將貝格塞·杜佩蒂·圖阿爾（Bergasse Dupetit Thouars）的軍事生涯和在亞洲的許多功績時，說道，他的同袍能表現出「一種信任，這會使軍隊或艦隊的力量倍增，讓一切都成為可能……力量、精神，乃至行動中的奮不顧身。」為此，「一名軍官必須將所有難能可貴的特質齊集一身，」而第一點、也是最重要的一點，就是：「你必須愛你的部下。」[20]

當時的殖民地報導，例如法蘭西斯．卡尼爾（Francis Garnier）上尉在「東京」（Tonkin）⑱之死的報導，同樣是圍繞著這種情感共鳴的敘述來編撰，對此，杜佩蒂．圖阿爾的同僚軍官們稱之為「職責之間的完美契合……生命的尊嚴和不斷的割捨。」而卡米爾，「他的遺物，只有幾枚銀幣，若干私物和他的軍刀。負責清點的老軍官在闔上這位上司的行囊時，已然熱淚盈眶。很難想像一位領袖竟能激起如此深情！」當羅逖黯然懇求亞當為自己一貧如洗的朋友們想想辦法時，也同樣用到了這種「袍澤情深」的詞語：「這事關一位可憐的水手……我以兄弟之情愛著他。」[21]在他的小說和藝術作品中，羅逖以水手的自豪做出感性的描述，並以他的獨家手法刻畫他們英俊的臉龐與肌肉發達的軀幹，從而賦予自己的情感一種肉身形式。他的作品具體展現民族和帝國的兄弟、情人們懷抱的男性忠誠與情色吸引。

散文與藝術，還有羅什福爾舉辦的盛大化妝舞會，這是屬於帝國的家族浪漫，一種在祖國（mère patrie）及其光榮歷史中，摯愛的兒子與兄弟間的肉體相連。對亞當——共和政體

的偉大母親來說，愛的帝國是一種頌揚國家超凡發展的手段；對羅遜來說，這是一個機會，可藉以維繫他在法國地方上所鍾愛的母性與兄弟情誼經歷。這些都是十分常見的闡述。正如有位學者曾解釋過這種辯證法，基於領土取得和歷史變化而來的國家概念，生成於「人民是與其養育之地、祖國有著一種自然連結的有機實體之概念。」[22]羅遜對羅什福爾的地方情感，和亞當身為共和國母親的角色形成完美互補。

對於自己身為一個政治和文化人物，亞當始終表現出堅定的當仁不讓，尤其是在祖國與分裂的情感問題上。她完全清楚自己加諸自身的奉獻精神。她在《新評論》上發表主張，直言不諱地宣揚自己的愛國主義，並嘲笑巴黎軟弱的政府：「所有那些正遭受幻滅之苦的人，那些看到我們的政客把個人利益置於國家基業之上而憤憤不平的人，都到我這裡來吧。」在她的《新婚夫妻之歌》中，她以一個年輕妻子的聲音，向那位軍官丈夫提出要求：「難道我們不得不原諒祖國的一切，接受她的一切，哪怕是痛苦和傷害？……我的愛越深，我的恐懼就越強烈，因為我擔心你會毫不猶豫地選擇愛國而不是我。」然而她的丈夫對愛已有定見：

---

⑱北越後黎朝時期河內的名字叫作「東京」，法屬印度支那殖民時期稱之為「北圻」。

「妳以為我是為了這身制服，為了軍銜，才選擇了被妳諷刺為『高貴的軍銜』嗎？妳錯了，這是對一種真實理想的崇拜，這是為了愛。」[23]

羅逖在回憶錄中，從自己的童年時代開始反思這種聯結，堅定認為「一個人對母親的愛才是唯一真正純潔的，真正不變的，唯一不帶任何自私成分、不帶失望或苦痛。」這種反思是他帝國主義的核心，是一種帝國情感形態，寄託於對家庭的熟悉與喜愛。「帶著這些水手、這些輕騎兵（Spahis），所有這些被遺棄的年輕人，在遙遠的海上或流亡之地耗盡生命……在他們心靈最深處、最神聖的角落，往往是在一個避難所，你會發現裡面端坐著一位年邁母親？」[24]以母性奉獻為標誌的愛的表達——特別是男性化、兄弟般的愛——不僅與法蘭西帝國的追求相一致，甚而體現了這種追求。

羅逖是一個混合了法國地方保守價值特徵與海外擴張機會的帝國主義者。他一意孤行，然而又對巴黎和殖民地的嚴酷現實深感不安，人們給他的最佳定位，是職業水手和作家——強烈渴望成為一個地方貴族。他懷疑地看著「那些巴黎派來送死的人……勇敢的布列塔尼孩

子們」然而，批評者和他的一些朋友也稱他為一個不折不扣的自戀狂，這種標誌使他成了法蘭西帝國的化身：即使他沒有貴族尊榮血統的優越感，也沒有茱麗葉．亞當那種巴黎權貴的高尚風度，但他至少可以在世界其他地方指揮僕役和情婦。他也確實這麼做了，不管是在他的海軍任務中，還是在他的著作中。[25]

儘管羅逖跟亞當一樣，都是大陸主義者（continentalist），他仍然充分利用了他在國外的地位。在一次著名的交流中，法國總理茹費理曾就是否應該推行帝國擴張，還是專心對付德國的政策，與副總理保羅．戴魯萊德（Paul Deroulede）進行辯論。茹費理疾呼：「你讓我感覺你更愛亞爾薩斯-洛林省分，而不是法國。難道我們要一直沉湎於失去的省分之中？我們不應該在其他地方尋求補償？」戴魯萊德反駁道：「你講到重點了……我失去了兩個孩子⑲，而你們卻想給我二十個奴僕來補償！」[26]羅逖在這場爭論中兩面逢源，他的法國就像一個四分五裂的家庭：他鄙視共和政體的「迂腐」，同時又支持殖民擴張，他從中獲得了情人、買辦、嚮導和僕役，為他的故事添材加瓦；他在國外找到了國內無法給予他的貴族地位。

⑲指亞爾薩斯、洛林。

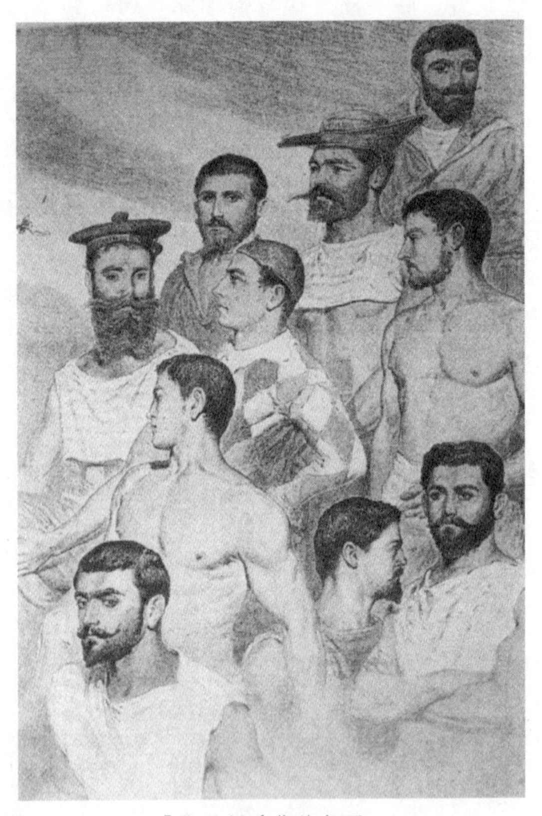

「你必須愛你的部下」
對使命與肉體的激情：
皮耶·羅遜描繪的法國凱旋號戰艦水手。
圖片來源：克里斯蒂安·吉內特收藏品

登陸長崎後，羅逖將地位、婚姻和帝國威權混為一談的情形顯而易見。他的小說《菊花夫人》便是根據自己在條約港找了個臨時合約「妻子」的親身經歷所寫成的：「首先，我要跟坎加魯先生（M. Kangarou）直接談談，他是翻譯、洗衣工和婚姻仲介。這輕而易舉；他們都認識他，也願意找他……接下來，給我來一頓豐盛大餐，裡面得有全日本最美味的佳餚。越名貴越好！他們趕緊衝進廚房去張羅。」他的殖民經驗，確實建立在以二十個當地奴僕伺候的婚姻為基礎的帝國上。[27]

在《羅逖的婚姻》一書的最後幾章，故事主角不斷地尋找幾個據傳是他哥哥的孩子，他哥哥在他之前曾當過水手並來到大溪地。他始終都沒找到孩子；這些「婚姻」的產物並非孩子，而是奴僕。羅逖對帝國的貢獻，是把那些遭受殖民奴役的人民，變換為充滿異國情調的角色，這證明了他真正主宰的——文學中的愛的帝國。

隨著羅逖這位浪漫主義者的聲望日益高漲，加之以他被拔擢為艦長後，他的敘事權威與他的海軍軍銜從此變得不可分割；他的名望也顯示出在十九世紀帝國的寫作中，「官方」檔

案和「小說」之間通常已沒什麼區別。其中就出了許多作家、歷史學家和政治記者，他們撰寫故事來記錄自己在南太平洋或東亞和東南亞的冒險經歷和印象，包括未來的總統保羅・德沙內爾（Paul Deschanel），在擔任法國海軍大溪地連絡官時便曾說道：「每個人都應該讀一讀《羅遜的婚姻》。」

殖民婚姻的戲碼也在印度支那重新搬演，曾引起學者艾伯特・德・普沃維爾（Albert de Pouvourville）[20]駐足觀察，「被原住民給困住了！可這回不是羅遜的小老婆，而是白人女性口中的『congaï』[21]。」法國作家瑪格麗特・莒哈絲（Marguerite Duras）在她的小說《抵擋太平洋的堤壩》（*Un Barrage contre le Parifique*）[22]中，描寫一個年輕女子「迫不及待」地趕去殖民地；而她的丈夫，「和她一樣，也沉迷於皮耶・羅遜的神祕小說而無法自拔。」海琳・萊恩（Helene Laine）到新喀里多尼亞追憶廣受愛戴的孤拔上將，身處殖民地的她寫道：「在孤拔死後五十七年，皮耶・羅遜的小說把我帶到此地。」[28]

在羅遜一生的法屬太平洋文獻和文學作品中，這種收錄是如此繁複，以至於他的故事不僅是亞洲和太平洋的「代表」，甚至其本身就是法蘭西帝國潛在領土的生成者。記者、殖民官僚、殖民者、政客和海軍指揮官用他的「小說」所建立的敘事，創造了他們自己的官方存檔「文件」和歷史紀錄。在很多情況下，他們所認知的事實早已存在於他的某一則故事當中。

到了十九世紀末，作家羅逖已然成為權威的東方報導者，他的敘事範圍從博斯普魯斯海峽到印度洋，連貫日本海，橫跨太平洋直抵美洲大陸。他的隨筆與手稿頓時成為他的正式日記和海軍報告，乃至船長日誌和航海紀錄，性質等同於文學著述。由於羅逖的高知名度與軍事身分，他的稿件總會被刊登在報章頭版頭條。一八八五年發生了一次令眾人矚目的事件，法國軍隊指控中國與越南北圻人的「黑旗海盜」（Black Banner）[23]伏擊法國遠征軍，因而炮轟越南紅河三角洲以消滅敵軍。羅逖在向《費加羅報》的通訊中（他是該報發行人加斯頓・卡米特〔Gaston Calmette〕的朋友）特別強調法軍對北圻人的大屠殺，這使得海軍部勃然大怒，隨即把他從東南亞召回。

---

⑳ 法國作家，東方主義者。
㉑ 安南語，意指陪歐洲人睡覺的當地婦女。
㉒ 電影《情人》的原型。
㉓ 即清帝國將領劉永福率領黑旗軍大敗法軍一事。

他找茱麗葉·亞當幫忙，懇求她「運用一點點妳至高無上的影響力來救救我」，於是透過她在海軍部的人脈，把羅逖從坐冷板凳的處境中救出。在被暗指損害法國名譽時，羅逖駕輕就熟地用自己小說中一貫有效的愛的語言為自己辯護：「我曾請阿爾封斯·都德（Alphonse Daudet）向公眾、記者表達我的義憤……我多麼熱愛他們，那些粗曠的水手們，我是多麼與他們同甘共苦，我是如何為他們奉獻自我……我對海洋的召喚和對水手們的愛遠勝一切。」[29]

由此，我們可以完整看見羅逖和亞當的帝國的全貌。某些帝國主義表徵，例如大溪地的婚姻和對水手的兄弟之愛，是可以隨意敘述的；而另一些帝國主義情狀，例如對越南北圻人的大屠殺，則非政治正確。對此，羅逖自身感切極深。在他痛斥他的批評者時曾寫道：「人民恐懼得哭天喊地，因為他們頭一次親眼目睹了戰爭現實——這場異國戰爭。這就是問題癥結所在；確實，我本應好言安撫他們的。」

雖然羅逖很得意自己的報導，但也嘲諷似地坦承自己殖民寫作的侷限。帝國必須被描述得引人入勝。他熱情洋溢地為一名前艦友所陳述的北圻戰役寫了序言，這對他在情感上別具深意。回想起朋友從一次危險的出擊中返回，他激動地說道：「那次你回到了貝亞德號，真是令人難忘，回到艦上，海軍上將擁抱著你哭了起來，淚水從那麼多優秀水手的臉上流下……讀到這裡我已熱淚盈眶，兩眼模糊，沒有哪部戲劇曾像這簡單故事般讓我感動。」似乎為了加強筆者和故事在塑造帝國上的關鍵作用，羅逖總結：「在那裡我哭了，其他所有讀者也會哭；相信我，讓我著迷的地方，其他人也會著迷，你的事蹟會在闔上書頁之後留下崇高的情感。」[30]

在同一時期，有所謂人道主義的帝國主義者，例如在寮國的奧古斯特·帕維，和非洲的皮埃爾·薩沃尼昂·德·布拉薩（Pierre Savorgnan de Brazza）——後者也受茱麗葉·亞當支持，同時還是羅逖的朋友——因善於營造出恢宏大度、體察人心的聲譽而普受歡迎。諸如拉帕島總督拉卡斯卡德（Lacascade）這般的殖民地官員，籲請當地人民：「永遠愛法國，因為我們只在乎你和你孩子們的幸福。簡言之，你們要讓自己配得上法國賜予的頭銜，配得上在她的旗幟下永遠受到的保護。」法國在嘗試讓帝國被人接受的可能，有時遭遇考驗並不斷重新協議，而各類報導、寫作和故事情節則漸漸地、有意地形塑一個包容和吸引人的帝國主義的愛的帝國。[31]

亞當要確保這個帝國廣得民心，她鼎力支持羅逖，不辭辛勞地努力拓展《新評論》的中產階級讀者群。她也在自己的作品中刻意塑造這個帝國。在她的《尚和帕斯卡》中，尚的父親在西貢為海軍服役。在她早期的《滿洲人》（*Le Mandarin*）中，她創造了一個「儒家弟子」人物培康，培康從中國來到第二帝國㉔時期的巴黎，尋求啟發自我與國家的道理。在接觸到儒勒．米什萊（Jules Michelet）和維克托．迪朗（Victor Durand）（特別是迪朗的《愛》）的創作時，培康高興地說：「沒有實體與形式，一種強大、永恆之愛深得我心。」對迪朗，他欣喜若狂地寫道：「親愛的先生……我十分肯定這本書滲透了中國人的理想。」對米什萊，他寫道：「師父，我已理解您的教誨，您揭示了我內心的想法；但願我的感激之情足以報答您的開導之恩。」[32]這種千篇一律的敘事（愛、意識形態，和對法國的奉獻）是了解亞當的國家和帝國闡述的主要來源。

在羅逖方面，還有另一個對他進一步評注的特別來源。在羅逖位於羅什福爾的維奧家族老宅便是愛的帝國的深刻表述。這處居所不僅是一個作家從巴黎「漫長的煩人季節」中隱退的基地；它還是一種法國地方資產階級營造的舒適夢幻，圍繞在吸引人且馴化的異國天地中。在羅什福爾，羅逖不停地改裝他的屋子，他的住所在很多方面等同於他十九世紀後期法國及其帝國的寫照。這些房間按照由貴族和農民懷舊思想所注入的布爾喬亞地方主義設計發展開來，交織著帝國與來自近東、非洲、亞洲和大洋洲異國情調的幻覺印象。羅遜的私人密室塗刷成白色，外觀簡樸，裝飾有十字架。家居房間的窗簾與裝潢十分繁複，大廳則採用歐式哥德和文藝復興風格。

羅遜在羅什福爾堆湊出來的稀奇物品大觀園，彷若在歐洲達官貴人與熱情蒐藏家傳統中的「珍奇櫃」（cabinets de curiosités），在此展現一種光輝形象，充分道出何以羅遜會是一部愛情、帝國和歷史作品的主角的原因。他的收藏是他的私人領地，是他諸多記憶和許諾的寶庫。如同歷史學家克日什托夫·波米安（Krzystof Pomain）所言，在這樣的個人收藏中，穿插著兩大主題——「圓滿」和「欲望」。這種欲望的驅策「其本身也彰顯於人們描述那些（至少法國如此）忘情於搜括寶物填滿珍奇櫃的人：『不專業、孤單、玩物喪志的（他）男子。』」[33]

羅遜的收藏就是如此這般不專業——欠缺系統性、深深的、浪漫的癡迷狂想。他在大洋洲時以物易物，在東南亞擄掠，在日本買春、拍妓女照片。當他年輕時，他或許是給愛的帝

㉔路易·拿破崙·波拿巴稱帝後建立的法國最後一個君主制政權，後來被法國第三共和取代。

國隨便下了個驚人的定義：「等我有一天當上水手，我將能夠擁有我夢想許久的一切。」帝國既是軍事戰略和文明使命，也是想像與夢幻；帝國是在羅什福爾的廳堂和房間裡的積累之物，上面掛著此物有主的標誌。[34]

羅逖想擁有的，是法國的某種理念。他在羅什福爾的帝國房間，全都是異國的清真寺、寶塔和寺廟的摹製品，被用來存放他的外國珍寶、青銅器、地毯、神像和雕塑。這大多意在喚起某段難以割捨的過往，像其中的中國式內室（salle chinoise），茱麗葉·亞當對此特別評論道：「如此古老帝國的宏偉意味著某個時代留下的文明，仍在吸引人們注意，即便古老依然令人驚嘆。」然而，這種無法長久的異國情調只封藏了真正的永恆所在，亞當如此說道「我說的是另一個（l'autre）房間，她母親的房間，那裡面仍然原封不動。」於是，祖國之母亞當見識到了羅逖帝國中心所敬愛的「端坐著的年邁母親」的雙倍母性空間：亞當或是他身為兒子盡忠的法蘭西共和國，但維奧夫人才保有羅逖以羅什福爾為根基的法國的內室，這才是他所愛的終極對象。[35]

羅逖家鄉的這個小小天地被充當為哨所，守衛著他執迷於童話般過往的強迫記憶，裡面還有一個「迷你博物館」（petit musée）——孩子蒐集的貝殼與大自然事物。成年後的羅逖其實根本稱不上真正的收藏家，反倒像個戀物癖者。他崇拜自己的家，視其為後來他愛的帝國的家庭浪漫原型：這地方追憶著他的母親，還有他深愛的哥哥古斯塔夫；他這位哥哥曾當水手去了大溪地，在那裡養了情婦，蒐集貝殼、面具和雕刻品，他曾寫信給年輕的弟弟皮耶：「別懷疑，我會帶一大堆美麗玩意兒回家，充實你的博物館。」一八六五年，他人生中的第一個同袍手足，在東南亞執行海軍任務時死於霍亂，葬身孟加拉灣。皮耶獨自守望著哥哥在家後院替他建造的金魚池。「那是我悲痛時的夢境……我開始向他獻上我的崇拜，帶著幾許戀物癖。」[36]

古斯塔夫的浪漫和致命結局，是羅逖以自傳體把自己寫進一個故事般的法屬太平洋傳統的依據。羅逖在渴望和憂鬱中認出了布干維爾的大海洋，那人聲稱已找到了他所尋求的感官天堂，並將其歸屬為啟蒙的法國，羅逖也認知到消失在南海的拉彼魯茲，已將大洋上的殞命提升到了神話層次。羅逖透過他的文學和海軍任務，在二十世紀之交以最鮮明的方式鞏固了此一傳統：他在作品中、自己家裡和收藏品中表明何以對大海洋的渴望，等同一種不斷變化、日益陌生的法國憂鬱。好比羅逖在一八七六年追念古斯塔夫的信中所說：「我的兄長，我們的未來計畫在哪裡，大洋洲在哪裡，我們的夢想在哪裡，過去在哪裡，而法國又在哪裡？」[37]

在十九世紀末，羅逖的「珍奇櫃」帝國主義不再是法國殖民計畫或使命的典範，反倒更像歐洲文化轉型的一部分；他所哀歎的其他地方的垂死「傳統」離他並不遠，甚至就在他家附近發生。談到羅什福爾的過往，他寫道：「在依然保守的地方貿易時代，卻看見一切都被『進步』所取代。」太平洋地區所謂的「致命衝擊」，或東方的衰落，都是羅逖無法苟同的不斷變化的歐洲，以及共和政體對法國地方「現代化」的遙遠場景。在一八八〇年代寫給茱麗葉．亞當的信中，他沉吟道：「總有一天，地球會變得非常麻煩和乏味（ennuyeuse），不管你住在這一端還是另一端都一樣，你甚至無法試著靠旅行來喘口氣。」[38]當羅逖熱愛且試圖從海外挽回的故鄉童年世界與他的夢幻格格不入時，他在羅什福爾用心愛的迷你模型還原那些想像的場景，以保有自己的夢想。對於歐洲大陸以外的世界，他的不專業帝國便試圖捕捉住那些神奇而遙遠的事物，並以收藏形式來保有它們。

羅逖的帝國中心就在他自己的老家。在他的著名散文《吳哥窟朝聖記》（*A Pilgrimmage to Angko*）中，這場印度支那冒險經驗完全被框限在作者對羅什福爾的國內回憶當中，以至於很難說這篇文章的主題究竟為何。在這部作品集中體現了他文學之愛的帝國和他收藏之愛的帝國兩者間的聯繫。他思忖道：「吳哥窟的遺址，我記得多麼清楚，那是一個四月傍晚，天空像蒙了層紗，它們就這麼出現在我的幻象中。這發生在我童年時代的「博物館」——我老家頂樓的一個小小房間，那裡面有我蒐集的許多貝殼、海島鳥類、海上的武器和珠寶，所有能讓我聯想到遙遠國度的東西。」[39]他一生蒐集的物品讓他保存了這些童年夢想。就像他對「端坐的年邁母親」，以及他繼古斯塔夫之後心愛的水手們的回憶，都是他唯一無可爭議的愛的象徵，羅逖的收藏，是他以家庭慰藉與情感作為帝國的主要源頭。

也正是從收藏品中發展出的異國情調，使羅逖成為如此有魅力的帝國主義者。一如殖民地作家克洛蒂爾德・奇瓦斯-巴隆（Clotilde Chivas-Baron）在一九二七年的一篇文章中就異國情調現象的解釋，這種類型的作家創作了「偉大旅行者」的故事，吸引了「通常久坐不動的法國人」。這些故事和人物體現了「那些行將穿越無垠海洋者的威望，他們會住在生長鳳梨、香蕉、芒果和蘭花之土……他們親眼見過黑人與中國人。」因此她表示，殖民的理想牢牢深植於法國同胞「熱情的腦海」中。羅逖自己的辭彙也大同小異：帝國不是殖民地；殖民地反倒是兒時的願望：「遙遠炎熱國家的全部，包括他們的棕櫚樹，他們的巨大花朵，他們的黑人，他們的野獸，他們的冒險。」[40]

羅逖沒有科學收藏家的精神，這種精神激勵了埃米爾・吉美（Emile Guimet）等學者，他們後來在里昂和巴黎創立了亞洲藝術博物館（Museum of Asiatic Arts）。羅逖並不在意從文化傳統、儀式實踐或宗教信仰的角度，對其作品進行深思熟慮的歷史分類和人類學詮釋。羅什福爾的房子，雖說收藏著獨特物品，但顯然與國家收藏的偉大時代並不搭調，遠遠比不上像吉美這種真正的東方學者的博學抱負，或者保羅・里維（Paul Rivet）後來的人類博物館（Musee de l'homme）及其科學人類學。一八五〇年，羅浮宮將其海軍和人種學博物館分為兩個部門，一個部門繼續收藏有關海軍的一般館藏，另一個部門則專門針對藝術品進行正式研究。一八五九年，保羅・布洛卡（Paul Broca）及其同僚創立了巴黎人類學協會，以科學方法進行種族區分和歐洲優越性研究，主導了法國思想。一八六七年，拿破崙三世下令設立一個國家歷史文物博物館，以收納比較人類學的新興研究成果。[41]

話說回來，羅逖並不是唯一一個藉著蒐集異國物品來追求帝國的人。儘管在整個十九世紀後期，君主制與共和制藉由國家所組織、以科學為前提的展覽和博覽會來刷新世界面目，但在同一時期，法蘭西帝國的文化仍然存在一張獨特的羅逖式樣貌，一種馴化而封閉但吸引人的故事書歷史。在此我們探討一套當時以兒童為對象的「蘇查德巧克力兌換卡」（Suchard chocolate trading cards），特別是以大溪地為背景的那幾張。「這就是皮耶・羅逖讚不絕口的那種女人」，卡號二七七上的圖案如此喻示，這正適合收入羅逖的珍奇櫃帝國。上面影射大溪地「妻子」和「拉拉呼」情人，讓人想起羅逖的故事，以及他的婚姻和其他殖民計畫的關聯性。這是一個相當符合羅逖風格的帝國：殖民主義成為兒童的消遣，一組奧妙的圖案與敘述；將遙遠的人民風土納為收藏。這三百多張卡片，印刷了觀察入微的殖民地「原住民」與風景畫圖像，旨在培養一種法蘭西帝國的感受，這是促銷活動的一部分，收藏者可將卡片排滿在一本帝國畫冊上，完成之後可以兌換包括自行車、編鐘、相機、留聲機等獎品，以及數量最多的普獎——殖民地導覽圖。它是商品化的帝國，就像羅逖的故事一樣流通於大眾，最終用豐富多彩的圖片、殖民地的宣導，甚至可能（在此情境）是令人嚮往的獎品來吸引讀者。

這整套卡片本身就浸潤在《羅逖的婚姻》的殖民邏輯中：和當地土著的結合與占有。卡號二四八告訴你亞洲和歐洲如何在城市規畫中相得益彰：「西貢是一個甜蜜的西方式小鎮，但即使在其歐洲區，依照帶有異國情調的標誌，更加增添了魅力。」卡號二五二，一幅當地的河流景觀，透過乖張的果斷，展現法國在這片土地隱約維持的霸主地位：「除了一些舢板、一些土著，除了氣候、河流、河岸和橋梁，其它地方一點也不像在遙遠的東方。」卡片中正經八百地宣傳對於黑皮膚的美拉尼西亞人和淺膚色的玻里尼西亞人的刻板印象。這位大溪地婦女贏得羅逖之愛，她因「棕色皮膚帶點歐洲特質」和「欣喜地戴滿鮮花」而受人禮讚。她確實是名人羅逖的「妻子」，是帝國迷人而令人神往的面容。[42]

———

這些殖民時期的「蘇查德兌換卡」是某種更大文宣收藏的一部分，特意將年輕人心中「風景如畫的法國」寓意於一組地域圖像，展示了民族和帝國的地方色彩、習俗與服飾。同樣地，羅逖在羅什福爾創造了一種邀請，他在一個由石塊、木頭、青銅、黃金和白銀組成的神祕幻境中搬演法國和其他文明。對他來說，過去和遙遠的世界並不總是在海外。除了他的日本寶塔、中國王座，土耳其和阿拉伯堂舍，羅逖還將大廳設計為彩色玻璃和皇室紋章裝飾的中世紀高聳拱頂的複製品。用餐區則被刻意打造成一個農民家庭的簡陋居所，搭配以低矮的木梁和石頭地板、粗糙的木凳、鐵鍋和生火鐵圈。羅什福爾的房間所擁有的歐洲風格，並不遜色於東方的異國情調。

其實，羅逖口碑最佳的一本書是《冰島漁夫》（*Pêcheur d'Islande*），他以彷彿兒子盡孝的方式將此書獻給了崇高的茱麗葉・亞當，那是一個極具「地方」色彩的異國情調故事：描述布列塔尼漁民的日常，他們艱辛地生存在崎嶇的海岸之間，與當地美女婚配，在危險的冰島水域每次出海長達數月，靠捕魚為生。這本書大受年輕讀者歡迎，發行後重印了好幾回帶有插圖的版本，這些訴說著挑戰與辛勞的故事，牽絆著年長婦女在長期苦難中的睿智，和滿懷希望、苦苦等待男人返航的年輕女子寫照，那是一個蘊含著質樸價值、真摯愛情和傳統色彩的世界。在這本書裡，羅逖的帝國依然立基於雙重異國情調：把遙遠的土地與對法國地方的詳細回憶揉合為一。

這種將遠近結合的手法往往無比犀利。作者筆下的英勇角色，亞恩和席維斯特雷，這兩個討海人將在書中失去生命，後者戲劇性地在殖民地遭逢命運轉折，在亞洲「有一天，他被叫進辦公室，長官宣布，他將奉命前往中國，到駐紮於福爾摩沙的艦隊服役」。席維斯特雷在印度洋上風景如畫的航程，最後是以殖民戰爭的悲劇告終，他在一場小衝突中被一名中國士兵擊斃時，臉上掛著「不屑的微笑」，他沒想到對方竟敢對自己開槍。藉著席維斯特雷之死，羅逖敘述了異國情調的夢，以及它在海外與家鄉的殘酷幻滅——他所熱愛的喪命水手和失落的法國。作為結尾，羅逖以亞恩溺死的慘劇來隱喻婚姻的可怕逆轉。暴風雨將書中最後一個地方英雄席捲而去，將他拉進大海，陷入死亡深淵。「這樁可怕的婚姻籠罩在深深的幻象之中。飄動著的黑色面紗和暴風雨掀動的窗簾，已然掩蓋了這樁喜事，新娘的聲音響徹天空，蓋過了他在水中的哭喊。」宛若羅逖看到法國海外殖民主義世界遭到掠奪，相對地，他也應和了一段痛苦回憶，猶記國家鞏固時期、而今消失的法國印象與安逸。[43]

為了安撫和保存他想像中的過去，羅逖蒐集了一些足堪慰藉之物，讓自己相信他仍然活在一個穩定有序的世界。羅逖的故鄉即帝國，既不屬於粗暴的白人征服者，也不屬於開明進步的施行者，而是永恆的矯飾：僧侶和唯美主義者，或者想像中專橫的中國——「中間王國」（Chinese Middle Kingdom）[25]、島嶼上的食人族酋長、他熱愛的童年。他在這裡至高無上；居住並主宰一個有著感性物品、圖像、紋理和圖騰的家，這定義了他心中共和政體下的真正法國。

羅逖最害怕的是喪失自己的貴族地位；它的結束意味「我將不再被愛」。他希望藉由帝國來行使和保持貴族最獨特的身分：特權，他渴望的特殊地位。不管在羅什福爾或國外，他都樂於描述這種權威，一如在條約口岸時與菊花夫人「結婚」前的繁文縟節：「他們給了我一個黑色天鵝絨的方靠墊……兩個小婦人是家中傭人，也是我卑微的僕人，他們表現出極其謙卑的態度，聽候我的命令。」他也在自己羅什福爾的家中遵循這些規矩。羅逖體面地與妻子布蘭奇・弗朗克・德・費列雷（Blanche Franc de Ferriere）定居下來，又與另一個年輕的巴斯克女人克魯西塔・蓋恩薩（Crucita Gainza）維持著第二個家庭。雖然蓋恩薩從未得到他的正式承認，卻生了他想要的兒子，那便是蓋恩薩的角色。羅逖退隱到羅什福爾，會帶著他的化身帝國和「婚姻」，此乃意料之中；它們是地方和民族的具體標誌，是他得以支配愛情和命令感情以滿足自身欲望的地位。[44]

我們對羅逖的物質宇宙有何了解？對他房子有所研究的學者們，可以按照建造和擴建的時間順序來選擇主題——土耳其沙龍：一八八七至一八九四年；阿拉伯廳堂：一八八四年；日本寶塔：一八八六年；哥德式廳堂：一八八七年；農民、文藝復興、清真寺、木乃伊、修

㉕西方人對中國的翻譯，有貶低、揶揄之意。

道院和中式房間：一八九五至一九〇三年。羅逖一直是傳記作家喜愛的主題，通常大家會適切強調這位作家對於土耳其和阿拉伯事物的特殊情結、他的「真愛」切爾克西亞人阿齊亞德、他對伊斯蘭教所懷抱詩意的堅持，以及他對奧斯曼帝國令人質疑的辯護，乃至否認亞美尼亞的種族滅絕。羅逖的粉絲和學者們都詳細描述了他對東方主義者在靈性和美感上的偏好。

配合我們的探討，在此不妨看看突顯出羅逖和其愛的帝國的獨特標誌，也就是他遊歷海上和亞洲的特別事蹟。他的收藏品，有些仍然保存在羅什福爾宅邸，現今已被法國政府改建（或許羅逖不會介意其中的諷喻）成為國家博物館。這位作家死後，大部分收藏（包括大批日本寶塔藏品蹤跡）都已佚失，然而拍賣目錄上煞有介事地描述和列舉了包括家具、繪畫、瓷器、雕刻和鑲嵌木器、紡織品與陶器。有人注意到專門歸列為「大洋藝術」的特殊批號。物件第一八一號，是一支扁平的迴力鏢，配有羅逖的手寫便條，指出這件「無可爭議的澳洲」物品是他在復活節島上發現的，一八七一年他身為弗洛爾號的年輕水手時曾經停靠過那裡。羅逖酷愛推測：「復活節島上出現了這支迴力鏢……看來可構成一份關於遠古時期南大洋民族遷徙史的神祕檔案。」45

這種對遠古時代的迷戀，體現在這一系列的收藏：雕刻的石臉、戀物癖小雕像、儀式面

Empire of Love

具。然而一如往常，對羅逖來說，永恆總是具有明顯的歷史意義，透過他的家鄉和他的帝國家族浪漫史為他留下鮮明的印痕。在對哥哥古斯塔夫的思念中，他回憶道：「他送了我一本大作，名叫《玻里尼西亞遊記》，這是我小時候唯一珍愛的書。」繼他兄長之後，羅逖的文學情感和海軍任務終於第一次在南太平洋上徜徉，大洋洲的島嶼一直是他對家鄉之愛的一部分。[46]

他在為帝國的效力中，培養出自己的才華，將太平洋傳遞到法國。羅逖就是在復活節島上寫出了他有關大海洋的第一份報告：筆記和素描（船長命令他負責一份藝術紀錄），這些筆記和素描在交付給法國《畫報》（*L'Illustration*）出版後，便成為半人種誌的冒險記。他以藝術家和帝國主義者的雙重身分塑造了他的敘事：地形圖和人種學——湖泊和山谷的草圖、當地習俗摘要，作為向上級提交的報告，並被發送到海軍部。

這些作品與許多十九世紀的歐洲太平洋印象並無太大區別：野蠻人的描述、野性、野蠻行為、好奇和交流的細節。其中有些報導對於後世實屬可悲。就在復節活島這個中途停留點上，船員們履行了某些任務，他們費力地推倒了島上一尊著名的摩艾石像（moai），並把頭砍了下來，留下一個被褻瀆的殘軀；重達兩噸的石像頭顱被運到巴黎，今天它就坐落在巴黎植物園中。

羅逖作品中彌漫著一種怪異的憂鬱情緒，這種情緒又滲進了觀看這些收藏品拍賣會的記者心頭，作家的這些崇拜者們「被虔誠的好奇心所吸引，凝視著這位了不起的航海家及這位偉大、痛苦的作家的遺物，他想像力豐富，時而天真爛漫，時而古老又帶點野蠻，他湧動的情感或許還超越了波特萊爾。」[47]這些從天涯海角蒐集到的物品被帶入羅逖家中，這些遙遠的異國情調最終來到了他熟悉的家鄉領地。這些被納入「大洋藝術」的收藏品為賣家——作家的孩子們——賺進了超過十萬法郎。

有位記者報導稱，這場拍賣會引發「人性、時間和空間三重意義上綿延不絕的感受。我們依依不捨地翻過昨日……看著來自世界遙遠各方的『羅逖之物』，面對偶然，面對不確定，面臨一切的煙消雲散」[48]，羅逖肯定不會比這名記者更喜歡這筆意外之財。另一篇撰文則以較簡潔的文字道出生前困擾這位本名朱利安．維奧的人的不安感覺，標題簡明寫著：「皮耶．羅逖的『紀念品』已被出售。」

2 地緣政治的欲望

巴拿馬

「祖國的榮耀……及一抹浪漫」
地峽的工人、家屬和機具。巴拿馬運河開鑿
（一八八八 — 一九〇三年）
圖片來源：澳洲國家圖書館

羅亞爾（Loire）河畔的羅什福爾，以及鎮上出生的名人皮耶．羅逖，在十九世紀末廣為人知。羅逖在此的老家和他的聲望引來巴黎名人圈的注目，他關於大溪地、日本、法屬印度支那和其他太平洋口岸的著作使這個濱海小鎮成了帝國意識形態浪漫主義的前哨。一八八六年，有個鮮為人知的作家兼政論家奧古斯汀．蓋倫（Augustin Garcon）對於羅什福爾之於太平洋的角色的話題也來湊個熱鬧。他的論述主張，將遙遠的大洋與法國大陸的濱海地區直接連貫起來，建立一個將遙遠太平洋地區連結至歐洲大西洋海岸、兼具交通地利、商業優勢和民族自豪的中轉樞紐。「我們注意到，」他說，「加斯科涅灣（Gulf of Gascogne）的中心點將成為一個中轉站，把地峽的船隻吸引過來。我們在那兒找到一個位置絕佳的港口，那就是羅什福爾，它位於相當重要的產業腹地，一旁流經的河川十分有利，擁有方便的停靠設施。」

就這樣，羅什福爾再一次充分形塑出法國人對太平洋的想法。蓋倫心中想像著修築一條直達鐵路，將羅什福爾的倉庫與法國其他地區及整個歐洲連接起來。他建議說，從這裡可以「向四面八方分銷大洋洲的產品」，讓羅什福爾成為「世界這一頭的倉庫」。[1] 蓋倫仔細陳述了羅什福爾長久以來都是全球貿易中心的歷史和戰略潛力，從而肯定這個小鎮在海洋歷史上的重要地位。他的論述招來一種奇特想法——即貫穿「地峽」，把羅什福爾與大洋洲連成一氣；他不談法國海岸線的地理細節，而是直接放眼於大海洋。在論證自己的觀點時，他很清楚有家法國的國際企業正展開一項計畫，一旦實現之後，將使太平洋成為大西洋的延伸，那便是當時最偉大的資本主義事業——巴拿馬運河。①

「巴拿馬」是個引人入勝的故事；是用資本、工程和醫藥科學堆砌出來的偉大壯舉，是關於疾病、勞工剝削、匪夷所思的政治陰謀的殘酷故事，並迎來西奧多·羅斯福（Theodore Roosevelt）領導下的美國帝國主義和炮艦外交的最終成功。然而在最初，它是一個屬於法國的夢與災難，最終瓦解了一個政府，摧毀了政客與金融機構，奪走成千上萬小投資人的儲蓄，更粉碎了整個世代對法屬太平洋輝煌的想像，那些想像曾是一段走上岔路的愛的歷史。當美國人接管地峽時，運河評論員威利斯·約翰·阿伯特（Willis John Abbott）對他的法國前輩做此評述：「他們的感情主義，引領他們支持任何一項承諾榮耀祖國的偉大民族事業（此外）……也帶有一絲浪漫色彩。」[2]

這不僅只是一個精明的美國人的觀點。一八八九年，作家埃米爾·貝傑拉克（Emile

①法國實業家斐迪南·德·雷賽布於十九世紀末動工開鑿巴拿馬運河。

Bergerac）在《共和國之愛》（*L'Amour en Republique*）一書中，對法國各式各樣的愛情進行了「社會學」研究，他認為：「我們的人民本質上富有想像力、理想主義和夢幻；我們相信法國詩人說的一切，如果告訴我們月球上有電車，我們不但會相信，還會買它的股票。」

一八八〇年代和一八九〇年代是映射出這種信念的二十年——法國在巴拿馬的浪漫與失敗。這是一項宏大的計畫，以股份公司形式，將民族國家轉化成資本，意圖征服太平洋，實現全球一統。有了成千上萬的股東投資，眼看光榮的文明使命即將邁向最美好的時刻。就像蓋倫所說：「我們國家將向世人展示，在其崇高的卓越品質之外，還有不屈不撓的毅力，她將永遠不會放棄作為一切有關進步和文明的發起者之角色。」他以氣蓋山河之勢宣稱：「歐洲的文明、藝術和工業將使這些沐浴於太平洋上的廣袤領土煥發生機。股東和資本家，他們的財務援助，容許實現這一巨大的跨大洋運河計畫，我們所有人都應感謝他們明智地、愛國地運用其資本。」[3]

當蓋倫在羅什福爾憧憬太平洋未來的同時，茱麗葉·亞當的沙龍來了一位最近剛剛圓滿

完成在美國的商務和演講之旅並凱旋歸來的客人。這位法國女大腕欣然接見這位被譽為和她旗鼓相當的法國男大腕——斐迪南・德・雷賽布（Ferdinand de Lesseps），他是亞當《新評論》的堅定支持者和贊助人，此時前來談論巴拿馬。貴族出身的雷賽布是當時的一個耀眼人物，與皇室、總統及金融家都有推心置腹的交情。[4] 一八六〇年代，他的支持者創立一家公司開鑿了蘇伊士運河，這讓支持者們荷包滿滿，而他也成了世界名人。眼下，雷賽布和八萬多名法國投資人，連同好幾位共和政體官員正打算進一步主宰太平洋，占領傳說中的東亞海岸，把進步與文明的利益傳播到整個大洋洲，這被後來的法國總統保羅・德沙內爾稱為「名副其實的經濟、政治和軍事革命」。[5]

一如亞當面對十九世紀末法國大部分重大舉措的態度，亞當運用了她的論壇。她的《新評論》創刊號的頭版文章，便是對巴拿馬運河計畫詳細而熱情的評論——作者別無分號，只此一家，正是雷賽布本人。亞當在親自主筆的編輯公開信中，毫不客氣地批判其他歐洲強權，為整個討論營造出一種充滿激情和愛國主義的氛圍：「在我們的舊世界，英國和德國，在行動的秩序或力量的積累方面，已經向我們展示其取得的某些進展。然而，他們的政府體制為整個社會主體的前進製造了障礙。」她有條不紊地以自己的哲學以及在共和主義中探究的團結與平等社會進步的必然性，歸結出一個最佳論述：競爭對手僅是以「武力」堆積成果。然而，跟平常一樣，亞當並不迴避武力，只要它是一種獨特的法國熱情與愛的結合就行。她稱之為「我們身為高盧人的暴力之愛」，源於「我們對拉丁兄弟的情感，我們對自由的熱情」。[6]這種把法國和中美洲拉在一起的「拉丁」式暴力之愛與兄弟情誼，曾被無數法國思想家和規畫者反覆重申，並最終在推動偉大的共同志業中獲得體現——比如開鑿運河這種大膽挑戰。

這條運河的創新潛力在於實現自古以來的夢想，一條通往印度和東亞的聯洋海上通道——幾個世紀前因歐洲人撞見美洲大陸而中斷的通道。雷賽布本人信誓旦旦地準備承繼並實現這個神話。雷賽布在亞當的沙龍裡，就像他在美國和在歐洲各地時一樣，說自己：「就好比克里斯多福．哥倫布，正啟航發現另一個新半球。」他的工程師們高聲放言要「剷除」那道「打敗哥倫布和科爾特斯（Hernan Cortes）②探尋太平洋陸地的狂熱野心」的屏障。法國報紙熱情洋溢地轉述雷賽布的帝國願景。《自由報》（*la liberté*）盛讚「推動人類進步」

此舉，並斷言：「這是歐洲通往大洋洲、日本、中國，通往富足豐饒國度（我們仍稱之為『遠東』）……的一條路線。」《高盧人報》（*Le Gaulois*）則錦上添花：「鑿穿巴拿馬地峽是一項宏偉的工程，具有第一流的實用性和文明意義。」[7]

同時，這家「聯洋運河公司」（Compagnie du Canal interocéanique）定期發布公告以反映群眾熱情。該公司祕書長亨利・比昂（Henry Bionne）宣稱，「巴拿馬控制了廣闊的空間，那幾乎是整個半球」，並稱這條未來的運河為「世界的高速公路」，將從歐洲「來回雙向地連通美洲、大洋洲、日本、中國」。在這廣袤的領域中，商船隊伍將「展示自己的色彩，連接太平洋上攸關法國利益的土地」。這條運河將能讓法國巧妙地不仰賴征服或領土擴張，而是經由整合、中轉，並連接一系列分散的點，使之形成一個精巧的網絡，從而創造出一個「法屬太平洋」。偉大的路線在巴拿馬交會，然後「連接到地理位置優越的各個法國跳板：馬丁尼克島、瓜地洛普島、馬克薩斯群島、大溪地、新喀里多尼亞、交趾支那」，比昂還保證，一旦法國葡萄酒、絲綢與製造品在「太平洋盆地和中國海一帶的消費國中取得廣大的新

② 中南美洲的西班牙殖民者，摧毀了阿茲特克古文明。

市場」，貿易將會更為興隆。[8]

小時候，皮耶・羅逖玩著雕刻品和圖畫書，心中幻想法國和大海洋連在一起。有天早上醒來，他發現房裡：「到處掛著用頭髮絲串起來的貝殼項鍊、羽毛頭飾、原始野蠻的暗色簡陋飾物，彷彿遙遠的玻里尼西亞曾在夜裡來過我身邊。」這個奇蹟是怎麼回事呢？「原來是我哥哥從巴拿馬搭乘郵船回到了歐洲。」[9]

還是個孩子的羅逖，在夢裡見到地峽雙肩扛起了他的哥哥和太平洋世界。當時古斯塔夫先是在巴拿馬登岸，然後又到另一端登上郵船，在那個時代還沒有運河可以穿行。經過了一代人的歲月，法國太平洋政策的方方面面最終都將與巴拿馬的計畫緊緊相連，一心要讓大海洋成為法國的延伸。像新喀里多尼亞這種曾被認為是前哨的遙遠領土，將在戰略上被重新想像為帝國的關鍵。「巴拿馬地峽的通航，使得首都諾美亞（Noumea）③的重要性與日俱增」，蓋倫寫道，這讓美拉尼西亞殖民地成為「駐紮和整頓我們海軍的絕佳基地」。就連神話般的天堂大溪地，也在一八八〇年因運河而被吞併。在波馬雷國王正式簽署加入法國聯邦的協定時，法國總督宣布，該群島將很快迎來「一個進步繁榮的新時代，一個不愧讓巴拿馬障礙倒塌的時代，使大溪地成為所有跨太平洋蒸汽船航行的天然樞紐，成為航行途中最美麗、最幸運的樂土。法蘭西萬歲！大溪地萬歲！」四年後，保羅．德沙內爾主張在大溪地、波拉波拉島（Bora Bora）和胡阿希內島（Huahine）進行更多的法國公共教育，以便「讓我們的百姓熟悉殖民地的地理、歷史、道德、行政和資源，這個殖民地可能成為全球最常行經的地點之一」。[10]

世界其他國家饒有興致地觀察著「法國人」的巴拿馬。日本學者稻垣滿次郎（Inagaki Manjiro）指出，「倘若德．雷賽布先生的巴拿馬運河計畫真的完成……毫無疑問，太平洋在各個方面都會發生革命性的變化。」他清楚看出，「一八八〇年法國占領大溪地和拉帕島——兩地都擁有良港——其目的就是要控制從巴拿馬到雪梨、布里斯本和奧克蘭的海上航道。」在法國，奧古斯汀．蓋倫證明了，法國人當中不是只有皮耶．羅逖才能同時就羅什福爾和日本對太平洋做出想像。「運河開通後，歐洲便有可能抵消美國的影響力，而我們也有機會奪回在日本的地位。」構建一個幅員向北遠至日本群島，向南遠至社會群島及新喀里多尼亞的法屬太平洋，其關鍵就取決於這條運河的成功。遙遠的太平洋雖不具備與地中海或大

---

③新喀里多尼亞首都。

西洋的直接毗鄰及其重大意義，但是仍可將它完全連接到已知的大西洋世界而成為法國的一部分。要實現這一目標，就要鑿穿地峽，讓兩大洋的海水匯合在法國控制的戰略集結點——運河。[11]

在巴拿馬成為一個全球商業和統治的夢想、遑論其勘測、水道學和資本計算的有利地形之前，它只是法國人塑造人道主義、精神和政治原則的想像空間。對於記者和歷史學家費利克斯·貝利（Felix Belly）來說，歐洲人與中美洲的相遇印證了哥倫布「真正找到了《聖經》中的人間天堂」的理想。隨後在殖民地的屯墾、占領和革命，強化了地峽與法國關係密切的天命，一八一〇年代和一八二〇年代的民族解放戰爭讓拉丁美洲脫離了西班牙，更是被吹捧為法國革命原則的直接體現。「就是在這些沒有先例、沒有教育、沒有歷史淵源的新興國家，我們在一七八九年的原則才獲得了最好的理解和最嚴格的貫徹。」[12]

貝利的看法是，中美洲的新革命國家不但年輕，而且未受摧殘，自然而然是偉大的拉丁法國的孩子，法國的母愛將深情地指導他們發展。而西班牙費利佩二世（Phillip II）「激起他們全體最激烈的排斥，相對地法國吸引他們的原因無非是……作為人類永恆真理的闡釋者，並鼓勵他們自我解放」。相較於如此慷慨的法國，西班牙是一個正在衰落的殘暴帝國。「卡斯蒂利亞人種（Castillian）[④]冷酷無情，驕傲而空虛」，以其「乾涸的心靈」為標誌。

就算貝利的言辭有欠公允，至少還是有許多巴拿馬海岸的地峽印地安人同意他的部分說法。巴拿馬庫納族的一位酋長奈勒·德·剛圖雷（Nele de Kantule）說道：「當我的老祖先曉得西班牙人要來的時候，他們不得不逃進他們睡覺的叢林裡。一些西班牙人抓住了印地安人並把他們捆起來隨手扔掉，他們就這樣死去。」西班牙人為了黃金而瘋狂，剛圖雷回想道：「那些從別的國家來的人，他們認為我們活在一個偷來的國家。不，我們居住的國家才不是偷來的。現在西班牙人追捕我們，他們就要搶走我們的國家了。」[13]

貝利在自己對西班牙的撻伐中，也加上了這類的證詞和譴責，他把拉丁歷史從一個流著可鄙的、枯萎的西班牙血統的貴族所組成的帝國，轉換到印地安人和拉美裔美洲人的展望與堅韌：「他們的村莊中閃耀著家庭之愛、毫無保留的良善，以及無可比擬的好客。」這種

④中世紀時西班牙北部及中部人種，泛指古歐陸的西班牙。

無所不包的愛的核心是一種非常高盧的初衷；繼西班牙之後，法國成為新的拉丁燈塔。「拉美裔美國人並非從先天血脈中得到他們的真正特質，而是從一七八九年陡然而至的光芒中汲取，那道光芒照亮了整個世界。」[14]

拉丁美洲就此受到革命性的法蘭西愛的帝國所庇蔭。著名的無政府主義地理學家雷克呂斯（Elisee Reclus）⑤在一八五〇年代周遊中美洲時，便援引一七八九年和一八四八年的法國革命傳統：「法國的道德影響如此深遠，在這些國家，法國的新革命強而有力地支持他們的精神。」初來乍到的雷克呂斯為新世界的新機會興奮不已，以致他在地峽住了一段時間，並從事香蕉種植。一如他的傳記作者所提到：「他在這種殖民形態中……看到新移民得以締造一個新社會的可能——一個能讓許多無政府主義者共享的烏托邦。」[15]

法國重要人物發聲，他們把援助和指導拉丁美洲事務的想法看得太過嚴肅。其中最著名的是路易．拿破崙．波拿巴（Louis Napoleon Bonaparte）⑥，他與奧地利大公馬克西米利安（Maximilian）在一八六〇年代對墨西哥的干預，最後落得一個災難性下場。波拿巴渴望

在新世界建立一個帝國的願望由來已久，這位不久後稱帝的政客，在一八四六年堅定認為：「藉由一條穿越新世界中心的運河把大西洋和太平洋連接起來，這是一件重要性不容置疑的大事。」藉著鼓吹這項運河計畫，波拿巴宣布自己與中國、日本、紐西蘭，新荷蘭、西美利堅展開貿易與交流，且要「加速……讓基督教與地球文明進步幾百年。」[16]

這位未來的皇帝並不是唯一一個有此想法的人，自從第一批歐洲人來到這塊地峽並正確估算出它的地理位置以來，運河工程就已經被提出，而法國投機者總是走在最前沿，本著文明與人道主義原則制定宏偉計畫。一八六〇年，巴黎「聯洋運河協會」的阿塔納斯·阿尼昂（Athanase Airiau）說道，「建造運河的推動者是法國」，他將此訴諸於國家定位：「這種專注而無私的探索，將符合我們國家的天性與發展，符合我們寬大政策的魅力，符合讓我們團結一致的人道主義傾向，也同時令人驕傲。」阿尼昂在另一封致法國政府的信中，激烈強調法國殖民主義獨特的拉丁特質，並警告說：「事實上，巴拿馬地峽必須始終擁有足夠的殖

---

⑤ 法國地理學家、無政府主義思想家。

⑥ 拿破崙的侄子，法蘭西第二共和總統，隨後稱帝。

民力量供其調配，這相當重要……以確保南美洲不致遭到美國門羅主義的入侵，美國蠻橫地妄想讓拉丁人向他們的利益屈膝讓步，這將傷害我們的舊歐洲。」

阿尼昂的夥伴里昂．弗切（Leon Faucher）也透過區分法國和英國的帝國意識形態來敦促此事，事實上，唯有尋求並評估帝國野心，才能理解所謂的「法國特質」（Frenchness）。比起英國對殖民地間接統治的冷酷利己主義，法國的「同化」是一種懷柔與同理心的政治手腕。「英國的民族性從來不包容其他任何民族的利益與理想，她絕對沒有能力也厭惡行使同化的手段……英國的征服走的是取代而不是融合的道路；在英國所到之處，其他種族要麼逃跑，要麼被消滅。」所以說，「法國才是領頭走在文明與進步的道路上。」[17]照帝國本身來看，巴拿馬和太平洋理所當然屬於高盧、啟蒙運動和革命的一部分。

阿尼昂的運河工程完美彰顯出這種慷慨和情同手足般帝國的自我闡釋；他的計畫不僅詳細說明了一個工程方案，而且還描述了一種非同一般的精神與思想地形。除了運河路線之外，他還規畫了優雅的效果圖和立面圖，計畫在水道周圍建造一座完美的八角形城市，有專門提供給英國、荷蘭、美國、法國和全球其他國家使用的碼頭，輔之以巴拿馬和其他南美地區命名的林蔭大道。這座城市將在北部和南部盆地內按照數學方法精確畫分，並以象徵意義仔細標示各個區域，以亞洲和非洲動物、中美洲和歐洲人名，以及源自神話和歷史中的著名人物，如雅典娜或西蒙．玻利瓦（Simon Bolivar）⑦，來為各區命名。

八角形中間圍繞著一個人造內陸海，世界上每個國家都將在城市中心設立公使館，以法國盧昂和波爾多等城鎮命名的小社區星羅棋布地散落於四周。[18]在這些非比尋常的計畫中，特別是巴拿馬運河，尤其是運河，不僅僅是工程上的壯舉或十九世紀科學上的人定勝天；它們是人類的追求和烏托邦式的精神場所，旨在創造一個在商業、進步和信仰的兄弟情誼下團結一致的世界。在一八四八年的一項聯洋提案中，聖碧岳海運公司（Saint Pius）的克勞德．德里貢（Claude Drigon）宣稱將造福「四海一家的世界，所有公民都是兄弟，他們全是同一位上帝的孩子」他還稱呼運河規畫者為「歐洲文明的傳教士」和「人類的救星」。[19]

⑦ 拉丁美洲革命家，參與建立拉丁美洲第一個獨立國家聯盟——大哥倫比亞。他領導玻利維亞、哥倫比亞、厄瓜多、巴拿馬、秘魯和委內瑞拉取得獨立，玻利維亞這個國名就是因為紀念他而得名。

沒有任何地方比在這條東方航道的所在地點更讓人清楚意識到這種偉大的情感，讓巴拿馬看起來充滿無限希望——媲美蘇伊士運河。一九〇四年，德國學者沃爾夫·馮·席爾布蘭德（Wolf von Schiehrand）將拿破崙的歷史與埃及的計畫綜合研究，他指出：「拿破崙看到了一條穿越（巴拿馬）地峽的聯洋運河的重要未來，由於他對這條運河的清晰認知，幾乎讓美國購買路易斯安那州的談判失敗。」然而，「直到蘇伊士運河完工後，皇帝的計畫才得到實際效用，不過也表明這類工程的巨大困難是可以克服的。」[20] 一八四六年，也就是拿破崙的侄子路易·拿破崙首次提出穿越巴拿馬地峽的同年，法國聖西門主義者（Saint-Simonians）⑧成立了一家諮詢顧問公司來推動蘇伊士運河計畫。

聖西門伯爵克勞德·亨利·德·魯夫羅伊是一位有遠見的貴族，他深受歐洲工業化影響所鼓舞，主張建立一個以科學家、工程師和藝術家主導產業為基礎的新社會。在他死後，他的一些追隨者，在深具領袖魅力的「聖父」（pére）安凡丹（Barthélemy Prosper Enfantin）⑨領導下，建立了一個半神祕團體，提倡共同生活與自由戀愛，並在美國和埃及建立了分部。茱麗葉·亞當是眾多追索這段歷史的人之一，她記錄了「聖父」和他的孩子們如何前往埃及，「在那裡研究出一種在尼羅河上築壩穿透蘇伊士地峽的架構。安凡丹和他的弟子們都神奇地擁有實現偉大事業的非凡能力。」[21]

茱麗葉·亞當對聖西門學派的思想很感興趣，一方面出於個人原因，同時也有哲學理由。茱麗葉（當時身分仍是拉梅西納夫人〔Lamessine〕）身為替喬治·桑和丹尼爾·斯特恩（Daniel Stern）[⑩]大膽辯護的女權主義著作《反普魯東思想》（*Idées anti-proudhoniennes*）的作者，她對女性平等的犀利論述引起了安凡丹的注意，於是安凡丹派人邀請她參加一次聖西門學派的宴會。事實上，亞當在她的回憶錄中提到，宴會是「聖西門學派領袖們為了向我致敬而特意舉行的，」他們對她的平等主義原則以及她的美學論點印象深刻。其中一位代表，蘭伯特-貝（Lambert-Bey）「特地以『聖父』安凡丹之名邀請我，他對我的看法，就如同聖西門伯爵見到了德·斯戴爾夫人（Madame de Stael）[⑪]那般——如此之恭維，讓人多愉快啊！——那位夫人自學派成立以來，一直希望為女性立法，是女性的救世主。」[22]

---

⑧十九世紀上半葉的一股法國政治、宗教和社會運動。

⑨法國社會改革家。

⑩十九世紀藝評家。

⑪法國小說家。

拉梅西納夫人婉拒入會（「我覺得自己還不夠成熟」），但後來在沙龍裡與安凡丹會面。整體來說，她覺得聖西門信徒雖然很有說服力，但也十分怪異，特別是在自由戀愛的問題上，她說：「他們希望透過放任而非美德來改變禮儀……必須克盡某些義務以維護女人的尊嚴，這是她在社會責任之外和無拘無束的愛情中，無從想像的。」她敏銳觀察到在聖西門主義結構內部顯著的緊張局勢。儘管披著科技官僚的外衣，但它是藉由不斷重新協議愛的理念所驅動：充滿激情和深情，深刻的人道主義，精神上的救贖。儘管其「偉大的公共事務、鐵路、聯洋運河，（以及）自由貿易如同福音」如此宏大，亞當在回憶錄中寫道：「它的基調是愛，是對被壓迫者、窮人、墮落的女人、罪人和撒旦本尊的愛與憐憫。」23

這種與工業進步相結合的愛的理念，是聖西門工程的基石。事實上，在聖西門伯爵對十九世紀社會的企業重組的詳細計畫中，曾經說過：「人類啊，你還不了解你們的宗教、法律和生活，因為宗教就是愛，法律就是包容，生活便是幸福。」安凡丹曾警告人們不可執念於榮耀，那只會「滋生出驕傲」；應該要培養「女性式的愛」，因為「只有愛才能喚回人性」。就某種意義上看，聖西門信徒的定居點和運河工程是一種「烏托邦社會主義」的工作形式——一種具有商業利益的富有成效的挑戰，同時也是一種創造另類社會的承諾。

聖西門信徒一心一意追求這樣的共同社會。在一八三〇年代寄自埃及的信件中，安凡丹提到了正在進行中的新世界：「工程師、農民、醫生、教師、藝術家，我已帶人來這建立了一個小殖民地，並根據勞務所需一點一點地擴大，當第一批到達的人證明了他們的才能和功用時，這裡的人甚至更多了。」[24]他滿意地報告了學校、醫院和水壩的修建情況，並積極地將他團隊的成就牽扯到更大的殖民計畫。他在《阿爾及利亞的殖民化》（*Colonisation de l'Algérie*）等著作中直接論述這個議題，他希望藉由直接定居和開發這片土地來鞏固法國在北非的軍事、行政和商業利益。為了合乎他愛的哲學和人道思想，便應該用一種開明的方式進行，「不是……洗劫或者消滅當地人民，不是把他們套上枷鎖，而是要把他們提升到文明與盟屬的境地，在這方面，我們一直都是最寬厚的表率。」這裡的我們指的是「法國人」，對此他用了一個嘲諷比喻，來指稱英國在澳洲和太平洋卸下的囚犯：「有些人夢想著把阿爾及利亞變成法國的植物學灣（Botany Bay）；那將是……笨拙地模仿英國……將比帶回海盜和海賊、美洲的劫掠者、大洋洲和印度的屠夫更嚇人。」[25]

安凡丹所尋求的，是「以十九世紀和法國為榮」的計畫。為此目的，長期以來，這群古怪但科技上令人敬畏的聖西門信徒，一直對蘇伊士深感興趣。畢業於巴黎綜合理工學院的安凡丹，最終成了一家協助建設法國鐵路網絡的公司董事；幾十年來，他和他的追隨者們認為，在古埃及法老的土地上，加之以他們自己的社會、人道主義和博愛思想，是成就人類志業的完美機遇。作家兼記者馬克西姆·杜剛（Maxime du Camp）講述了宛如救世主的安凡丹帶著孩子們前往埃及，尋找神祕的偉大母親（拉梅西納夫人為此說法而欣喜），一如「家人」般帶著他的追隨者，去實現古老的帕庫維烏斯（Pacuvius）[12]所承諾的：「你將在那裡找到自己的家園。」聖西門信徒獲得了奧斯曼帝國的埃及帕夏穆罕默德·阿里（Mehemet Ali）的許可，開始設計蘇伊士轉運道，希望連接歐洲地中海的西方和紅海以外的東方，遠至印度、迄及東亞，從而促成人類團結。這是一個最終使他們的資源、信仰和身體透支的計畫。安凡丹的信件中透露出對於穆罕默德·阿里只注重灌溉工程，卻對聯洋運河興趣缺缺的不滿，以及對「許多隔離」和「令人傷悲的事件」的恐懼回憶。安凡丹為許多人死於疾病和惡劣環境而哭泣，最後放棄了這個計畫。[26]

儘管聖西門信徒失敗了，但運河工程最終還是在法國人的領導下成功了。一八三四年

十二月八日，安凡丹給法國駐埃及亞歷山大領事寫了一封信：「特別推薦斐迪南．德．雷賽布先生，我們彼此友誼彌堅，他是我所知道的最善良的人之一。」[27]他奉承雷賽布，等於也抬舉了自己，因為大名鼎鼎的雷賽布是外交圈的傳奇人物；雷賽布的祖父、叔叔及其父親馬蒂厄（Mathieu），曾為凱薩琳大帝、拿破崙和塔列朗（Talleyrand）⑬效力；他的這位父親在法國和埃及的外交關係中也一直表現傑出，後來斐迪南自己也在一八三〇年代接掌此一職務，就在那時他遇到並幫助了安凡丹及其計畫。

雷賽布的名字已成了蘇伊士壯舉的代名詞。對許多法國人，尤其是投資者來說，中美洲及巴拿馬只不過是雷賽布在埃及取得成功之後的延續，雷賽布在埃及的談判中讓蘇丹與赫迪夫（Khedive）⑭讓步，協議了一系列複雜的工業和金融利益配套，進而實現蘇伊士運河的開通。在一八八〇年代，雷賽布自己的運河公司輕忽地把巴拿馬視為位於西邊的另一個蘇伊

---

⑫古羅馬悲劇詩人。

⑬法國主教。

⑭由奧斯曼帝國埃及總督穆罕默德．阿里首先採用的稱號，後得到奧斯曼帝國官方的認可。

士，認為只要打開這道世界的最後一扇大門，從此無盡的富庶繁榮將一路串連於亞洲、美洲、歐洲之間。一八八八年，法國鐵路公司的一個特別委員會預計交通量大增，報告中說：「蘇伊士運河導致海上交通量的增加，為法國帶來巨大利潤，並極大促進了大都市與其殖民地之間的關係。由此看來，巴拿馬運河將延續法國的輝煌，為法國牟取最大利益。」[28] 東方與西方即將統合為一體；對歐洲人來說，哥倫布的東方終將得到全面的認可。

雷賽布的眼光不僅只放在一個非凡的工程計畫，他本身還想進一步重塑國家和歷史時代。股份制公司，法國的共同投資，體現出全民團結參與企業發展推動全球進步。原先的聖西門信徒在他們的狂熱哲學上失敗，雷賽布則因吸引群眾參與而成功。安凡丹帶領的聖西門信徒都是精挑細選的，雷賽布則是以舉國之力為資源。他的運河工程可不是一個特殊的社區，而是廣納「愛國主義、八千萬的股份、耗資一億的機械設備、三千萬的人事費用」的巨幅地圖，把資本的數字轉化為工作和意志。一八八〇年代中期，雷賽布的聲望如日中天，他打算將自己與「被理所當然遺忘的聖西門異端」畫清界限，同時樂於從他們的隊伍中挖取「完美的工程師、傑出的經濟學家和第一流的金融家」。法國菁英人士長期以來一直對此一區分的立場黨派分明。茱麗葉・亞當在回憶錄中提到，一八六〇年代在一場與夏爾・雷諾（Charles

Reyhaud）和路易・儒爾當（Louis Jourdan）等巴黎名人共進晚餐上，「除了埃米爾・德・吉拉丹和我自己，其他全是聖西門信徒……吉拉丹先生高興宣稱自己是雷賽布先生最親密的朋友。」果不其然，諸如蘭伯特－貝這類聖西門學派大人物跳出來埋怨雷賽布忽略了他們的貢獻，激烈譴責：「雷賽布可惡透頂……把聖西門信徒的辛勤成果當成他自己的功蹟。」[29]

雷賽布就跟與他一樣有名氣的茱麗葉・亞當一樣，雖說心裡欽佩聖西門學派，但對他們的狂熱激情感到不安。不管怎樣，雷賽布自己對於他的運河工程具有一種自成一格的愛的邏輯；如同亞當，他將自己愛的理念重新想像成對法國的熱情。雷賽布要以他的投資公司的共同事業，敦促全體與時共進，將一個「熱情的」法國團結起來。「我熱愛此刻，我打算完全放棄未來的希望和過去的悔恨；重要的是，所有法國人團結一致，聚攏成方陣來保衛法國的三色旗。」[30]

在雷賽布手中，聖西門學派愛的信仰變成偉大的愛國方陣。與茱麗葉・亞當的母性民族主義一樣，雷賽布在對巴拿馬運河提案的技術評估中，歐洲地緣政治和中美洲水道學的定位同樣舉足輕重。普法戰爭之後，軍事戰略家、帝國建設者和民族主義者——後者中，諸如亞當，對於割讓亞爾薩斯－洛林感到特別震驚——他們認為法國對地理的普遍無知是導致這場災難的原因。帝國主義競爭以及現在縮小的國家邊界清楚表明了疏於了解、保護、固守、充分開發和擴大國內外領土，會帶來多麼大的危險。地理學家雷克呂斯熟識聖西門、傅立葉和普魯東等人，長期以來他一直稱讚：「我們美麗的法國，以其領土的多樣與對比的和諧而令人矚目。」在一項愛國計畫中，他贊成透過鐵路來鞏固法國各地方省分：「居民們已經從野蠻生活中解脫，參加了共同的社會運動。」他還讚揚公立學校和其他機構，說這一代人會讓皮耶．羅逖的懷舊情緒大為不快。如此這般的內部殖民，對雷克呂斯來說別具意義，因為：「毋需流血；如此征服土地的作用並不遜色於那些以成千上萬寶貴生命換來的遙遠殖民地，況且還更能持久。」[31]

一八七〇年後，雷克呂斯的理想主義和基本願景，從民族主義的驕傲擴大為殖民擴張主義。法國各個地方上的地理社團突然風行起來，成為各省分傳承的捍衛者，同時也是推動非洲、亞洲和大洋洲帝國計畫的強大遊說團體。雷賽布在一八七九年的一場「法國地理學會」（Congrès Géographique）的重要討論中有所心得，隨即發表於《新評論》。追溯近代歷史，他宣稱：「以前曾被法國忽視的地理研究，在痛苦的考驗中證明了它的實用價值，現今已恢復其榮譽地位。」他的「把大西洋和太平洋聯結起來」的計畫目標宏大，這項運動在許多方面已「不再是少數特權階層的領地」，而是成為了「讓公眾充滿激情」的憑藉。[32]

雷賽布的天才之處在於，他將一部有關資本投資、經濟發展和商業遊說的歷史轉變為一部可歌可泣的愛的史書。他把資本主義說成是對法國的忠誠，引發人們表達非同尋常的喜愛之情的強烈回應。群眾在林蔭大道上追逐他的馬車，小投資人在街道上向他表達崇拜，此外，像歐內斯特．勒南（Ernest Renan）⑮這樣的主要知識分子不求回報地在法蘭西學院大力讚揚他，這背後不是——看來如此——因為他要為股東們賺多少錢，而是因為他重新想像聖西門主義的愛與普世兄弟情誼計畫的巨大才幹。「你之所以登峰造極的真正原因，是人們看到你內心深處充滿對人類一切苦難的同情心，一種真心想要改善你的同胞命運的熱誠。你心中永遠掛念著『可憐的廣大人群』（拉丁文：misereror super turbas），這是所有偉大組織者具有的德行。」最後，他做了個出自個人、熱情洋溢的總結：「人民愛你，喜歡看見你，你還沒開口便已受到歡呼。」[33]參議員利昂．雷諾（Leon Renault）將雷賽布在金融、政治和情感方面的才華完美地綜合表述，他宣稱：「我們看到這位巴拿馬公司傑出的創始人，他身邊聚

---

⑮法國中東古文明專家。

集的客戶很多來自市井小民。難道還有比這更能激發我們愛國主義的事物？不但讓我們誠心地與企業團結一致……最起碼（也）是我們心悅誠服的印記？」[34]

運河公司讓雷賽布同時躍升到公共工程締造者與原則的層次上，造福國家，乃至造福人類。他把亞當的法國熱情與兄弟情誼的暴力之愛，當作他權威的源頭。雷賽布在向法蘭西學院發表的演說中，稱讚歷史學家亨利．馬丁（Henri Martin）致力於歷史「正義」，他說：「他心中對正義的愛來自於他心中對祖國的愛。」[35]無論是追求歷史的正義，還是為跨洋的未來制定方案，雷賽布的計畫都是基於對一種特定語言和敘事的掌握：民族之愛的故事。

儘管雷賽布讓自己儼然成為運河化身，使得法蘭西學院的大人物們如癡如醉，並爭取到群眾的崇高情懷，然而他空有宏偉願景，卻遠遠無法實現建立一座充滿兄弟情誼和商業的國際八角形城市的夢想，就連困在世界岔道上的聖西門愛與工作的社區，對他來說也是遙不可及。事實證明，這家法國公司在履行行政或工程職責方面的能力嚴重不足。工程資金很快就用光了，新發行的股票和用債券挽救股票的最後努力都無法克服這樣一個現實：幾億法郎消

失了，卻只完成不到三分之一的工程進度。有關巴拿馬倉庫裡堆滿雪鏟（雖失真但具破壞性）的消息、廢棄的私人鐵路軌道、公司代表人的豪宅以及董事家屬令人驚詫的薪水醜聞，這些報導成了有關巴拿馬新聞中的家常便飯。

雖然這個夢想最後終究會實現，但將以付出許多人命為代價，而且不是在法國人手裡完成。這家公司在一八九三年爆發了當時最大的財務醜聞，隨即破產並被接管，然而此時已榨乾了數以萬計小股東的儲蓄，他們許多人還是靠借錢或抵押房產來換取公司股票。美國人買下這家破產企業，並使出手段硬生生地將巴拿馬從哥倫比亞中分割出來，而後在西奧多・羅斯福手裡完成了運河工程。雷賽布在財務和人力估算上的嚴重失誤，以及他對巴拿馬地形和水文的妄想——一意孤行地堅持要像在蘇伊士一樣，建一條與海平面等高的運河——終於把公司帶向毀滅，許多金融機構與受賄政客也因其貪婪腐敗而跟著一起陪葬。

在法國下議院，朱勒斯・德拉哈伊（Jules Delahaye）斥責他的同儕：「巴拿馬，讓整個社會主體鬼迷心竅向下沉淪……巴拿馬是無恥的浪費，讓那些肩負著保護和捍衛使命的人，在光天化日之下瘋狂搶奪我們公民、貧困、鰥寡孤獨之人的財富。」[36]在股票價值暴跌的同時，公司因非法支付和偽造文書而被接管，共和國政府陷入危機。

就法國民眾看來，原本傳說中巴拿馬這道通往太平洋財富的奇蹟之門，眼下成了反映共和政體一切錯誤的象徵。隨著巴拿馬公司崩潰，興起了以艾德蒙・杜魯孟（Edmond Drumont）為首的反猶太主義新聞傳媒，杜魯孟聲稱這是猶太銀行家和激進分子的金融陰謀，這種歇斯底里的情緒尤其體現在「屈里弗斯醜聞」（Dreyfus）⑯，這將使得法國陷入多年的分裂局面。在對巴拿馬計畫的主要金融家之一雷納赫男爵的親戚——約瑟夫・雷納赫（Joseph Reinach）的攻擊中，杜魯孟質問：「你對你尊敬的岳父——小偷、德國間諜、腐敗政客有何看法？……不管怎樣，這個共濟會和猶太人的世界將會受到嚴重一擊，永遠無法翻身。」就連教會也難逃嫌疑。《言論自由報》（*La Libre Parole*）記者提到了共和政府的親殖民地主教：「我幾乎忘了佛烈貝主教（Monseigneur Freppel），他曾想讓雷賽布先生關照他的教區事務。」[37]在接踵而至的謀殺、自殺、醜聞和起訴中，政客、內閣部長和媒體人士因利用公共支出中飽私囊而被送上法庭或送進監獄。雷賽布所謂由法國市井小民組成的「國度」就此滅亡。

有位名叫菲利普・布諾-瓦里拉（Philippe Bunau Varilla）的天才工程師、冒險家和投機者，試圖為挽救運河特許經營權作最後努力，他認為（雖然出於自身利益，但也無可厚非），一旦失去這個計畫，將「不僅只是一場金融災難，而且勢必成為一場政治和社會風險」。他利用反德情緒，重新編造了法國共和敘事，把打從拿破崙三世的墨西哥行動以來、終結於巴拿馬的一切災難，都歸咎為俾斯麥的「邪惡外交」策略。

按照布諾-瓦里拉的說法，這許多失敗全是蓄意策畫的陰謀，目的是粉碎法國最獨一無二的力量：法國的高盧情懷與精神。他痛斥路易．拿破崙上當受騙，受人利用以「法國刺刀」幫一個奧地利人登上拉丁王位，這個愚蠢計畫帶來的形勢逆轉和羞辱「形成了一八七〇至一八七一年災難性戰爭的前奏」。接下來，布諾-瓦里拉建議說：「我……清楚而明確地看到，法國的命運與巴拿馬的命運息息相關，因為這項事業是法國榮譽與心靈的一部分。」而其所謂俾斯麥操縱金融媒體導致公司倒閉，則是蓄意削弱法國國家意識核心的決斷力，讓法國共和「像一個對兒子的榮譽失去信心的母親那樣倒下」[38]，愛的帝國遭到了致命的打擊。

在大西洋另一邊，美國人注意到巴拿馬失敗的「法國特質」。當這家國際企業瓦解，美國記者認為他們曉得在巴黎和巴拿馬出了什麼事，他們採納心靈破碎的說法，但焦點並非垂

⑯十九世紀末法國一起政治事件，一名猶太裔法國軍官被宣判為叛國，導致嚴重的社會衝突。

頭喪氣的母親，而是輕浮的情婦：「在金融腐敗造成的這種奢侈無度的氣氛中……法國軍人的道德徹底敗壞；失去堅定的征服精神；只對香檳和女人感興趣；運河被忽視了。」

剛開始那種不可一世的聰明才智崩盤了，但很顯然地，失敗的原因並非對水道學、瘧疾或資本市場的無知，而是道德上的枯竭和對「香檳與女人」的需索無度。雷賽布自己或許也曾預期到來自「渴望女人」的威脅。他堅持要造一條沒有船閘、與海平面等高的運河，這在巴拿馬多山的高地上根本行不通；然而，從一開始，他就把女人和大自然聯想在一起，他說：「我已經聲明，要造一條與海平面等高的運河，不用船閘，因為船閘違反自然，而我支持自然，因為大自然就像一個女人，她永遠是對的。」這位英勇的雷賽布曾說過，「人必須永遠為大自然效勞」，但在此情況下，他的騎士精神和貪婪並未給他帶來多大助益。[39]

透過行會與愛國主義紀錄，巴拿馬為新一代政治家、共產社會主義者、技術官僚和資本家提供了與豐富全球文明相結合的人道主義之愛的夢想。一八九三年運河公司倒閉時，人們把責任歸咎於法國道德的原罪或敗壞。但並非每個人都以運河來定義巴拿馬，雖說這項指標

其來有自。保羅．高更（Paul Gauguin）⑰在一八八七年尋求「活得像個野蠻人」，於是逃離巴黎及布列塔尼。他放棄了在一家以巴拿馬運河公司股份進行小額交易的股票經紀人或顧問的職位。在尋求一種土著生活時，他首先想到的不是大溪地和馬克薩斯群島（他將在那裡成為曠世畫家），也不是馬丁尼克島（他的另一選擇），而是巴拿馬，也許這沒什麼好大驚小怪的。

一八八七年，高更與同伴藝術家查爾斯．拉瓦爾（Charles Laval）離開法國後，在巴拿馬的短暫逗留可能給了他前往大溪地的充足理由，然而他對一個極樂世界的嚮往出乎意料地並未減弱。他讀過《羅逖的婚姻》，心中羨慕不已。他希望能在某個地方弄到一塊地，過上「每天免費吃魚吃水果……不為今天或明天而焦慮的日子」。[40]高更專找有法國殖民地存在的地方，但對運河工程沒有興趣，他不支持運河工程，也不想從中獲利。在他看來，巴拿馬距離遙遠，與世隔絕，而且——就像聖西門學派——是一種半宗教的對於精神的追求。他仍

⑰法國後印象派畫家，曾與梵谷交好但後來分道揚鑣。高更曾旅居大溪地，許多知名作品都是在此時期完成。

是一個殖民主義者；他只尋找歐洲以外的地方，這又與他只選擇法蘭西帝國管轄區的舉措相矛盾。在巴拿馬，他被困在地峽，無依無靠，所以不得不扛起鶴嘴鋤，像個普通勞工一樣艱辛度日維持生計。他拒絕為那些粗俗的公司代表作畫，尖酸又義憤地抱怨當地環境、天氣、工作和管理當局，還因為在公共場所小便而被逮捕。總之，這是一場不愉快的經歷，他默默無聞，悶悶不樂，很快就收拾行李前往馬丁尼克島，最後到了大溪地和馬克薩斯群島。[41]

儘管處境艱難，但就像高更最初會做出選擇那樣，巴拿馬在一八八〇年代顯然不是完全不具吸引力。然而，按照高更的想像，對運河時代的探險家來說，巴拿馬主要存在於有限的世俗歲月，何況為時已晚。十九世紀中葉以來的文學是華麗的，充滿人道主義者的理想主義；在隨後數十年間，這些對兄弟情誼的讚歌以一系列技術成就為標誌，因歷史變革而黯淡，從而產生了懷舊感。運河工程源起於前者，卻造就出了後者；原始叢林畢竟是運河撕裂自然景觀現場的對反。

一八八六年，當雷賽布造訪地峽時，隨行的記者們在報導中記述了一些當地神祕故事和它不可思議的孤獨：「我們在查格雷斯河（Charges river）左岸發現加通族（Gatun）印地安人村落。現在它坐落在一個如假包換的小島，因為運河切斷了山陵連結，而村莊就在山陵頂端。沒有什麼比這種棕櫚葉屋頂的方形小房舍更令人好奇的了。」[42]這些如今停滯在時間和空間中的奇怪島嶼，是公司自己的工程師和挖掘工程留下的產物。威利斯·阿伯特提到，即便在美國人的「大動作」之下，島嶼的樣貌依舊延續下來，「儘管它具有地峽的特徵，但作為山姆大叔最南端前哨的運河區，可能會被看成一座島嶼」，因為它「被龐雜糾結的叢林所包圍。」[43]

在這座島嶼的歲月範疇內，十九世紀的「法式」巴拿馬意味著一種奇特的浪漫主義，一種野性與不平凡的自然景象，一片有著龐然巨獸、繽紛植被、原始民族的壯觀土地，並留存著早期歐洲探索和征服新世界的瞻觀。在它消失以前，原是一片可以捕捉、分類和賞味的土地。一八八〇年，記者阿德里安·馬克思（Adrien Marx）為《費加洛報》撰文，以「晶瑩的花朵發出甜美的喃喃細語」，和——諷刺的——「蚊子天使般的親吻和吸血蝙蝠的愛撫」來描述地峽。在一八八〇年代和一八九〇年代，探險家查爾斯·奧蒂根（Charles Autigeon）與艾伯特·拉特（Albert Larthe），以及測量員呂西安·拿破崙·波拿巴·懷斯（Lucien Napoleon Bonaparte Wyse）和阿爾芒·雷克呂斯（Armand Reclus）沿著地峽旅行，一路上分工合作，但各自在自己的記述中，記錄了一個既充滿野蠻，又帶有憂鬱的輝煌的世界。懷斯是萊蒂蒂亞・波拿巴公主（Laetitia Bonaparte）的私生子，曾當過雷賽布的副手，他雄心勃勃地展開林奈編目學那套意圖將一切自然歷史全部歸納成類型和物種的所謂「行星意識」，用拉丁文寫了四十多頁來描述並列舉地峽的地質構造和植物群、河川峽谷與岩石紋理、棕櫚樹、竹子以及熱帶花卉。[44]拉特則在他的編年史開頭，就「巴拿馬」對歐洲的重大意義，提出一個重要觀點：「最近有很多關於巴拿馬地峽的文章，不過都與運河有關；我們倒認為把印地安生活的多樣面貌介紹給讀者，應該會十分有趣。」[45]

這條地峽絕不僅僅是一項野心勃勃的工程計畫，它本身就是一個世界，是在「兩大洋之間」延伸出來的一條細長、扭曲的陸地分支，是地球上一些最「與世隔絕」的民族的家園。拉特稱地峽是「交流的巨大障礙」，他說的不僅是太平洋民族與大西洋民族的分隔，而且也意指半島居民自身與歷史演進的巨大差距，其工具、居住環境和習俗，「自克里斯多福・哥倫布發現美洲以來，一直沒有改變」。拉特看到他們穿著「原始」服裝，住在「覆蓋棕櫚葉的木製小屋和竹棚裡」。在當地傳教士的翻譯協助下，他見識到一個另類宇宙，在那裡，美洲虎被視為敵人酋長復仇靈魂的化身而讓人畏懼，那裡有巨大的狼蛛捕食熱帶鳴禽（也幾乎吃掉了作者），而食腐鳥類則因清除世間的腐敗與有害物而受到崇敬。

潛在的親密關係？「運河將促進他們與法國交好」

叢林中的土著典型（一八八八 — 一九〇三年）

圖片來源：澳洲國家圖書館

出於歐洲人對這些道地的「野蠻」民族的好奇——特別是喬科人（Choco）、庫納人和圭米人（Guayami），拉特跟著他們一道去狩獵蛇、貘和凱門鱷（caiman）；在一個村莊裡，他如此記錄，「在炎熱國度，青春期的到來遠比在溫帶國家快得多」，而且據他觀察，當地少女到了十二歲至十六歲，性發育便已成熟。巴拿馬充滿了如此魅力，包括從它常被提及的「廣袤無邊的處女林地」到它果實纍纍的「誘人」叢林。奧蒂根還結合自然與感官，來記錄當地風情，「光是採集野外的果實差不多就已足夠維持他們生存」，他把他們某些特徵歸結為「甜美、懶散但樂於助人」。他甚至堅持說：「他們非常喜歡法國人，而且外國佬（gringos）和當地年輕女子的結合也很容易。」一眼見法國的計畫與這種交好之間關係密切，奧蒂根總結道：「運河的開通會讓他們更加傾情於法國人。」巴拿馬的含義就這樣被深深烙印於潛在的情感和快樂當中。[46]

然而，並非所有關於地峽相遇的描述，都符合這種高盧人的感官敘事；固然，相遇本身形塑了潛在的親密關係。庫納族大酋長奈勒·德·剛圖雷早先便曾對西班牙人極為不滿，他給後世子孫留下了口述，後來被謄寫成為「庫納族印地安人自大洪水以降到我們這世代的歷史」，其中有多段描述關於「一個法國人來到印地安人附近蓋房」帶給庫納人的不幸。起初，庫納部落曾是個潛在的結盟與交易地點。那名外來者被奉上一個村民之女（奧蒂根大概樂在其中）締結姻緣，但他很快就背棄了自己的丈人，非但不與庫納人結盟，反倒跟其他法國殖民者聯手，在村中建了一座監獄。根據剛圖雷的口述：「他們還建造了一個跳舞的俱樂部，法國男人開始與印地安女人跳舞，並改變了女人的穿著。他們開始虐待和懲罰印地安人。當我們的一些老祖先有人反對法國人時，就被抓起來關進監獄。」[47]

結果與奧蒂根所承諾的友好結盟相去甚遠，法國和庫納人在女人、感情和婚姻意義方面的政治糾葛，在此成了侵犯，乃至最終演變為暴亂的呼聲。當第一個老丈人慘遭他法國女婿帶來的新暴政的迫害時，他的兒子——所謂的「妻舅」，在憤怒的「怒風」（Miguana）帶領下，「前往山中去見他們的同胞」。根據剛圖雷口述：「他們對族人說，『讓我們向這些不識相的法國人開戰吧。』他們出發去卡提，通知那裡的族人，『我們強烈要求你們起來對抗法國人。』」「怒風」率領人馬消滅了冒犯族人的殖民者，只留下一名離群索居的年輕法國人。「怒風」指派給這法國人一項特別任務——在歷史中見證和記錄外國人帶來的不公：「請你為我寫一封信，說明法國人對我們所做的一切惡行，因為這是你親眼所見。」[48]

為了加強維護當地歷史的重要性，以及對另一個新帝國的警惕，剛圖雷接著講述一個從未屈服於法國威權的莫古洛酋長（Morgolo）從流亡中歸來的故事。在此寓言中，莫古洛說道：「在這之前，我曾呼喊，有一天會打雷，會下很多雨。然後就會帶來閃電、暴風雨等等一切。」他將外國人比喻為禽鳥，警告說：「像以前一樣，鵜鶘和野鳥入侵了我們的領地，糟蹋了土壤。有一天，他們還會回來，像以前一樣把我們的地方弄髒。」[49]

即便有剛圖雷和莫古洛借鑑骯髒疫病和野鳥的故事來呼籲族人警惕法國人侵略，但法國編年史家仍然繼續他們的帝國意識形態浪漫，毫不在乎地將傳統地峽世界轉變成命中注定的是非之地，這種敘述將會把持大洋洲和亞洲大部分的地區。在印地安人的故事中，話語朦朧且帶有某種絕望，反映出無常的冷酷與憂鬱的心靈，甚至是他們以鳥作為影射的寓言也都來自愛情受挫的敘事。阿爾芒·雷克呂斯認為這必定是該地區無所不在的禿鷲使然，引出了一個年輕人因「愛的傷痛」（chagrins d’amour）而遁入叢林，企圖「為自身的不幸鋌而走險」的事件。大家找不著這個年輕人，搜尋者們便跟著黑色鳥群走向他的最後安息之地。[50]

其他作家則直接把失落與渴望結合到種族生物論來編造故事。儘管拉特曾提到印地安人是哥倫布「發現」的，但對他來說，印地安人也是一個正在消失的民族。照這種說法，造成當地土著消失的立論不是疾病或種族滅絕（在巴拿馬的歐洲人對於黃熱病和瘧疾更無力招架），而是種族稀釋的概念。正如呂西安·拿破崙·波拿巴·懷斯在觀察中所記錄，「在巴拿馬地峽，嚴格來說，已不存在印地安人了」，而是一個個混合的人種與混合的血統，黑人和印地安人的後代（zambos）⑱，印地安人和白人的後代（mestizos）⑲，偶爾也看到印地安人和中國人的後代。[51]

拉特、懷斯、奧蒂根和奇奧（Chio）跋涉在「半蠻荒」的叢林帶和原始莽林中，他們餐風露宿，行經「酷熱」和「瘟疫」之谷，抵達了巴拿馬城，那裡既是商業中心，也是無法無天的邊境小鎮，勾勒出不尋常的城市樣貌。城裡古老的殖民建築吸引了他們的目光，有些建物已然倒塌，還有一些廢棄的耶穌會士住所。懷斯在他的記述中隨手畫了幾幅倒塌的高大建物。拉特找到了浪漫主義者鍾愛的建築：廢墟。「可重建的廢墟，」他陰沉地寫道，看著「這

⑱ 即桑博人。
⑲ 即麥士蒂索人。

些破裂發黑的牆壁」，聞著「神祕的氣息，腦海中重現整個過往的輝煌與華麗。」如今，就只剩下「被藤蔓和攀緣植被無聲無息覆蓋的牆壁，從十字架和門廊上滑落下來的飛簷，所有的這一切都令人感到悽楚悲涼。」

另外，奧蒂根記載道：「也許除了它的醫院和被大海奪回的破舊壁壘、氣候以及在裂縫中生根開花的藤蔓之外，巴拿馬沒有什麼值得關注的事物。」茫然穿行在小鎮中的奧蒂根注意到「燒毀的房屋和塔樓廢墟留下的斷壁殘垣」，讓人腦海中「快速閃現許多模糊而憂傷的念頭」。對這些評述者來說，情形就跟不少帝國寫手一樣，風景讓人憶起歐洲顯赫的瞬間。「老巴拿馬」不是土著民族的同義詞，而是被遺棄的「莊園」——地主貴族風格的大莊園——或波托韋洛港（Porto Bello）[20]的廢墟，「西班牙與南美洲殖民地之間的舊貿易城，也是大海洋上的主戰場。」在巴拿馬，拉特、雷克呂斯、奧蒂根和懷斯看到了古老的西班牙帝國，西班牙褪色而誤入歧途的榮耀，而這也正是他們自己帝國的寫照，由運河催化而逐漸轉變的一種糾結纏繞的浪漫情懷，同時又被消亡於過去的感情所束縛。[52]

對於法國斥候和測量員來說，這種鄉愁與野蠻的浪漫在巴拿馬就是這麼一回事，然而，不足為奇地，這也成了運河公司在公開場合解釋關於公司代表和勞工死於疾病、事故和整個工程專案普遍惡劣的工作環境的部分說詞。運河工程第一任總監朱勒斯．丁格勒（Jules Dingler）最出名的就是他那座似乎預示其命運的優雅宅邸「瘋狂丁格勒」（La Folie Dingler），據威利斯．約翰．阿伯特報導：「他還沒來得及搬進這座大宅，他的妻子、兒子和女兒就因黃熱病去逝，當他自己返回巴黎後，也因傷心過度而故去。」[53]

丁格勒的案例雖引人矚目，但更轟動的消息是記者艾伯特．蒂桑迪爾（Albert Tissander）所報導的：「組成這群烏合之眾的不同種族多到令人難以置信，黑人勞工也來到運河施工現場，此外還摻混了印地安人、印度人、中國人、西班牙人，（和）美國同夥。」[54]在絕大部分姓名不詳的巴拿馬、印地安、美國和西班牙勞工中，有數千人死於瘧疾、黃熱病、意外事故和工作過度。儘管歐裔美洲人接受嚴苛的勞動環境，但批評運河公司的聲浪漸漸變大。到了一八八七年，就連法國的報紙也報導了這項工程中「超高的死亡率」和「載

---

⑳巴拿馬地峽北部的港口城市，於一五九七年建城。

屍體的馬車絡繹不絕」。在或許是最重大的一次事件中，雷賽布本人不得不跳出來為自己的公司辯護，因為他的公司代表人被指控導致數千名中國勞工死亡。他在回應中特別夾雜一組相對統計與感性哲學，以誇張的修辭來替運河工程過失尋求開脫：「這個數字被嚴重誇大了。死亡人數不到一千五百人，且其中有將近三百人是因為受不了和妻子長期分離而自縊身亡。」

他運用一八五〇年代修築巴拿馬橫貫鐵路（Trans-Panamanian railway）期間，新聞記者斷章取義地報導許多中國勞工自殺的傳統手法，當時美國記者大肆渲染寫道，「絕望的中國人」，並詳細列舉了據說是他們自殺的各種方式，包括溺斃、槍擊、上吊、刺殺，還有餓死。冷漠無情的專案管理，導致傳染病、階級貧困、歧視，以及潛在的鴉片和酒精濫用，才是造成自殺的主因，然而，這裡值得注意的，是雷賽布在其辯詞中以愛的傷痛為理由的手法。如果他的公司掌控了工人的身體和勞力，卻無法填補他們情感上的痛苦，這能怪他嗎？[55]

雷賽布太過自信，以致沒有好好參考聖西門信徒的野心或其失敗教訓，對他們來說，社會工程和土木工程是一體兩面。龐大的工程計畫中不但需要挖掘工、建築工和監工人員，而且還需要一個有實際效用的「人道主義」組織。當美國接管地峽，並在該處建立美國自己統治的殖民地時，新的運河委員會廣為宣傳悅耳動聽的自我激勵話語，以便和前一家國際公司畫清界線，並表示：「按照實用主義者觀點，這是一個位於運河區的理想社會，因為這裡沒有特權階級，沒有遊手好閒之人；這項偉大工程將三萬五千名勞工連同家人聚在一起，每一個成年人都能貢獻一己之力。」[56]從一九二一年舉辦的巴拿馬太平洋博覽會的成功來回顧運河工程，美國歷史學家法蘭克・莫頓・托德（Frank Morton Todd）大膽指出，任何一個規畫委員會：「所要做的都遠遠不只是疏濬、挖掘和建造船閘與水壩，它還必須成立一個政府、設立法院、進行執法、開辦公立學校、提供民生用水、組織警察局、聽取員工妻子的投訴，並管理酒類配銷，執行衛生規定。」

事實上，在當時被公認是地球上除了當地的印地安人以外，最不適宜居住的地區，必須建立並管理一整套半永久性的公共與行政秩序。另外，還必須讓這支由多人種、多族裔和各種階級組成的團隊「從學校、圖書館、俱樂部和社交活動中得到適切的滿足」。建立運河公司意味著已經曉得如何「管理鐵路、管理醫院、修建鞏固工程，以及處理死亡及精神失常員工的私物」。顯然地，美國人認為，雷賽布的運河公司從來沒有成功有效地組織出這種水準的管理體系，儘管美國公司在管理自己工作團隊時，將白人、黑人和亞洲人分隔到不同區域，並訂定「黃金勞工」（gold men）[21]和「白銀勞工」（silver men）[22]等不公平的待遇和薪酬標準，且對亞洲和加勒比海族群的風俗習慣進行懲罰性限制。[57]

不管是法國還是美國，在主導運河工程時，都沒考慮到自展開運河工程以來出現的一種真正趨勢：日益自覺的國際勞工之間的互助精神。打從一八八〇年代起，運河工人就開始關注工作、薪水和工作條件的公平性，他們對法國運河的浪漫敘事無動於衷。亞歷山大・蒂桑迪爾（Alexander Tissander）尤其懊惱地發現，「混血土著」工人對自主權利抱持激進態度。在做完一件談好價碼的工作之後，他們就不再理會法國上級的權威：「他們不再屬於你了……他們也不再認識你，他們又重返自由人的行列。」工人如此頻繁而激烈地表達他們的格言：「我是個自由人！」（Yo soy un hombre libre!）不禁讓蒂桑迪爾看到法國領導拉丁世界的歷史抱負正在反撲，乃至他憤怒地如此記述：「這群人天天都想要攻占巴士底監獄。」[58]

儘管運河計畫中充滿了激情，但最終反而是雷賽布自己最迫切地需要全力救援，而正是菲利普・布諾-瓦里拉組成了一個財團來收購破產的運河公司，並安排將其出售給美國。布

諾－瓦里拉譴責那些批評雷賽布及其同夥的人，聲稱不該把重擔「壓在那些全心全意只為國家而活的人身上」。布諾－瓦里拉執意要求恢復雷賽布的聲譽和他運河計畫正確的初衷，並想辦法讓競爭對手美國修建運河穿越尼加拉瓜的計畫破局。

布諾－瓦里拉發表大量文章，包括部分工程和金融的論文，部分論證與文宣，他把雷賽布的巨大失敗說成了與耶穌受難相媲美的敘事。其中最有煽動力的一篇──〈巴拿馬：創造，毀滅，重生〉，以一種不遑多讓於十字架地位的歷史，來描述這家不幸企業的計畫，乃毀在腐敗的顧問與銀行家、惡毒的記者，以及不忠的政客等適足以代表背叛上帝的罪人角色。布諾－瓦里拉以愛國主義來比擬信仰、金融比擬白銀、英雄主義比擬神性，運河公司的重建則成為拯救一個頹敗的法國的工具。布諾－瓦里拉甚至用上了救贖小說大師維克托・雨果的文字，以《悲慘世界》中的情節來隱喻：「當士兵們正在英勇戰鬥中為法國獻身時，我

㉑美國籍人員以黃金支付薪水。
㉒印地安工人以白銀支付薪水。

們絕不能讓德納第夫婦（Thenardiers）㉓在軍隊後方洗劫屍體、困擾戰士。」[59]

最後，雷賽布身心俱疲，在醜聞發生幾年後，他整個人已變得蒼老無比，沒多久便去世了。布諾-瓦里拉從美國人手中拿回了四千萬美元，並協助美國以炮艇外交方式將巴拿馬從哥倫比亞切割出來。對於像是外貿顧問查爾斯・勒米爾（Charles Lemire）這類法國觀察家來說，這是法國透過地峽擴張、建立一個法屬太平洋帝國之夢的殘酷完結。「值此時刻，我們所擁有的……將變得無比重要、無可避免，在它們因情勢使然而愈發珍貴之際，我們卻要把所有的利益都拱手讓人，離開原本屬於我們的地盤。」

更為屈辱的是，除了利益，還包括一種強烈的歷史領導地位和天命意識正在淪喪。「北美洲已經成為兩大洋的主人，她可以隨心所欲地打開或關閉兩大洋間的大門。我們拉丁人，把自身對拉丁美洲的絕對統治讓給了她。」在美洲之外，對於東方的古老夢想也被拋棄了：「太平洋和遠東這兩個世界的大門即將被打開，而我們的鑰匙卻被偷走了。」對法國人來說，鑰匙就是運河和大溪地這樣的島嶼，所謂的「人間天堂」，從地峽通往亞洲的跳板。為了排解惆悵，勒米爾在丟失巴拿馬之後又重讀了一遍皮耶・羅逖的小說，但最後總結道：「這的確像是天堂：太遙遠了。」抵抗西班牙與法國殖民壓榨的庫納族酋長奈勒・德・剛圖雷的編年歷史並不關心法蘭西帝國的失落。之後，他對來到庫納族領地的美國人、哥倫比亞人和巴拿馬人感到疑惑，但他重申了自己應有的地位與歷史的看法：「正如我們偉大的奈勒所告訴我們的，我們出生於此，猶如在世界盡頭之外。」[60]

㉓ 該小說中背信棄義的人物。

3／殉道與回憶

瓦利斯和富圖納群島

聖徒的誕生：皮耶・查納在穆蘇穆蘇手中殉道。
圖片來源：羅馬聖父瑪利亞修會檔案

法屬新喀里多尼亞的主島格蘭德泰雷（Grand terre）和大溪地之間，有兩個相距大約兩百公里的小島，瓦利斯島（烏維亞）和富圖納島。一八八六年，瓦利斯島上有個名叫路易斯・溫特（Louis Wendt）的孩子發燒了，他的父親在島上經商；過了兩個多星期，病情變得更為嚴重。於當地傳福音的天主教瑪利亞修會（Société de Marie），俗稱聖母神父（Marist Fathers）的奧利沃神父（Father Ollivaux）受召前來見證孩子的彌留時刻，據他說，孩子已表現出「即將死亡的一切徵兆」。做完了臨終祝禱，神父建議孩子父親祈求皮耶・查納（Pierre Chanel）①賜予奇蹟，那是一位於一八四三年在富圖納島殉道的瑪利亞修會教士。溫特爸爸做了祈禱，承諾如果兒子能活下來，他會帶著兒子前去富圖納島朝聖。沒多久，男孩的病情便出現起色；還不到三個星期就完全康復了。[1]

大約在同一時間，瓦利斯島穆阿區（Mua）②的佐西默・多瑪伊（Sosimo Toemahi）家有一個六歲孩子也身患一種不明疾病之苦。奧利沃神父施行了臨終敷油聖禮（extreme unction），同時也建議父母向皮耶・查納請願。他們照做了，而孩子也康復了。這兩件事都被人歸因於奇蹟，或更恰當地說，是祈求一個有福之名為其代禱而獲致奇蹟的明證。在大洋洲，皮耶・查納是一個受人重視的名字。他的同行教士們歷盡千辛萬苦，終於讓其事蹟永垂不朽。查納曾經是他們的一位領袖；之後成為殉道者，後來被追封為聖徒。[2]

這是一個關於善行、奇蹟和愛的故事。一八八九年，法蘭西共和國慶祝建國一百週年。在巴黎舉辦的萬國博覽會上，人種學的展覽物包括了島嶼人民及其工藝品，藉以展現法國正致力於將殖民地屬民納入一個統一的民族身分。一八八九年對於教會和遙遠的太平洋地區，同樣都是重要的一年；經過兩個世代的傳教活動，使得天主教在大洋洲建立起相當的影響力，瑪利亞修會的聖母神父們對此自詡為：「神父對信眾的愛……對孩子們的愛；或甚至是……耶穌基督對教會的愛。」在羅馬，這種愛將成為一種緬懷的尊崇，因為教宗已同意在一八八九年昭告天下冊封查納神父，認可他為大洋洲教區的第一位殉道者；後來在一九五四年，教宗聖碧悅十二世正式將皮耶．查納列為聖徒。[3] 富圖納編年史家，例如彼得洛．萊萊瓦伊（Petelo Leleivai），也承認他們的島嶼是「孕育大洋洲天主教信仰的搖籃」，他表示：「在聖皮耶．查納殉道之後，富圖納和法國傳教士之間建立了一種實至名歸的愛的故事。」[4]

---

① 另譯為聖伯多祿．查納。

② 是位於太平洋瓦利斯群島和富圖納群島的五個區之一。

富圖納島查納神父事蹟的核心蘊含了愛與殉道。一八四三年四月二十八日，他正忙著在住處後院餵雞；他隻身一人，他的傳道士到富圖納島另一頭為一些垂死的孩子行受洗禮。當地一名酋長毛利西奧．穆蘇穆蘇（Maulisio Musumusu）出現在門口，臉上流著血，要求醫療救治。那時查納神父還不曉得穆蘇穆蘇剛剛在附近村落屠殺教士信徒才因而受傷。在穆蘇穆蘇之後很快又來了其他人，菲利提卡（Filitika）和烏庫洛（Ukuloa）。菲利提卡把裝著修士服的籃子扔到窗外，讓外頭越聚越多的人群拉扯。據說，這時穆蘇穆蘇大聲喊道：「還等什麼？快殺了這個人！」菲利提卡推倒神父，烏庫洛亞和另一個叫烏穆陶利（Umutauli）的男人輪番踹他。據說，查納神父口中喊道：「Malie fuai」（「這樣很好」）[3]。接著，第三個叫富西亞（Fuasea）的男人用長矛刺神父。致命的最後一擊顯然來自穆蘇穆蘇，他打破了神父的頭，腦漿流了出來。在此傳說中，最後神父被他們吃掉了，儘管沒有證據支持這項說法，但這是故事很重要的一部分。[5]

這次殺戮的影響非常深遠，太平洋地區各教士駐所之間的信件顯示，瑪利亞修會的神父們立刻開始稱這位喪命兄弟為「大洋洲第一位殉道者」。[6]對教會來說，查納神父之死，勢必成為歷史和神學上不容扭曲的敘事。要被認可為殉道者，死因必定是由其信仰所導致；因此，查納神父當時必定是在捍衛島民所抗拒的神旨。所以這起謀殺並非查納神父的生命了結，而是遵循上帝對南海之愛與聖主榮耀之脈絡。在查納神父垂死之際，他同時達成了自己的使命。

倘若仔細讀一下這些報告，將不由地對事件中的富圖納原住民產生另一種全然不同的醒悟。這場殺戮，與其說問題出自反宗教的野蠻行徑，不如說問題的根源在於外人嚴重干涉當地政治而遭致的暴力反彈，這是對遭到歐洲人奴役與壓迫而普遍不滿的一種投射，也是一種主要想維繫其宗族傳承既定習俗之社會的嘗試。隨著這些島嶼從受到法國保護、進而被直接吞併，瑪利亞修會藉由查納神父所締造的宗教及歷史願景也跟著閃爍出灼灼榮光，這自然不在話下。查納之死直接助長了法國天主教向太平洋地區的擴展，為瑪利亞修會在基督勢力到來前的島嶼生活的紀錄提供了紀傳與象徵形式，從而爭取到羅馬教廷和巴黎的支持。

③原文為土語。

之所以獲得這種支持，是因為儘管傳教任務在現實上往往令人灰心，但在十九世紀卻深具象徵性魅力，而部分原因又連結到對於馴服異邦和冒險敘事的普遍想像。帝國意識已然形成，況且還以文字及圖畫形式廣為流傳在歐洲人的客廳和遊戲室裡，滋生出貪婪渴望的空間。小島上的故事流傳到了法國的羅什福爾，成為皮耶·羅逖童年回憶的一部分，「一個傳教士的故事！這似乎結合了一切不尋常事物——遠航與冒險，一種充滿危險的生活——但那是為了侍奉上帝和主的神聖善行。」

羅逖他那本就無比鮮明的法國地方主義意識，又因為身為胡格諾派教徒，而被其家族的弱勢宗教信仰進一步強化。在回憶錄中，他談起祖母在奧萊龍島（Oléron）[4]的村莊：「我的許多先祖都長眠於斯，因為信仰新教而無法享有正統教會儀式。」然而，儘管他提到「我心中充滿對羅馬教廷的憤慨，」但他也坦承自己胡格諾教派的嚴苛守舊：「那些禮拜日的布道極其乏味；一成不變的祈禱詞和了無新意的塗聖油禮毫無靈性可言……人們穿著主日服，表情冷漠。」他尋找一種更吸引人的信仰方式，一度讓他把傳教事業想像成他的帝國——也就是他自己對法國的探索。喚起「長眠的先祖」是一種將自己與古老遺產相互連結的手法。這是一種修辭策略，在十九世紀浪漫民族主義者中非常流行，對這些人來說，與土地的歷史性世代連結，在他們對家園的定義上至關重要。而羅遜的詮釋，則是這些定義與他的童年、純真而充滿嚮往的初始歲月有著特別的聯繫；也難怪他常把帝國單純地想成一種真誠的精神追求。

羅遜是《信使》（*Le Messager*）傳教月刊及其激動人心的圖畫的忠實讀者，他夢想著：「海岸邊上一棵不可思議的棕櫚樹，後方有顆巨大的太陽正在下沉，在樹下，一個年輕的野蠻人凝視著遙遠海平面上一艘帶著救世福音的船隻行將抵達。」在他鄉下老家的花園裡，羅遜的渴望形塑出他往後的帝國形像，在很大程度上那是透過他長期閱讀這份靈性刊物耳濡目染所致，那是一種以吸引人心的圖像造成的潛移默化。「我心中仍縈繞著那半沉沒於海中的巨大太陽，還有那滿帆駛向未知土地的小小教士船的魅力。」於是，當被問及長大後的志願時，他會宣稱：「我要成為一名傳教士。」[7]

---

④法國第二大島，位於法國西南部濱海比斯開灣以北。

羅逖從來未曾履行此一抱負，儘管他聲明：「如果宗教裁判所（Inquisition）⑤再次出現，我必然會像一個信念不堅之人一樣蒙受殉難。」實際上，他所屬的新教徒在擁有棕櫚樹和日落的太平洋島嶼領土與天主教徒進行了你死我活的激烈鬥爭，縱然天主教徒已宣布了第一位聖徒。瑪利亞修會是最早來此的教會，並於一八三七年展開他們的傳教活動。瓦利斯和富圖納群島根本稱不上是主要領土。瑪利亞修會神父之所以選擇來這些島嶼，部分是因為這裡有倫敦傳道會（London Missionary Society）⑥尚未觸及的幾個少數群體，倫敦傳道會的影響力已迫使瑪利亞修會放棄了在薩摩亞和斐濟建立傳教體系的企圖。在教會的通信中顯示，當地教士嚴厲譴責「新教神職人員的誹謗」，皮耶．查納本人也在其駐地附近的島嶼寫道：「此刻似乎是對列島嶼傳道的有利時機……然而衛理公會教徒已盤據整個群島，他們處處搶在我們之前。」[8]這樣的競爭在整個十九世紀一直持續；正如查納神父對衛理公會的抱怨，斐濟的衛理公會教士也在他們的信仰證詞中指控天主教的濫行，例如有一個名叫阿托尼奧．圖卡納（Atonio Tukana）的人，他起誓說：「有一天，來自奈里利利（Naililili）的一名傳道士帶著一把雙管槍來到我家。他坐下，把槍放在身邊……（然後）他說，如果有人想成為羅馬天主教徒，他可以如願，因為沒人能阻止我用這個。」[9]

彼此競爭的傳教士還互相指責對方試圖收買改宗者，而家庭財富的紛擾也意味著早期的爭鬥時常牽涉到婚姻問題。基督教傳道士擁有一定程度的財富、物質上的舒適與威望，讓他們有能力在某個傳教站供養妻子、孩子和僕人；天主教瑪利亞修會神父則無法與對手的這種在地模式直接競爭。天主教修士曾宣誓要一生清貧、獨身，並服從修道院規則，這些神父們追求聖潔，卻因資源有限，並不是總能感化當地人民。正如薩威・蒙魯齊耶神父（Xavier Montruzier）在所羅門群島的報告：「當我們告訴他們，『所有的酋長，世上所有的財富，都比不上耶和華偉大』噢！他們說，『我們的肚子病了！告訴祂，請祂來穆魯阿（murua），讓我們見祂，要祂帶著鐵器和斧子來』。」[10]

以虔誠基督教家庭所擁有的舒適壁爐和房子供島民作為例證的概念，在策略上和意識形

⑤ 語源為拉丁文：Inquisitio Haereticae Pravitatis。

⑥ 屬於基督教新教宗派。

態上僅為那些通常是英國人或美國人的新教徒所擁有。在一八二〇年代的夏威夷宣教活動中，波士頓牧師薩繆爾·伍斯特（Samuel Worcester）宣稱，女性應該是「向粗野、墮落的島民展示純潔、尊嚴和可愛的最佳榜樣……基督教可以賦予女性這種角色。」十九世紀晚期，愛丁堡傳教士瑪姬·帕頓（Maggie Paton）在講述新赫布里底群島（New Hebrides）⑦的故事時，以一種意想不到的曲折性描述她自己在家庭中的角色和標準：「我常常希望你們都能看看我們在美麗海島上的家……你們或許認為我的家溫馨而可愛，但要知道，它不可能被拿來比較，因為周圍只有當地土著的茅草屋！」她在信中聲明她將實現歐美家庭的理想，這同時也引起批評者的注意，讓他們看到傳教士妻子往往自外於其批評範圍：「我在沒有門窗的狀況下生活了兩、三個月，現在我是多麼欣賞這裡的門窗啊！當地土著給了我們，或嚴格來說，是給了我太多他們的陪伴，多到令人不知所措。」雖然話鋒之中對當地土著和她自己的慈善事業多所埋怨，但帕頓的陳述清楚說明了「以家庭為信仰」對她本人以及她的會眾明顯的吸引力。[11]

為了因應這些挑戰，瑪利亞修會從一開始就努力宣導一種理念，即男人相處之愛，立基於共同信念，最終在政治領導下，所建立的一種以教團兄弟群體為主體的家庭。傳教士們與當時的瓦利斯國王、王后以及富圖納國王和酋長們結盟，奉行一種「所到之土，歸化吾主」

（拉丁文：Cuius regio, eius religio）的策略，試圖爭取執政者支持，並設想其群眾將被迫跟從。在瓦利斯島，這種方法卓有成效，尤其又因為島上的執政者，烏維亞國王拉維魯阿和他的女兒——阿米莉亞（Amelia），發現到能夠利用傳教士：憑藉信仰和服從的諭示，讓阿米莉亞在父親死後獲得威望；同時，瑪利亞修會神父擅長於和商人、海軍船長及其他異邦人談判，這也相當重要。

隨著政治影響力不斷增長、控制了土地，並成立教會學校，瑪利亞修會神父逐漸締造了一個評論家和崇拜者口中親法蘭克的「神權政體」。與拉維魯阿王室的友好條約始於一八四二年十一月，而後在一八八九年十一月正式宣告成為法國的保護國。一八八〇年，亨利・里維耶爾船長（Henri Riviere）對天主教統治的性質做出了（深表懷疑）描述，他聲稱瑪利亞修會領袖皮耶・巴蒂永（Pierre Bataillon）是「從十二世紀竄出來的主教」，是一個「固執己見的禁欲主義者，不屈不撓、膽大包天的獨裁者」；他儼然是至高牧首。至於阿米莉亞女王，則是巴蒂永「撫養、教導、收養的一個精神上的女兒，並繼續支配著她。巴蒂永透過

⑦南太平洋島國萬那杜的舊名。

她，成為瓦利斯島的主人……他讓百姓扛起石頭，以便讓他能建造一座大教堂。」里維耶爾並未充分理解，瓦利斯王室是如何在這種情況下，利用「神旨」來鞏固自身在群島上的地位和權威。總體說來，他也不明白神父教義中的故事，何以被太平洋沿岸的島民和當地傳教士理解為關乎愛情、戰爭、苦難與希望的「神奇敘事」，那是因為他們發現這些故事「如此貼近自己的生活方式」。[12]無論如何，瓦利斯和富圖納群島的瑪利亞修會神父們或許在太平洋地區取得了畢生最大的成功。海軍軍醫兼作家謝閣蘭說，瓦利斯島是大洋洲「最富異國情調的地方」，以至於「完全被教會使徒們所把持……毫無疑問。」[13]

———

隨著瓦利斯島很快成為瑪利亞修會權威的中心，查納神父與另一名教友去到了富圖納島，打算成立一個傳教站。在那裡他遭遇了命定的結局。查納之死並非令人意外的悲劇，反而是一個完美實現愛的故事。查納在很早之前便曾問過他教區的居民：「為什麼主對我們如此垂青？」並宣揚「對天堂的渴望」，高呼：「你熱愛享樂嗎？那將在天堂裡實現。你喜歡樂趣嗎？噢，那在天上將何其美好。你嚮往榮耀嗎？噢，那將是無比輝煌啊！」[14]

查納體現了他對兄弟們的奉獻之愛的原則，兄弟們稱讚他說：「在傳教士眼裡，最重要的莫過於一個（土著）靈魂能與歐洲人般配；他盡一切基督慈善之力來愛本地土著。」[15]瑪利亞修會的創始人尚-克勞德・科林（Jean-Claude Colin）在派遣教士前會親自勸誡：「你們就要離開自己的國家、父母、朋友——拋棄一切，前去拯救靈魂，承受殉道。」查納故去前一年，蒙魯齊耶神父曾給同儕寫了一封充滿熱情的信，「會在一段時間內經受野蠻人的殘酷對待」，在那之後便能說：「我將上天堂，同時還會帶領成千上萬的靈魂一道而行。」接著他又提到：「殉道的機會，和成為國家第一名使徒的榮耀。」[16]對於那些通常欠缺其他資源的瑪利亞修會神父而言，在與無信仰者以及新教異端的鬥爭當中，扮演上帝就是一種強大的武器。

在為他們的兄弟哀悼的同時，瑪利亞修會會眾也意識到其作為榜樣的價值，他們抓緊時機呈請恩准為查納設置小教堂行宣福的資格。聖父普皮內爾（Père Poupinel）起草了有關富圖納事件的報告，交由瓦利斯島教士團進行審查。巴蒂永蒙席（Monseigneur）⑧任命了一名

⑧蒙席是教宗頒賜有功神父的榮銜，通常可穿與主教近似之主教服裝。

調查員，負責編寫一份詳細的謀殺情況報告，這是經過對富圖納居民進行廣泛調查後產生的敘述。報告於一八五七年四月二十七日正式提交給羅馬教廷，幾個月後得到教宗授權，從而展開了一場錯綜複雜、有時得花上幾代人的時間甚至幾個世紀的卷宗審議過程。按照梵蒂岡的程序，從死亡之日算起，至少要經過五十年才能做出最終決斷，以確保候選人不單只是一個世俗崇拜的對象。查納的卷宗審議進展順利。在一八八九年，由羅馬教宗良十三世（Pope Leon XIII）布達宣福（beatification）。[17]

我們可從查納的事蹟中得知，儘管教宗的封聖（canonization）與聖品（sainthood）可作為整個基督教世界的典範，但宣福卻是一種更具地方特色的事務，授權地方對冊封真福（blessed，法語為 bienheureux）者的功業與事蹟進行慶典表揚。因此，在瑪利亞修會的富圖納紀錄中對於大洋洲天主教事務著墨甚多。尤其令人感興趣的，是查納的同儕暨審查者——神僕路易．凱瑟林（Louis Catherin Servant）寫的這段文字，這段敘述類似於一份檢察官報告，試圖拼湊還原查納被殺害時的情況和原因。

根據一八四五年和一八四八年從島上居民取得的詳細證詞，神僕的報告讓此案與普遍認為神父被食人族野蠻人砍殺吃掉的說法相去甚遠。直到一八九五年，瑪利亞修會的大洋洲傳教士仍經常用一種近乎歇斯底里的悲壯口氣來訴說自我：「我孤立無援……絕對的孤獨……我周遭的野蠻人可能會殺了我、把我吃掉、把我消化等等。」神僕是一個更為老練的敘事者；意思並不是說這份報告的用意在於取悅富圖納人，然而它確實揭露了這起謀殺案背後所涉及一系列複雜的精神、政治和物質動機，包括對歐洲人販賣奴隸的恐懼、牟取教士團（令人懷疑）的財物，以及解決父子為宗教而決裂的問題。其中的主要人物都十分清楚他們將如何應對、敷衍或抵制傳教事務。[18]

事實上，有別於十九世紀許多關於「島民」和傳教士的一般性報導，神僕避免使用像是「富圖納人」這種以偏概全的詞語，而是特別定義出「狂熱」的穆蘇穆蘇酋長、口是心非的尼里基國王，以及他任性的兒子梅塔拉（Meitala）這些個別角色。神僕為證詞賦予生動性，並指出查納之死，在某種程度上乃馬基維利主義使然（Machiavellian）⑨，同時也讓人想起英國聖湯瑪士·貝克特（Saint Thomas à Becket）⑩：一位昏君的輕率言詞所導致的借刀殺人。

⑨ 形容為爭權而不擇手段。

⑩ 教宗亞歷山大三世於十二世紀冊封的聖徒。

神僕的敘述把整起事件戲劇化。這份證詞不僅作為一部編年史，同時也是為了符合梵蒂岡的殉道標準。一名真正的殉道者，必須是比照耶穌基督那般為捍衛信仰而犧牲，不管他是死在暴君手下或其命令之下。所以，富圖納國王尼里基的角色被刻意地仔細包裝。雖說在整個十九世紀，異教徒食人的形像可能一直常見於西方人對於島嶼民族的描述中，但在瑪利亞修會的意識裡，那應該都是些對信仰無知的野蠻人所為，而不是對救贖的蔑視，於是在此權充一種希律王（Herod）[11]或凱撒的可憐替代品。在神僕的報告中，我們看到尼里基命令他的兒子梅塔拉「放棄信仰」，或最起碼「滾到森林裡去修行」。兒子拒絕了。國王斥責說：「你到底尋求什麼？你是國王啊！」根據報告內容，兒子答道：「當國王有什麼好的？我追求信仰！」如此公開的證言以及對蔑視世俗權力之信仰的肯定，顯示出梅塔拉的信念，同時也榮耀了他的導師查納神父。[19]

藉由重構這樣的心計和爭執，神僕的敘事將富圖納政治轉變成一則虔誠且最終昇華的基督教寓言。當穆蘇穆蘇酋長要求殺死神父與其追隨者時，尼里基默不作聲；根據神僕的說法，這並不代表意念上的默許，反而是邪惡的共謀：「他的沉默說明了一切。」國王自始至終不沾鍋的態度，反讓自己成了這則基督故事的一部分，正如可敬的布爾丁聖父（Reverend Pere J. A. Bourdin）於一八六七年在查納傳記中所描述：「人們在富圖納國王尼里基身上不僅看到了彼拉多（Pilate）⑫的外表。」實則，富圖納統治者也明顯是猶大的化身——戴著「偽善的面具」和他的「軟弱、不公……及殘忍」。[20]

查納死前那一刻同樣被小心翼翼地作為一種高度結構化的敘事，旨在與上帝的激情相呼應。在一八四五年的證詞中，頭號殺手穆蘇穆蘇宣稱，島上居民嚇壞了查納，他大聲喊道：「啊，啊！別這樣！」雖然看似合情合理，然而這將是不可接受的殉道之詞，因為這顯示出他並不願意為信仰而死。因此，神僕駁斥見證者的可信度，並指出自己在一八四八年訪問的多名對話者宣稱：「沒有聽見聖父口中說出任何話語。」此外，神父臨死前那句「Malie fuai」被翻譯成了「C'est tres bien」（「如此甚好」），強烈表明他「向上帝獻出自己生命，

---

⑪ 基督誕生時耶路撒冷的猶大王族，迫害基督徒。

⑫ 羅馬帝國時期猶太行省的第五任總督，在任內把基督釘上十字架。

以慷慨而順從的態度喝下了聖杯裡的苦水。所有見證他殉道的人都作證說，在他極為痛苦之時，也從來沒有哭過，沒有抱怨，沒有眼淚，沒有歎息。」[21]

從這些徵兆或缺乏的徵兆中，神僕提出：「他總是保持心靈上的平衡；他以神聖的主為榜樣，像羔羊一般死去。」雖說這看來可在查納和基督之間建立充分的比擬，但神僕還以對於葬禮的觀察來總結他的主要記述。「所有當地土著，分別在一八四五年和一八四八年的兩次集會上，報告說，就在下葬之前，大家聽到天空中傳來巨大的轟鳴聲（在富圖納島兩邊以及在阿洛菲〔Alofi〕小島上）。他們作證說道，那不可能是打雷，因為當日的天空寧靜，萬里無雲。」[22]

儘管神僕的正式記述為了配合彰顯查納的殉道精神而組織嚴謹、條理明確，然而查納遺留的筆記與信件，以及其他遭殺害教士的筆記和信件，都透露出謀殺背後複雜而激烈的政治鬥爭。在查納最早的一些信中便已指出「無處不在的戰爭宛若瘟疫」，而「貧困的富圖納」更是如此。當查納被告知他必須獲得部族長老的允許才能在島上旅行時，他表示抗議，但他

退讓了，「這是富圖納的一個古老習俗，在戰爭期間不允許其他地區的人隨意進入；這裡的『其他地區』是指敵方。」查納的布道很快就開始帶有派系色彩。在向尼里基致敬時，神父卻意外發現自己被國王打敗的對手所吸引。與尼里基不同，這些戰士很有意願接受查納的教誨，儘管他又為這些戰士的現實感到惱怒：「只要我們打了勝仗，我們就願意成為基督徒。」他對自己的教誨感到灰心，但又對自己的影響力半抱著希望，於是查納給了一個戰士薩繆．凱萊托納（Samu Keletaona）一枚聖母徽章在戰鬥中保佑他，不久查納便說，「我看見他們在戰鬥中表現得更加靈活，因為他們相信有了新的神靈造訪他們的土地，他們必勝。」然而，最後反而演變成尼里基展開的一場「慘烈的大屠殺」，徹底擊敗了查納的盟友。[23]

瑪利亞修會神父的說詞並非該事件的唯一紀錄，富圖納的口頭敘事也突顯了查納命運背後複雜的政治鬥爭。卡佩魯．諾（Kapelu Nau）陳述了一起由當地酋長們發起的暗殺陰謀，他們幾乎完全無視於神僕紀錄中特別強調的國王。「穆蘇穆蘇被派往圖阿（Tu'a）去告訴尼里基國王，如果他反對殺掉白人的決定，他將被推翻，將被科洛泰（Kolotai）的烏庫洛取而代之，而且不管怎樣，都要殺掉白人。」[24]

國王遭到對手打擊，又被名義上的盟友因不滿查納介入島內爭端而威脅其政權，這下讓國王打從心底懷疑傳教士居心叵測。原本，尼里基和查納十分友好，但政治因素讓彼此對立起來，接著還有更大的殖民問題引發進一步的緊張局勢。從口述抄錄中我們看到，尼里基在和穆蘇穆蘇對話的一開場就被質問：「這些來富圖納抓奴隸的洋鬼子，他們會得逞嗎？」尼里基確實有理由擔心歐洲人的到來：當時有所謂「黑鳥」現象（Blackbirding）⑬，即透過綁架和以賣身契來奴役島民，歐洲人循此商機，不惜橫越太平洋尋找廉價勞力。[25]儘管太平洋地區的奴隸問題不像在大西洋和加勒比海那般嚴重，但話雖如此，「黑鳥」在此地仍意味著農作主、礦場、檀香木商人和種植園主貪婪地從玻里尼西亞、尤其是美拉尼西亞各地村落大肆搜括人力，有時甚至直接綁架當地男女，強迫從事勞動。

尼里基可能擔心來自敵對部落或島嶼、特別是那些十九世紀初以來循貿易路線抵達新赫布里底群島的運木船擄掠奴隸的行動。「人蛇交易」最初只是個別缺德船長幹的好事，後來卻發展成大規模脅迫或綁架人口，販賣到包括秘魯、澳洲和新喀里多尼亞的鳥糞肥料場、種植園和礦山從事奴工。一八六〇年代，雪梨的報紙發出了憤慨的不平之鳴：「現今已證明在這些海域的奴隸貿易已經行之有年，沒人能再繼續對其裝聾作啞。社會上各個階層對此一勾當中的詭計和暴力均瞭若指掌。」[26]

這裡面的諸多遭遇相當駭人聽聞，正如傳教士瑪姬・帕頓在新赫布里底群島所說：「船停在暗礁外的深水區，幾個阿尼旺人（Aniwans）[14]涉水而出，用檀香木英語（Sandalwood English）[15]對他們喊叫。他們想要一些男人或男孩，而且會給每個人一把火槍。我們當地土著大聲回應說自己是信仰傳教士的人，不想跟商人走。其中有個白人魯莽地（想必是開玩笑）舉起火槍瞄準我們一個土著，然後用帽子啪地一聲發出巨響，土著們非常激動，認為他想殺了他們一些人。」如今，土著的憤怒、白人的毫無歉意，以及受到威脅的當地土著對自身安危的關注，已突顯了奴工「貿易」所引發的緊張不安，當地傳教士團發現自己也幾乎難以避免地捲入其中。

同樣令人不安、也更應受到譴責的是，「黑鳥」有時還會偽裝成傳教士來補捉俘虜。英國海軍阿爾伯特・哈斯廷斯・馬卡姆船長（Albert Hastings Markham）奉命調查太平洋上的

---

⑬ 此術語源自十九世紀西方人對太平洋眾多島嶼原住民的大規模擄掠，並透過欺騙或綁架來脅迫他們到遠離祖國的地方當奴隸。
⑭ 阿尼旺是萬那杜的一個小島。
⑮ 通行於南太平洋的洋涇濱英語。

奴隸犯罪，他在報告中說：「有些綁匪甚至重新塗裝自己的船，讓它看起來像是別的傳教士雇用的縱帆船。」他特別痛斥一名人口販子，「那名白人惡棍穿著黑外套，戴著黑帽子，還戴上一副眼鏡，」假裝是個傳教士。[27]當島民登上這艘疑似友好的船隻時，就被扔進船艙給羈押起來，他們的獨木舟則隨波漂走。

儘管十九世紀的傳教站開始抵制這種最惡質的剝削形式，但他們在自己的救贖行為中也可能助長了某種可以想見的靈肉交易。一八七七年，瑪利亞修會神父班傑明．古賓（Benjamin Goubin）在利富島（Lifou）報告中含糊其辭地說道：「不到三個月前，我們新買了幾個赫布里底小土著，兩個男孩和一個女孩。女孩實在野性難馴，她甚至無法忍受在白天外出或有任何人陪伴。」古賓沒有詳細交代他「買」的意義或目的，但殖民地聯盟代表里昂．蒙塞隆（Leon Moncelon）在評論新赫布里底群島和新喀里多尼亞之間的契約勞工貿易時，確實大方使用「購買」一個西太平洋島民這種通俗說話方式：「人們從不使用任何其他表達方式，所謂的旅費，其實就是黑奴的價金。」[28]

根據教士的說法，古賓買來的女孩最終「在一座即將豎立巨大十字架的高山頂上參加彌撒」。這種對新權威的忠誠，以及販賣肉體與靈魂的未知性，極可能產生嚴重的影響，正如尼里基得知查納不但導致梅塔拉背叛自己，甚至還背叛了整個王室。在神僕的報告中，梅塔拉宣稱，「我不能放棄宗教，我已經吃了我的 tapu（taboo，禁忌）」，這違反了當地男人在生下自己兒子前不得吃樹薯的習俗。違反禁忌不但挑戰了國王，也挑戰其統治。正如聖父雪佛龍（Pere Chevron）提出的問題：「一個自主性如此高的群體，在無基督時期究竟是如何被統治的？唯一能引導人民行為和行動的制約，就是對神祇的敬畏和對禁忌的褻瀆，從這裡我們看到了國王和酋長們統治人民的唯一手段。」尼里基兒子的選擇不僅背棄了個人良知，更威脅到島上的小宇宙結構。談到酋長時，雪佛龍指出：「人們可以判斷他們的思想與建立基督教系統有多大的對立關係，據他們說，基督教促成了推翻他們的政府體制。」[29]

在查納的殉道報告中，沒有出現任何如此尖銳或不體面的情狀，神僕刻意專注於和梅塔拉個人信仰相關的議題。政治衝突事件被巧妙地從鬥爭場景轉變為「異教徒」皈依基督教的歷史性標誌。梅塔拉很可能曾參與編造這個故事。瑪利亞修會編造了據說是梅塔拉寫的一封信的大部分內容——〈致所有富圖納基督徒〉，信中引用了一種精神啟蒙的語言：「在富圖納……陰影已經讓位給了光明，謊言已經讓位給了真理；我們是天主教徒。」[30]在瑪利亞修會的支持下，梅塔拉很快就成為一名至高無上的領袖，一個能啟示諸兄弟的人——也許還包括瑪利亞修會自身——讓大家明白身為島上天主教徒的真義。另一方面，瑪利亞修會利用查納之死來頌揚其功德，並刻畫出島嶼從野蠻走向基督社會的標記，屆時一切涉及暴力、異教徒和偶像的指述都可被重新歸類到「以前的時代」。

為了體現此一轉變，查納的事蹟必須被描述成愛——南海基督慈善事業的首位殉道者。公開表達情感成了政治的一部分。在查納的葬禮上，神僕大舉讚揚島上居民的哭泣和用貝殼割傷自己的反應，同時把尼里基顯然的悲傷與震驚斥為「鱷魚的眼淚」。為了一八八九年的宣福，貝萊神學院院長莫雷爾（M. Morel）神父編寫了一齣名為《真福皮耶·查納的最後一天與殉道》（*Dernière Journée et Martyre du Bienheureux Pierre Chanel*）的詩劇，以戲劇來表現瑪利亞修會的文字紀錄。在關鍵場景中，與國王意見相左的兒子梅塔拉和父親就基督教義與政治統治展開公開辯論。當國王警告他的兒子宗教動搖了王國時，他的兒子回答說：「在一個虔誠的基督國度中，宗教保證和平，防止分裂。」當國王爭辯道：「你信仰的一切剝奪了我的權力，」梅塔拉吟誦道：「你的權力，不！那是你犯的錯！」尼里基的地位被歸入了瑪利亞修會的愛的力量，因為兒子告訴他的父親：「既然我愛上帝——我們神聖的主人，我會因而對你有更多的愛，我千真萬確地知道這一點。」[31]於是，愛不再歸於父親的主宰之下，而是在瑪利亞修會的神父權威之下。

為了給這種愛以具體形式，瑪利亞修會迅速將謀殺現場變成他們傳福音的集結地。龐帕利爾主教（Bishop Pompallier）把查納的屍體運到紐西蘭，並在富圖納島豎立了一座十字架，在他被殺的地方蓋了一座小教堂。有些酋長對此並非完全認同，一名傳教士說：「他們千方百計地阻撓修建教堂，尤其那正是大洋洲第一位殉道者的灑血之地。」不過其他酋長都受益於瑪利亞修會這項努力；那些尋求結盟或和平的人皈依了新的信仰，他們為查納舉行的儀式和紀念活動證明此舉受到新信徒的歡迎。普皮內爾神父仔細梳理了富圖納部族的戰爭歷史，滿意地表示：「富圖納人在皈依之前，自古以來就分裂成兩個水火不容的派系，一方勝利，另一方就被征服。今天，雙方都有自己的國王；雙方都致力於宗教事務。」[32]

為了深刻表述皈依基督和啟蒙的富圖納，瑪利亞修會在教義中將已然克服的邪惡形象化。在他們的敘述中，尼里基本人在查納下葬後不久死於一種「僵化」疾病，同樣命運也在數年後降臨在凶手穆蘇穆蘇身上，從而進一步協助締造傳教士的威望。梅塔拉對父親的反抗成了一個倒置伊甸園故事的樣板傳說——獲得知識後並未被逐出天堂，反而擺脫了無知。

雖然瑪利亞修會的故事把重點放在這些關於神聖信仰、改宗和公義的標記，富圖納人的敘述則強調他們自身如何操作來煽動或抑制瑪利亞修會的政治影響。在口頭記述裡，瓦薩・凱萊托納（Vasa Keletaona）指出，「當時天主教傳教士希望富圖納只有一位國王，並希望阿洛（Alo）[16]和錫加韋（Sigave）[17]」這兩大領地及部落中心「輪流分享權力」。這就是為什麼在尼里基死後，「阿洛的酋長們會接受天主教權威提議，為薩繆・凱萊托納（查納的支持者）塗油成為整個富圖納的國王。」值得注意的是，富圖納的口述傳承還告訴我們，凱萊托納最終將部分權力讓給了尼里基的兒子——可敬的梅塔拉。在向阿洛眾領袖發表的一份儀式聲明中，他宣稱：「既然你想為阿洛找一位國王，那麼今天請到科洛泰去為梅塔拉塗油；只有他才配做國王；至於我，我仍只當錫加韋的國王。」[33] 顯然地，查納最初的支持者凱萊托納和梅塔拉，與瑪利亞修會留下的政治遺產一起得到福報。

一些學者注意到，這種富圖納式的敘事可以用來重新想像在查納殉道時那群熟悉的惡人，例如穆蘇穆蘇。這位昔日的凶手雖然反對凱萊托納和梅塔拉，但還是活著見到了阿洛王國在他前主子尼里基之子的手中保存了下來。奧多姆・阿巴（Odom Abba）認為，如此看來穆蘇穆蘇是富圖納政治傳統的先鋒、偉大的戰士和王國的捍衛者。事實上，查納的編年史作家神僕路易-凱瑟林用生動的語言描述了穆蘇穆蘇在瓦利斯自我放逐後回到富圖納的情景：「一些長者見到他時萬分激動，再次感到血管中流淌著勝利之血，並給他取了一個名字『祖國救世主』。」[34] 翻譯可能失真，然而可由此看出穆蘇穆蘇自身愛的敘事和查納不相上下，這一點不容置疑。要注意，神僕似乎尊重這場鬥爭——以及穆蘇穆蘇在瓦利斯島時改宗信仰基督——以一種與查納近乎同等悲壯的方式講述了這名富圖納酋長之死：「他沒發出任何怨言，也沒被迫近的死亡嚇到。」[35]

瑪利亞修會和富圖納之間的糾葛也可從其他方面看出。有關查納被富圖納人吃掉的虛假報導，雖說部分肇因於頑固的刻板印象，但也促成他被歐洲神化的脈絡。總而言之，瑪利亞修會打著要在查納遭謀殺後革除食人習俗的幌子，讓自己得以創造歷史敘事，展現其傳教使命上的重要進步。這裡的關鍵字是「進步」，因為就像聖父雪佛龍所認知的：「富圖納人只

⑯ 又稱圖阿，即富圖納王國。

⑰ 位於富圖納島西海岸的另一個王國。

是做前人教給他們的事；革新的火花對他們來說完全陌生。」在整個太平洋地區，食人風俗的狀況被當作衡量歷史的標準。在一八八九年的殖民時事新聞稿中，記者保羅・巴雷（Paul Barre）談到夏威夷，用「文明進步的程度，與一個世紀前仍然盛行的同類相食形成了鮮明對比」，表達了有利於王室的觀點。一八八三年，阿爾方斯・貝蒂永（Alphonse Bertillon）在他關於大洋洲島嶼的民族學報告中認為，島嶼民族之間歷史進步差異的「最佳證據」可以從群島的「食人階段」找到。[36]

然而，關於查納這段以基督之愛戰勝野蠻的故事，在講述食人族的傳說方面並沒有獨到之處；富圖納人保有自己的歷史。他們的故事講述了幾個世紀以來遍及大洋洲的遷徙與鬥爭，並不時圍繞著與東加人等族裔的接觸並遭其侵略等記述來發展。幾代人的島嶼間相互侵略，造就了一部複雜的史詩體，其中狂暴的野豬和可怕的「食人國王」如索菲凱（Saufekai）營造了恐怖、屠殺，以及富圖納人被吃掉，乃至「人們看到沿海村落的人口減少」。後來，偉大的戰士法圖莫阿納（Fatumoana）在卡瓦（Kava）儀式上以經典手法殺掉索菲凱，以重擊砸碎他的頭骨：「他們說，他的腦漿以如此強大的力量從頭顱中迸出，震懾了整屋子的人。」類似基督殉道故事，當地的敘事者也擅長講述史詩般的英雄主義與救贖。

更具體地說，卡佩魯·諾的口頭敘述表明，富圖納人是怎樣理解食人行為並非一種野蠻文化行徑，而是關於外族入侵所導致殘暴權力濫用的紀事。在講述一個暴君所青睞的王室／骨祠的故事裡，卡佩魯·諾充分肯定查納的老對手尼里基在實踐中的改變。「從我們祖父母的故事裡，我們都知道，一直到尼里基國王宣布食人是非法行為以前，這座房子曾經堆滿人骨直達屋頂。」[37]在富圖納，探究食人行為並不是祛除野蠻習俗如此單純的問題。瑪利亞修會就此譴責了富圖納人，但富圖納人反而以當地遭到入侵的故事，自行定義了對敵人、公義和外來者的想法。

查納事件中的食人聯想，是瑪利亞修會的政治和意識形態獨特脈絡之下的產物。透過聖體化的沿革，神父們完全清楚祭身、食身、飲主之血所涉及的力量。聖父雪佛龍認為，富圖納的食人風俗並不等同與信徒在聖餐禮上共享肉身，而是對一種聖潔有序關係本身的攻擊，是對瑪利亞修會所頌揚的人類、上帝和兄弟群體的攻擊。雪佛龍之所以譴責「這些可怕的儀典」，主要是因為：「人們甚至會割斷自己家人的喉嚨。」[38]

不管是否被吃掉了，查納之死體現了兄弟般的犧牲：播種愛，排除不和，查納便是羔羊，灑下的鮮血留給神父們一個聖潔之地來塑造其兄弟情誼，並締造了他們的教會群體。這是一個強而有力的訊息。在瓦利斯島王室的支持下，上千名新入教者接受領洗；到了一八四五年，也就是查納殉道的兩年後，富圖納島基本上完全成為天主教區。

查納殉教在往後成為一個有力的愛的典範，服膺於宗教、政治和愛國主義，其領域從大洋洲一直延伸到歐洲。他的宣福儀式一連舉行了「莊嚴的三日」（triduum solennel）——三天的虔誠祝禱與奉獻——將南太平洋與法國鄉村密不可分地聯繫在一起。布道頌揚這位殉道的傳教士：「他對自己出生地之愛是多麼地偉大……離開家人和心愛的村莊，乃至把這些忠誠留念帶到最遙遠的大洋洲，從那兒，他的心中不時遙想著古厄（Cuet）[18]與拉波特里耶（La Poterie）[19]。」這裡，無論就邏輯或在思想上來說，法國並非巴黎，而是查納在安省（Ain）的家鄉和小村莊。查納對傳統法國地方省分的記憶是他執行使命時的信仰之愛，「為了將聖言帶至遠方，讓普世皆知並敬愛耶穌基督，這是何等艱難困苦。」[39]

對法國更廣泛的回憶往往喚起自眾多大洋洲教士的心靈深處。教士們在信件中讚美他們的奉獻，祈禱「既不虛飾也不怯懦」，並進行「吟誦在法國各大教堂裡所唱的所有禮拜聖歌。」較尖銳的話語，是教士們坦承，即便往往「原住民完全聽不懂」，但也無關緊要，因為在場的歐洲人「深信自己已經漂洋過海，穿越回到了自己的『祖國』，許多人忍不住因此落淚。」[40]

法國從來未曾遠離瓦利斯和富圖納，普皮內爾神父在創作於第二帝國時期的著作中，試著直接對比兩邊的政治：「富圖納人或許比法國君主制還要共和；至少他們的王室經過立憲，他們的酋長是選舉產生的。」[41] 隨著查納在一八八九年冊封真福，這些島嶼日益陷入法國共和與梵蒂岡在共同利益矛盾的衝突之中。儘管自一七八九年大革命以來，法國一直堅持世俗化，然而過了一個世紀，天主教會在法國仍保有強大的勢力，並始終自外於國家機構統治，直到一九〇五年為止。在天主教意識形態助力之下促發了像是「法蘭西運動」（Action Française）⑳，以及社會上其他政治與性靈等反抗共和政體的活動。這種相互抗衡使得兩次政

⑱ 法國新亞奎丹大區維埃納省的一個市鎮。

⑲ 法國加爾省的一個市鎮，位於該省中東部。

⑳ 法國極右派君主政治運動。

教協議（concordat）[21]窒礙難行，特別是一八〇四年與拿破崙・波拿巴的協定，整個十九世紀間天主教義、教會學校和會眾遭到的攻擊層出不窮。

在巴黎，共和民族主義和天主教機構不僅互相爭鬥，也相互利用。法國外交部和殖民地事務部普遍同意甘必大的激進觀點，「不得輸出反教權主義！」事實上，隨著國內壓力的加劇，乃至最終在一九〇一年立法宣布法國許多教會會眾和學校為非法，於是教會把眼光放到了海外傳教的巨大獲益。大聲疾呼第三共和國「共和天主教體制」的埃米爾・佛烈貝主教「從法國的榮譽及利益角度」主張海外殖民擴張，並聲稱：「必須堅守法國擁有的利益，不容許其他任何外國勢力侵犯法國統治。」當政府甚至對遙遠的帝國計畫充滿矛盾時，這種對殖民地的狂熱讓喬治・克里孟梭（Georges Clemenceau）將佛烈貝稱為「穿著教士袍的茹費理」，從而將主教比喻為以親殖民著稱的法國總理。[42]

法國國內蔑視教會的共和黨人，看到了天主教勢力在世界各地的優勢。其中某些人找到了與羅馬在政治上的共存之道，像是茱麗葉・亞當就說：「作為一名法國婦女和共和黨人，我確信，如果不和羅馬教宗繼續維持外交關係，就不可能建立真正的國家政策。」《自由理念》（*La Liberte d'opinion*）編輯雅克・博森（Jacques Boson）突顯了亞當所謂的利益，他認為法國人在世界上的影響力應該特別歸功於天主教傳教事業。「由於宗教，依照我純粹以政治來設想，我必須說，對於民族主義者，宗教是海外影響力與抱負的載體……如果你不支持法國天主教的傳教事業……你將看到東正教教宗或英國神職人員取而代之。」[43]

雖然表面上與共和政體形同水火，但瑪利亞修會士都是愛國的法國人，在大洋洲對抗英國人、美國人和德國人。班傑明．古賓神父原本對政府支持保衛新喀里多尼亞的利富島免遭英國入侵不抱幻想，他在一八八四年報告說：「來了一艘蒸汽船……在島上設立了三所法國學校……他們終於明白，法國必須在這個國家贏得愛。」古賓強調了法國天主教慈善事業的主旨；其他人則表現出戰略和經濟觀點。聖父布齊蓋（Pere Bouzigue）援引「巴拿馬地峽即將陷落，英德競相爭奪」此一「十萬火急狀況」，為瓦利斯和富圖納乃法國保護國而辯護。[44]儘管這些島嶼很小，但它們仍然有機會成為重要的戰略休憩點。在新教徒接管大溪地之前，天主教徒堅守島上，直等到法國新教徒抵達，並有法國海軍提供保護後才撤離。

天主教傳教士、法國政府和大洋洲王室之間的這種合作，或者說相互利用關係，在查納

㉑ 梵帝崗教廷與法國政府間的協定。

的宣福禮過程中特別強烈地突顯出來。教宗賜福後，大洋洲的代牧區（vicariat）舉行了正式儀式和一場特別彌撒，以榮耀新冊封真福之人。羅馬派遣拉梅茲（Lamaze）蒙席前來組織活動進程，他於一八九〇年八月抵達富圖納，其計畫是帶領來自大洋洲各地的瑪利亞修會教士及信徒進行一次偉大的朝聖，終點在查納真福位於富圖納波伊村（Poi）的墓地。法國海軍熱心地把特派團人員和當地參與者從薩摩亞周邊地區運送到富圖納島。雖然受到商船航線罷工影響，導致澳洲或紐西蘭的人都無法參加，但各島居民對他們的新冊封真福之人的反應與奉獻程度都超出了預期。據拉梅茲說，富圖納國王、瓦利斯女王和所有地方酋長都對這些活動表現出莫大的自豪感，「毫無例外，所有本地居民，不論男人、女人和兒童，都竭心盡力為這些民族慶典貢獻一切資源；他們本來還想做得更多，只是力有未逮。」[45]

作為「國家級」的重要事件，拉梅茲希望他的朝聖活動能藉著在一個新的聖地來崇仰查納，以統一信徒。這種有組織的朝聖活動是一種反轉的帝國主義。在世紀之初，大溪地倫敦傳道會領袖約翰．威廉斯（John Williams）曾宣布社會群島是傳教士擴張的中心，「救世之源從此流淌而出」，承載著福音派的影響力遠及「斐濟、新赫布里底群島、新喀里多尼亞、所羅門群島、新不列顛、新愛爾蘭，以及最重要的新幾內亞島。」[46]作為一名傳教士，查納遵循了這種擴展基督權威的標準模式，從瓦利斯島的瑪利亞修會基地遷徙至富圖納島。隨著他的宣福，信徒們從遙遠地區湧向傳教機構，與民族殉道者查納的記憶和神奇的力量交流。

除此之外，查納也是一個全國性人物。偉大的大洋洲朝聖與法國高度組織化的查納宣福儀式相輔相成，使得教友會與宗教團體能夠從不同面向推動天主教帝國主義。查納的遺體以及他殉道的紀念活動在巡迴紐西蘭之後，回到里昂，安置於富維耶山教堂（Colline de Fourières）受人崇敬。當共和政府組織民間紀念活動作為與國家世俗團結的象徵時，教會展現了其利用宗教儀式精神來整合物質與政治利益的一貫傳統。[47]

查納的殉道可用以服膺於愛國思想、宗教熱情，或單純的商業主義——讓大洋洲同時成為朝聖與觀光旅遊聖地。在查納家鄉附近的教堂儀式上，崇敬的吟誦聲聲呼應著瑪利亞修會的報告：「上帝召喚他受苦受難成為殉道者／他欣然喜悅地接受／他們打他／他赦免了他們／他走了／我讓自己歌頌他的偉大。」查納留下的回憶不僅轉換為緬懷，也被商品化，做成紀念品來販售。他的宣福歷程被編制成行事曆小手冊，為朝聖者提供了有用的資訊，包括到特定地點的火車路線、推薦的小酒館和餐廳，以及預訂參加彌撒式、祈禱及其他活動的最佳管道。

另外，還有提供各種「小聖物」（objets de piété）的目錄：小雕像、徽章和冊封真福者的圖像。其中一本指南特別推薦：「由我們的同伴嘉柏許（M. Cabochet）以高超才藝創造的美麗聖像的各種不同比例縮小版，以及福奈特（M. Fornet）努力雕刻的徽章。所有的朝聖者都會想以此作為宣福禮慶祝活動的紀念品來餽贈親友。」那些希望取得更加個人化紀念的人，會被邀請為一座紀念碑捐款，將來他們的名字會被刻在一塊大理石碑上，列名為捐助人，要價一百法郎，列名為「奠基人」則要價五百法郎。48

對信徒們來說，查納的奉舉，以及其儀式和聖物，是見證他愛的奇蹟遠從大洋洲回到法國顯聖的機會。一位名叫菲力克斯（Felix）的先生患有貧血和嚴重的腸胃疾病，在里昂儀式進行的過程中，他欣喜若狂地發現自己正在恢復健康。當他完全康復後，他帶了一枚查納徽章，從此「每天誦讀三遍《天主經》、三遍《聖母經》，並向富圖納殉道真福祈禱三次」。有一位不良於行的修女聖布魯諾姐妹在彌撒上反覆頌唸查納之名祈求庇佑，竟然發現「我一直站著，一點也不疼、不累。同時，一種難以言表的情懷席掠我整個人，帶給我無法形容的喜悅和幸福。」查納的奇蹟就此被賦予淚水和深情的特徵。如同一股強大波濤對垂死之人的醫生的警醒，更甚對其病人，並謙遜地衝擊到他對醫學科學的自信。一名見證人如此記述：

「驟然間，他激動得熱淚盈眶，」這位醫生感嘆道：「我不得不承認，在我之上另有高人在看顧你。」49

這種發自內心的謙遜，擴大了對信仰與知識的包容，在查納對法國的熱愛和服膺中得到了廣泛的宣揚。查納為天主教信仰樹立的榜樣，和對法國人愛國主義的深遠意義，以一種極其細緻的修辭辯證法，特為詼諧地交織在開啟他朝聖之旅的莊嚴三日之中。梵蒂岡在這些演說中占據了最顯著的位置，他們吟誦「羅馬宣告，昭示他的榮耀」，讓查納「在神聖天國裡輝煌」。然而，信仰的聖地又搖身一變，殉道者成了「基督的好戰士」，乃至最後的「法國使徒」。結果是，對查納的多重宣言被挪用滿足特定的政治立場，使其同時符合精神、情感、愛國，與不可一世的帝國主義。「所以，富圖納永遠屬於我們……法蘭西藉由你的偉大事蹟征服了一個新世界，在那裡，我們的旗幟，你的羊群所珍愛的旗幟，將在你的墓地上飄揚。遠離你的法國小村，追尋你的羊群，法蘭西將從此守護你的墓地。」50

早在查納於一八三九年的書信中便提前預示了使用溫情元素手法的影子：「當我看到

孩子們成群結隊地向我跑來，他們個個都深愛法國，渴望去到那裡，我內心總是充滿前所未有的強烈情感。」[51]信仰與政治的勾結將貫穿他的一生，並在他生命結束之後繼續下去。一九五四年，真福皮耶・查納被進一步冊封聖徒，成為聖皮耶・查納㉒，這時國旗也隨之出現，當時官方報導冊封儀式的口吻十分明確：「從典禮前一天起，三色旗就開始懸掛在聖皮耶・查納雕塑像旁邊；因此，七月十四日㉓與歌頌第一位太平洋的法國聖徒具有連結意義。」這是貝萊神學院莫雷爾神父所編寫的詩劇中，尼里基、梅塔拉和查納的對話台詞所啟發的連結。在國王向查納抱怨「在你到來之前我們根本不缺信仰」時，兒子插話了，不但讚美查納，還讚美：「法國……榮耀之土，妳是世界的女王，因妳做了那麼多善事／只要一個民族皈依基督，便是妳的朋友。」[52]

宗教與政治、島民、教士和行政官員之間微妙而真實的合作關係滿足了諸多傳教使命。在瓦利斯島，教會與海軍的結盟直接表現在併吞政治當中。就像一八八一年法國海軍輕騎兵號（Hussard）護衛艦艦長做出的報告：「我從與傳教士的交談中了解到，他們希望見到法

國以某種形式在瓦利斯島建立自己的地盤。」他認為這一趨勢最終將導致「某種政治行動」。儘管艦長謹慎記錄了阿米莉亞女王對其自治權與獨立的擔憂，但他還是以自己所觀察的所謂瓦利斯人「心向法國」為藉口，並指稱：「他們會比其他任何國家更願意接受法國的占領或成為保護國。」[53]

透過比較一八四二年拉維魯阿國王和一八八六年阿米莉亞女王各自簽署的保護和兼併條約，最能明顯無遺地表露出宗教和政治之間界限的轉變。前一份簽署於一八四二年十一月四日的文件中宣稱：「我們瓦利斯群島的國王暨酋長們共同簽署，接受教宗使徒協議和羅馬天主教信仰，聲明我們將建立一個自由獨立國度的意願，並依照宗教群體要求，接受法蘭西國王路易·菲利普一世（Louis Philippe I）㉔陛下之保護。」[54]該文件對宗教帝國和教會（以及瑪利亞修會）群體的強調，顯然與一八八六年女王簽署的文件形成鮮明對比：「瓦利

㉒又譯聖伯多祿·查納。

㉓法國國慶日，又稱巴士底日，紀念一七八九年七月十四日巴黎群眾攻陷象徵專制統治的巴士底監獄，法國大革命由此揭開序幕。

㉔法國七月王朝時期唯一一任君主，在一八四八的法國二月革命中宣布退位。

斯女王為了加強多年來使她與法國親善的連結，接受成為法國的保護國。作為這種相互結合的外在標誌，她將改以法國旗幟取代自己旗號。」從瑪利亞修會影響的頭十年開始，宗教社群的重心，在經過了一代人之後，已明顯服膺於國家情感的表達，且以最戲劇化的方式體現在旗幟替代上。然而，瑪利亞修會並未將其政治權力移交給巴黎各部會，而是統一行事。與一八四二年的文件不同，新條約還詳細規範了一名「公使」（Resident）的定義，此一角色將負責「與歐洲人的外交關係以及所有相關事務」。

這份文件以一種務實的眼光看待大洋洲政治，繼續寫道：「公使將有權列席部長會議。公使的提名將由女王決定，如果女王樂意如此安排，只要不影響國際關係，公使將是傳教團的神父。」在此同時，瑪利亞修會擁有擔任女王的翻譯與顧問的權利。另外，該條約還確認：「女王將安排一塊大約方圓二十公頃的土地，供公使使用並履行其應盡之職能。」[55]女王和瑪利亞修會都打算加強他們在群島上的威權，而法國海軍則負責在毗鄰東加、斐濟和薩摩亞的英國、美國和德國據點的疆界內保護領土主權。

那麼，法國天主教的絕對統治取得了哪些成就？十九世紀的道德「文明」和基督神權政體的教義秩序獲得勝利，教會的神父們為島民提供教育，為君主政體提供關鍵的顧問工作。儘管如此，教會的批評者依然認為，道德和神權政治從來都不是天衣無縫的工程，因為還有其他道德與愛的故事繼續挑戰神父們的權威。早期，他們曾和已婚的新教對手競爭，又與法蘭西共和政體格格不入，因此當瑪利亞修會試圖透過在其教區居民日常生活中的愛、社區和奉獻實務來履行查納沿革的教義時，偶爾會被激怒。在法國兼併領土之後，尤其當所指派的公使不是瑪利亞修會所期望的傳教神父時，這種衝突更是變本加厲。

有些案例——特別是那些搞砸的政治和婚姻——戲劇性地顯示出島民個人執意要求政教分離的談判。在一九一〇年的「皮奧事件」（Piho Incident）中，一名傳教團園丁的妻子遭到費利翁神父（Fellion）譴責，因為她在一名法國共和黨公使家裡幫傭時造成不良影響，尤其是她「習慣性地與丈夫分居」的行為。更糟的是，她還伴隨這名公使——布羅查德博士（Dr. Brochard）前往諾美亞和法國旅行，為此，費利翁神父警告皮奧，如果「他和妻子分居」，就不能再為傳教團工作。雖然挨了罵，但皮奧並沒有要求他的妻子回到他的小屋，反倒是，「當天他回去告訴公使，說自己被莫名其妙地趕走了。」之後，費利翁反映說：「我收到一封正式會議的信函，告訴我，趕走皮奧不僅只是干涉別人家務事那麼簡單；我必須去（公使）那裡解釋一下。」[56]費利翁憤憤不平地拒絕了，也許出於懊悔，他意識到瑪利亞修會的權威無法阻止園丁和他妻子在教會和國家之間進行談判，以宣示他們自己對於親善關係、利益與正義的看法。

當這名公使仍不善罷干休，甚至試圖驅逐傳教團領袖時，瑪利亞修會反擊，拉攏虔誠的教區居民進行抗衡。不甘受辱的傳教團高級司鐸巴贊（Bazin）神父找來拉維魯阿國王的「直系後人」助陣——此人從前認得皮耶·查納和阿米莉亞女王（「就是她把瓦利斯獻給法國的！」），藉此來對抗公使。驅逐令在國王（儘管不情願）簽名後生效，當地村民聚集起來，「前往他的住所並要選舉新國王」。[57]群眾運動挽救了這名傳教士，並迫使「公使向巴贊神父道歉」。這些編年史突顯出，村民們與查納遺緒所形成的瑪利亞修會「神權政體」之間相依相存的個人及政治親和力。

然而，對於那些想要尋找仍舊維持原貌、或未受政治破壞的十九世紀太平洋的法國評論

家來說，瓦利斯和富圖納群島似乎是原封不動地進入了二十世紀。在查納逝世將近一個世紀後的一九三一年，佛羅西火輪船公司（Messageries Maritimes）㉕一位管理者暨作家勒內・拉布呂耶爾（René de La Bruyère）提到：「人們的印象是，這個群島也許是唯一沒有完全改變的……在太平洋上每個地方，文明玷汙了自然，糟蹋了風景。看來瓦利斯繼續保有自己的格調。」

拉布呂耶爾省思自己的商業法則——運輸和太平洋轉運——他說：「我們在機械世紀尋求回歸自然，希望能在這些沒有飛機、很少或根本沒有汽車、人口仍然非常純樸的群島上找到。」[58]他全神貫注於孤立的大洋洲主題，沒有顧及到瓦利斯和富圖納群島與新喀里多尼亞的瑪利亞修會之間的關聯，也沒想到會有多少島民將被送往諾美亞受教育，進而在一種循環遷徙中，把他們送進新喀里多尼亞和新赫布里底群島的礦山、居家、種植園和公司行號工作。到了世紀末，瓦利斯將變得人煙罕至，大部分的人口都跑到諾美亞工作。

在拉布呂耶爾有感而發的幾年之後，群島再次慶祝瑪利亞修會於一八三七年展開的使

㉕法國達西海運集團前身。

命，運輸與懷舊也留下它們的印痕。在一百周年紀念活動中，為瓦利斯和富圖納傳教團的創始人皮耶・查納和巴蒂永蒙席舉行了布道和特別的讚揚儀式。慶祝活動包括一齣名為《伊諾西》（*Enosi*）的戲劇，演出這兩人及其追隨者的歷史善行。[59]為此，大洋洲瑪利亞修會教區神父領袖特別從新喀里多尼亞搭乘一艘佛羅西火輪船趕來，這艘船以一位海軍船長暨著名作家命名，當年那位仁兄曾夢想成為一名傳教士。之後神父急於返回諾美亞，但等不到另一艘船，只好搭乘原船——皮耶・羅逖號返航。

4／大溪地檔案

社會群島

《有孔雀的風景》
保羅．高更，油畫，一八九二，115 × 86 cm
圖片來源：維基共享／普希金博物館，莫斯科

一八七八年，茱麗葉・亞當的《新評論》開始連載皮耶・羅逖的大溪地浪漫小說《羅逖的婚姻》第一回，這位年輕作家從此走上成為文學名人的道路。一八八六年，吉・德・莫泊桑（Guy de Maupassant）在文學期刊《吉爾布拉斯》（*Gil Blas*）的一篇文章中，引用了夏多布里昂來評論一鳴驚人的羅逖，讚美他筆下描寫的人物與散文的優雅：「穿越迷霧般的海洋，他向我們呈現了一座令人垂青的愛的島嶼，透過羅逖和『拉拉呼』公主重新詮釋了《保羅和維爾吉尼》（*Paul and Virginie*）①的詩句。我們不必自問這個故事的真假，因為它向我們訴說的話語如此嫵媚動人。」[1]莫泊桑美好的讚辭，無意中觸及到一個殖民計畫的重點：假如說，世上有某個地方的名字和愛有所連結的話，那就是「大溪地」，這是文學傳統中獨一無二的愛之地。關於它的故事具有十足魅力；沒人需要去探討它們的真實性。

後來由於因緣際會，羅逖將對他的書中人物在愛情、帝國，以及一個簡單迷人故事所欠缺的事物方面，注入戲劇性反思：大溪地文明的歷史終結。這部小說改編的音樂劇在法國「喜歌劇院」登場，其中以諸如「我看見才華橫溢的法國軍官從海王星降臨」和「這是我們愛的土地，夢想的島嶼」這樣的合唱方式來充分渲染和美化即將到來的帝國。劇終以法國男主角的情人「瑪內呼」（Manehu）的極度悲痛作為結尾，告誡人們，雖然法國人可能會來玻里尼西亞，但玻里尼西亞人去不了法國。「不！瑪內呼，妳不能跟著他去法國……我們土地上的花朵會在流放之地凋萎，不再吸引人。它們離不開太陽、氣味、神祕和我們森林的魅力。」島民們無能為力，只得處於遙遠之地渴望受到呵護，只能在夢想的島嶼等待，最終絕望：「哦！不再被愛，變成一個卑微而失去光澤的物體！光明美好的時光已盡，現下是致命的覺醒！」[2]

此一覺醒焉然來遲。以大溪地帕皮提為首府的社會群島被納入了殖民地，位處法屬大洋洲機構的中心地帶，疆界涵蓋波拉波拉島、胡阿希內島、賴阿特阿島（Raitea）、甘比爾群島（Gambiers）、土亞摩突群島（Tuamotus）和馬克薩斯群島，這些島嶼將不再擁有自己的歷史。這些島嶼對玻里尼西亞人的航海與遷徙的偉大遺產，對連結毛希人（Maohi）②與中太平洋島嶼、北至夏威夷和南至奧特亞羅瓦——紐西蘭（Aotearoa）③的大洋洲世界親緣關係、

①十八世紀法國作家聖皮耶創作的短篇小說集。
②毛希一詞在大溪地和鄰近島嶼上指玻里尼西亞人的祖先，也泛指各島嶼上的土著。
③奧特亞羅瓦是紐西蘭在毛利語中最廣為接受的名稱，原意為「綿綿白雲之鄉」或「長白雲之鄉」。

交流與互動的通道就此封閉。島嶼的帝國敘事變成以孤立和浪漫為主軸，十八世紀英雄傳說中的庫克船長、布干維爾和夏多布里昂的歐洲浪漫主義，解體成為十九世紀羅逖和保羅・高更想像裡的感官喘息。

到十九世紀中葉，法國人打造的大溪地已經是浮泛陳詞。一八八六年，土木工程師、探險家兼地質學家朱勒斯・卡尼爾（Jules Garnier）在社會群島旅行時不禁發問：「幹嘛還要提大溪地呢？」已有那麼多「傑出作家」和「知名航海家」針對這「失落在浩瀚太平洋中的小點」奉獻了何其多的長篇大論。除了被「清新芬芳的氣味」包圍的山谷、溝壑和小溪之外，那裡還有些什麼呢？除了「和當地人一起縱情享樂和休息」，跟隨他們歡快的舞蹈與美妙的歌聲，觀賞和渴望他們「用芬芳花朵裝飾」的赤裸動人的美麗軀體，還能做些什麼呢？[3]甚至在卡尼爾抵達之前，就知道會發生些什麼。「大溪地」：在歐洲航海者的報告中早已成為家常便飯——平靜的海灣、偉大的酋長、性感的女人，謎樣的事物與神祕主義。在整個十九世紀，海軍軍官們都曾向這些島嶼和人民寫過頌歌：「在歐洲和其他任何地方所見過的所有事物中，沒有哪一樣比得上玻里尼西亞這裡的人種之美。」[4]

在這種美的遮掩之下促成了法蘭西帝國在太平洋的歷史。未來的法國總統保羅・德沙內爾在一八八四年的一份詳細報告中，掌握了帝國在這些島嶼上的動機的複雜性，包括從「大洋洲、美洲和歐洲之間的商業關係」，到「落後於德國，輸給英國」的威脅。然而，他藉由建議「你必須讀一讀《羅逖的婚姻》，那幅田園詩般的大溪地素描、自然畫家的偉大作品，以抓住大溪地滲透人心的魅力、濃烈的詩篇和令人陶醉的甜蜜」來構建他的這些戰略性觀察。[5]對於想像中的帝國，這不僅是種通俗的、也是始終如一的選擇：把感官享樂和戰略相結合，有時這是故意的混淆。

羅逖的角色為一些太平洋歷史學家在政治上所謂的「法國—大溪地聯姻」建立了框架。藉由與玻里尼西亞「拉拉呼」公主結婚，羅逖作為海軍軍官「另一個自我」與波馬雷・瓦因四世女王（Pomare Vahine IV）締結了一個感性的戰略聯盟，使婚姻成為家族政治的一種形式。法國當局在整個世紀全力討好這類聯盟。皇室本身是這種關係的當事人——比如一八八三年希諾伊王子（Prince Hinoï）和波拉波拉女王即將舉行婚禮——當地總督向巴黎的海軍部和殖民地事務部發出了機密信件，其中提到：「看來我們最感興趣的事情，就是預見我們未來兼併時要靠和波馬雷家族聯姻，尤其是年輕的王子。」[6]

對法國而言，在大洋洲締造一個愛的帝國，既是藝術也是官僚主義，是一個透過文學與藝術作品形成的潛在的歷史體系，在治理人員、公務員和辦事員手裡完成。在此體系當中，只見到一片浪漫、不見併吞的事實。大溪地是「孤立的」：被強迫變得可愛、性感，因確實如此稀有，以至於只能存在一種歷史依據——將她滅亡。總之，一部非凡的政治編年史被省略了。從基督教和西方文明，到梅毒和酗酒，到旅遊業與核子試爆，「大溪地」已被寫進了關於天堂和掠奪的歷史敘事中，然而——除了二十世紀大戰過後的主權運動之外——鮮少聽聞暴力和反殖民主義鬥爭。對於這方面的缺憾，諸如科林・紐伯利（Colin Newbury）等學者一直想知道，為什麼很少有人試著「透過比較和分析不同時期的武裝叛亂」，來研究「對歐洲人殖民太平洋的複雜反彈」。[7] 我們在哪裡可以找到關於一八四三年被非法置於保護國地位的王國、被法國占領期間，或大溪地戰士和法國駐軍之間激戰和游擊戰期間的編年史料？

可以這麼說，只要大溪地，就像在進入二十一世紀一樣，仍然是法國領土，這些故事就永遠不會浮上檯面。法國官方的敘事仍堅持認為，社會群島的毛希人和平地將其權力讓給了法國。[8] 如果只對當地歷史追溯到一八八〇年波馬雷五世國王（Pomare V）決定把權力移交給巴黎，以換取有限的主權和薪酬，那麼這種說法倒也沒錯。[9] 然而，總體來說，這樣的敘述省略了一八四三年至一八四六年的法國—大溪地戰爭，以及從一八八〇年代一直打到一八九〇年代的背風群島戰爭（Leewards War），當時法國的保護國遭到了大溪地王族、數十名酋長和遍布多個島嶼集團的數千名戰士的激烈抵抗。

理論上，大溪地是在一八四三年被海軍上將阿貝爾・杜佩蒂-圖阿爾併入法國，作為對前一年馬克薩斯群島海軍行動的戰略後備。這名海軍上將在那裡奪得了建立捕鯨站、軍事前哨和天主教傳教團的權力。[10]雖然馬克薩斯群島的任務是由巴黎下達的，但法國政府既不希望也不支持這名海軍上將在大溪地群島的行動；由於波馬雷・瓦因四世將天主教傳教士霍諾雷・拉瓦爾（Honore Laval）和弗朗索瓦・達西斯・卡雷特（Francois d'Assise Caret）驅逐出大溪地，以及和法國在利益、貿易權和財產方面的爭端，隨之而起的衝突發展得十分尷尬唐突，這名海軍上將更關心的是倫敦而不是巴黎，特別是英國於一八四〇併吞了紐西蘭以及在《懷唐伊條約》（*Treaty of Waitangi*）④簽署後，讓他的對手在南太平洋蠶食鯨吞地擴大對殖民地的移居。儘管巴黎方面嚴正反對正式吞併，但在外交同行利用既成事實巧妙地操作下，

④毛利人和英國政府於一八四〇年簽訂的條約，該條約使紐西蘭成為英國殖民地。

讓法國和英國政府都承認杜佩蒂-圖阿爾對大溪地的占領以及將之納為「保護國」。

隨著危機揭開序幕，大溪地群島上包括女王在內的親英派勢力，無望地等待英國出手相助，並向英國維多利亞政府發出焦慮的請願信函。然而回應令人沮喪。一名英國海軍艦長驟然發現自己得向法國國旗發射禮炮致敬，同時坦承：「我們也許沒有權利對法國指手畫腳，因為大溪地曾多次向英國求救，而往往遭到拒絕……大局已定，悔之晚矣。」[11]

可想而知，杜佩蒂-圖阿爾對於眼下照說已由法國統治的民族——島嶼居民——表現得不太理想。自女王算起，大溪地人民對他們所謂的受到保護並不熱衷。作為一段歷史上的鬥爭，大溪地的案例很有教育意義，而羅逖的田園詩和高更的印象派畫作又添磚加瓦地形塑了十九世紀的這段歷史。一八四〇年代，毛希人的抗爭和抵抗是明確的、立即的，並被寫成文字。對此，沉默、神祕和絕美事物的故事與圖像的力量和魅力，說明了文學和圖像權威如何遮蔽了書面紀錄的經驗主義成分。

女人是這場鬥爭的焦點：為了讓歐洲印象中的大溪地繼續扮演布干維爾之後繼者所傾心的多情和性感的瓦因少女，毛希人頌揚的那位慷慨激昂的波馬雷女王就必須在歷史上被消音。在法國人入侵期間，女王並未保持沉默。她在憤怒的信件中，敘述了杜佩蒂-圖阿爾要求的割讓和賠償條款，並振振有詞地憤怒抱怨道：「如果我拒絕其中任何一項條款，他便將在隔天兩點前發動攻擊，以奪取我的土地。」[12]一八四六年一月，她的議會以大溪地土著的名義發表證詞和控訴，向英美兩國政府發出呼籲，譴責杜佩蒂－圖阿爾的霸道手段，宣稱：「他要求擁有一個叫莫圖烏塔（Motu uta）的小島，他還要求擁有大溪地主島。」據說，這名海軍上將還要求舉行「更名」儀式，好讓他享有相當於地方酋長的主權。「給我波馬雷的名號；要是不答應，我將在早上八點向這片土地開火，殺光所有男人、女人和孩子。」對此，酋長們補充了他們自己的看法：「好了，朋友們！這看起來像是條約嗎！哪裡有這種條約？先殺了人民，然後再升起保護國的旗幟！」[13]

倫敦和巴黎並不是唯一留存紀錄的地點。我們可從一八四三年波馬雷與酋長們討論危機的正式會議紀錄中，讀到毛希人的政治對策與忠誠表現。女王會見英國海軍軍官的詳細紀錄說明了她嘗試在兩個歐洲大國之間進行外交斡旋。波馬雷在與英國海軍塔爾博特號（Talbot）艦長會面時，表達出明確目標：「我希望你們幫我重新鞏固原有的主權，把法國建立的政府收拾掉。」她的複雜辭令讓人印象深刻。她完美傳達了她的情感（「我一直認為英國將是我的救星」）以及她的現實政治訴求（「我不想回到大溪地，除非那裡停著一艘英國軍艦」）。

當被問及她是否已在杜佩蒂－圖阿爾的保護國條約上簽字時，女王答道：「我簽字是因為萬一法國海軍向我的土地開火，就不會再有英國人、美國人和法國人了，他們都會遭到屠殺。」在這裡，她狡黠地把捍衛外國人性命的假設和「對血流成河的恐懼」與一種坦率的政治評估相提並論：「也許到時候會有三個國家來搶我的土地。」[14]

雖說當歐洲人提及「土著」這句話時往往對自己的偏見心裡有數，但波馬雷對法國人和英國人則有她自己的、而且在此個案中是精心設計的評論。「法國人，這是一個只會威脅而從不試圖對話的國家。而英國人則不慌不忙，毫不猶豫地透過對話來尋找他們要的答案。」她的觀點明顯推翻了高盧人對於親和力的自我感覺良好，反倒嘉勉她的英國保護者。她也毫不掩飾其家族特有的，或許是故意表現出來的「女性化」謙遜，她對英國艦長說：「我被掌握在你的手中，向你完全坦白我的最大弱點……我就像一個去找媽媽幫助的孩子。」[15]

大溪地並不是被和平轉讓的——而是在一場可說積下深仇大恨的鬥爭中被法國人蠻橫奪走並宰治——在成為既定事實之後才獲得法國方面的認可。英國牧師喬治．普里查德（George Pritchard）配合島民的抗爭，高調譴責法國人，普里查德在大溪地統領頗具聲望的新教教會，並擔任女王的諮詢顧問。他在謀求英國保護大溪地的外交斡旋過程中，遭到囚禁、屈辱，然後被迫離開該島，之後他寫了字字血淚的長篇文章控訴「法國的侵略」。普里查德對於法國人推翻大溪地政權的描述是這些事件外交紀錄的主要書面來源之一，但由於擔心擾亂法英關係，直到二十世紀末才出版。[16]

值得注意的是，大溪地的教科書在事件後的一個半世紀，相當被動地引述此事，「保護國的艱難處境」，並指稱：「原本簽署了保護國條約的女王波馬雷・瓦因四世，因受到英國牧師普里查德影響，打算撤回她的決定。隨後衝突便爆發了。」這樣的敘述，乃強調自負的（英國）普里查德和搖擺不定的女王是戰爭的根源。更常見的，是政府正式通訊文的說法：「大溪地波馬雷四世女王和酋長們決定，自一八四二年九月九日起，將自己置於法國的保護之下。」[17]大溪地人自己的言論，和對法國侵略大溪地後超過三年的頑強抵抗與抵制，以及法屬大洋洲機構周圍數百座島嶼上人民長達四十多年的反抗運動，這一切，都不太為人所知。

初期的衝突主要發生在帕比提，在法國人和毛希人部隊的爭奪戰中，帕比提數度易手，另外也在碉堡與防禦工事發生巨大衝突。反抗軍陣營是由數百名手持火槍及其他武器的戰士組成，並得到數千名島民支持。在大溪地島，戰鬥集中在山區堡壘周圍，毛希人進行了激烈抵抗，特別是一八四四年在法阿（Faa'a）⑤的戰役，一個多世紀後，大溪地支持獨立的政黨紀念了這場戰役，但法國當局對此表示不滿。一八四五至一八四六年，泰瑞伊塔里亞女王（Teri'itaria）⑥率領反抗軍在胡阿希內島上大敗法軍，從而解除了法國對賴阿特阿島的海上封鎖。就和與波馬雷的衝突一樣，法國人心目中有關黑美人的敘事就此被顛覆了。新聞生動地報導「一馬當先領導反抗軍的女酋長」替代了布干維爾筆下性感的玻里尼西亞瓦因美女。阿爾芒・布魯特總督在關於衝突的報告中坦承受到這名女子的公然挑戰——該女子宣稱：「代表所有人民宣布，永遠不聽任安排，即便法國調動大軍也不屈服。」在玻里尼西亞田園牧歌的這段動盪時期，與各地酋長的戰鬥和小規模衝突，把法國的勢力限制在大溪地島上帕比提周圍的一些基地裡，最初的武裝反抗導致數百人喪命。此時，原本那裸體並自願獻身的敘事主角換成了男人而非女人，而且都關乎軍事行動，例如「泰伊伊里（Taiirii）指揮的二十五個土著。他們一絲不掛地攀爬，身上除了步槍和子彈什麼都沒穿」。[18]

當酋長們互相結盟並且密切結交英美商人時，整個地區的人民都拿起了武器，其中有些人們幾代以來一直強烈反法。在新近成為「保護國」的整個馬克薩斯群島，昔日的法國盟友，如伊奧特酋長（Ioete），對歐洲入侵者發動了游擊戰。直到一八七〇年和一八八〇年，多達千人的殖民地軍隊還在與馬克薩斯人作戰。胡阿希內島、波拉波拉島和賴阿特阿島的戰爭持續了數十年之久，被稱為「背風群島戰爭」，然而在法國的太平洋學術界幾乎無人知曉。

大溪地在血腥鎮壓之下被強行吞併，絕非順理成章地成為保護國。一八四六年至一八四七年駐紮於大溪地海域的英國海軍艦長亨利・拜恩・馬丁（Henry Byam Martin）將交戰行動記錄為一連串毫無實質效益的流血事件。在帕比提以北的馬希亞納（Mahiana）：「四百名法國人在烏蘭尼護衛艦（L'Uranie）和費頓號蒸汽戰船（Phaeton Steamer）的炮火支援下登陸……這場戰鬥沒有任何戰果，雙方都損失了大約一百人。」靠近首都，「另一批大溪地人（約一千六百人）在布納羅（Bunaroo）駐守，並在距離帕比提不到四英里的法阿設防。該據點……大約就在同一時間，遭到博納德上尉帶領的一百人襲擊，但被迫撤退，陣亡六人（包括博納德上尉自己），十八人受傷。」戰鬥繼續進行。「五月九號，在費頓號蒸汽戰船的火力掩護下，一千名法軍開始攻擊帕佩諾（Papenoo）……十號和十一號，第一道塹壕被

---

⑤ 帕皮提市郊的一個社區。

⑥ 波馬雷四世女王的姑姑，統治賴阿特阿群島。

占領，但原住民的主陣地太過堅固，經過幾天徒勞的嘗試，法國人撤退到他們在維納斯據點的堡壘……在九號到十五號之間的交戰中，法國人負傷及陣亡的大約有一百人，原住民一方則大約損失二十人。」

幾個月的僵局和悲慘的小衝突接連不斷。最後，法國軍隊靠著一名拉帕島來的邁羅托人（Mairoto）協助，在福塔瓦河谷擊敗了大溪地人；靠著這名邁羅托人的登山技巧，法軍的陸戰隊才得以占據山脊上的制高點。根據馬丁的報告，此時，「大溪地人正飽受疾病之苦，幾乎處於饑荒狀態，沒人看好他們能夠堅持下去，在毫無外援的情況下，他們根本沒有機會取勝。」[19]

這不是法國人的迷人浪漫史，而是政治紛爭、武裝抵抗、合作、政治決裂和激烈的戰鬥，這些便是法國在社會群島和南太平洋第一段歷史的特徵。毫不意外地，軍事鬥爭和政治動亂只會強化歐洲人的成見，認為玻里尼西亞人缺乏自治能力，需要一個保護國以武力建立「秩序」的力量並終結波馬雷王朝、殖民者、傳教士、酋長以及關係緊張的美國、英國和法

國領事間的衝突。茱麗葉・亞當的《新評論》的一名記者在一篇名為〈法國在大洋洲〉（La France en Oceanie）的文章中，混用了人們熟悉的天堂無可責難地遭到剝奪的故事，開頭寫道：「歐洲人的接觸對這片上帝賜福之地起了致命作用。」可想而知，這種認知方式不是自我反省，反而是對島上「完全無政府狀態，權力混亂」的描述，並推衍出「建立強大權威、監視和警察部隊乃必不可少」的邏輯結論。[20]

話雖如此，「權力混亂」的描述倒也沒說錯，因為法國人的行動除了帶來新的歐洲式暴力，也點燃了島嶼間長期存在的對立。大溪地人為了自身利益才與法國軍隊合作打擊馬克薩斯群島的敵人，而背風群島的酋長們也利用這場戰爭來消滅他們的老對手。儘管波馬雷女王被尊奉為反抗軍的有力象徵，但別忘了，她的家族曾在一八一五年靠著擊敗其他島民派系而掌權，時而透過靈活運用武器、戰術和借鑑自歐洲傳教士的意識形態（例如以耶和華的名義征服），早期也利用過外國的一些消遙法外之徒。很早以前，勢力強大的帕拉伊塔（Paraita）酋長就與法國宗主國聯手反抗女王，當波馬雷自我流放至一八四七年的這段時間，帕拉伊塔被法國人任命為頗具爭議的「攝政王」。女王眼見自己的議會出現分歧，坦率地承認：「我認為他們自己為了奪取我的權力才簽署條約。」[21]在賞金之下，拉帕島的邁羅托人很樂意幫助法國陸戰隊攻擊大溪地的酋長和村民。衝突也沿著宗教與族裔的界線進行——人口占多數、講英語的新教徒對抗講法語的天主教徒。

這些戰爭稱不上是純粹的反歐戰爭，也不應被理解為單純的帝國主義與原住民之爭。然而，這一時期的驚人特點，除了錯綜複雜之外，就是它在歷史上悄無聲息。即便是法國愛國者——只准講自己帝國氣勢輝宏的人——也幾乎在第一時間為這段歷史空白感到惋惜。這裡面沒有光榮的「勝利」。一八四二年，人在大溪地的畫家查爾斯．吉羅（Charles Giraud）對福塔瓦河谷戰役印象深刻，在離開島嶼後與一名記者共同撰寫了一篇報導：「一八四六年九月十七日：進攻難以接近的要塞！這是我們民族英勇無畏的至高功績之一。如果你想在有關法國殖民史的書籍中尋找關於它的敍述，你會發現它幾乎沒有被提及；沒有任何一頁提到這項不可思議的成就。」為了維持「大溪地」的原貌，浪漫的田園牧歌將會勝出。吉羅所見證的那種太平洋歷史，正如他所說的那般，「幾乎完全被人遺忘」。[22]就像布干維爾、羅逖和高更如此完美地詮釋，法屬玻里尼西亞乃是從上天恩典的樂土墮落到基督（起初是盎格魯新教）和商業腐敗的世界——並非淪喪在法蘭西帝國的暴力痙攣之手；它只能是關於愛的失落和令人倦怠的悲劇，而不是殖民戰爭與征服。

毛希人的抵抗、法屬天堂的勝利以及悲慘的掠奪都被長期遺忘，這不能歸因於缺乏紀錄，而是由於帝國文學和行政機器的控制才煙消雲散。波馬雷寫給英美兩國希望結盟的許多信件都被法國間諜截獲，根本沒有送達目的地。更關鍵的是，許多抗爭活動雖然無法掩蓋，卻可被針對性地轉述為適應過程的敘事。

在此，撰寫太平洋的工作在法屬大洋洲帝國發揮了至關緊要的作用。法國對於接管大溪地的敘述，只花了一代人的時間就牢固地確立下來。果然，法國外交官查理－維克托·克羅斯尼爾·德·瓦利尼（Charles-Victor Crosnier de Varigny）的暢銷大作《太平洋》（*L'Ocean Pacifique*），將這場衝突牽扯到波馬雷女王希望成為法國保護國的「請求」——「考慮到當前態勢，我們無法繼續以一種與外國政府保持良好和諧的方式進行自治。」——最後發展成「海軍上將杜佩蒂－圖阿爾接受了由他的政府所決定的保護國請求。」[23]

法國最著名的、向歐洲公眾消費市場展示帝國的展覽——一九三一年的殖民地博覽會——其中包括一個大溪地主題的展覽和一部由波馬雷女王的孫女——塔卡烏·波馬雷·維德公主（Princess Takau Pomare Vedel）出版的該群島的歷史。她的故事之所以引人注目，是因為它既包容又顛覆了自己的敘事。在很大程度上，她的官方說法顯然重複了法國人的觀點。「因此，某些當地酋長認為必須成為歐洲保護國，便要求法國實行。在經歷了各種事件和女王的交涉之後，一八四二年九月三十日，法國海軍少將杜佩蒂－圖阿爾在大溪地升起了法國保護國的旗幟。」[24]

波馬雷．維德倒是簡略提到了大溪地「分裂成兩個派系」和「一場新的戰爭」等事件，但僅從福塔瓦要塞戰役的角度提出——沒有說明這場戰鬥所爭為何。接著，她概述了女王從賴阿特阿島的自我流放中歸來，然後很快就「結束了這段小小歷史摘要」。接下來故事從波馬雷．維德的父親波馬雷五世談起，他於一八八〇年退位，一八九一年去世，並總結道：「因此，該島被明確地併入法國殖民地，一八八八年又新增了背風群島。」最後那句「又新增了」其實等同從官方紀錄中抹去了整場背風群島戰爭。相較之下，我們留意英國的一段歷史，它表明：「賴阿特阿島現在屬於法國了，但其占領過程遭到當地原住民激烈反抗，在這期間許多房屋被焚毀，激起嚴重敵意。」[25]

也許在波馬雷．維德的敘述中，最能說明問題的甚至不是她的話語，而是她的框架。她所發表的演講用的是「過去式」時態；而「現在式」的敘述卻是由研究鰻魚和痲瘋病的專家里昂・薩司波塔斯（Léon Sasportas）博士所撰寫。她所講述的是有關世系的來龍去脈；剩下的真實歷史則由他來處理。這種歷史的功用是把對玻里尼西亞的所有認知變成神話，從而將大溪地轉變成「上帝蒞臨之地……那便是伊甸園，」這類熟悉的比喻。薩司波塔斯在講述一個「毛利傳說」時說，這些島嶼是全能上帝在創世第七天為自己創造的一處理想的歇息地。至於島民，「幸運地出生、並生活在那裡的人類，對自己的處境一無所知，稱此地為大洋洲。」[26]他這膚淺的民俗敘事並非完全毫無用意，因為他說島民確實生活在極樂世界，然而不曉得自己的過去。

布干維爾遺緒和文學貴族心目中那種以最高尚姿態與野蠻人進行偉大對決的想法，也助長抹去了關於保護國及暴力的痕跡。那些曠日持久、代價高昂的戰爭雖然無法完全掩蓋，但可透過《畫報》這類通俗媒體來轉換並節略成為如詩如畫的光榮故事。在一份關於對島民陣地進行猛烈圍攻的報告中，法國指揮官在戰場上遇見了他的頭號死敵正在對他微笑，他便要求對方把話說清楚。那名戰士答道：「如果不是我容許，你根本無法靠近福塔瓦要塞……還記得你和隨從在河谷洗澡的那一天嗎？當天我足足看了你一個小時，而且當時我可並非單槍匹馬！」「啊，上將驚聲嘆道，你為什麼沒殺我呢？」對此問話，酋長驕傲地把頭抬高，爽朗說道：「假如我趁機殺死一個裸體的，像你這樣的酋長，我會讓我的部下蒙羞。」[27]這故事以如此這般的方式敘述，來掩蓋其本身的缺乏意義。它充分展現並讚許那名戰士（而非野蠻人）光明磊落的姿態，同時又以戰士的榮譽準則來架構這種交戰守則，那是一種平靜和尊重的態度，為戰爭營造一種近乎紳士之間不幸爭端的氣氛，強調那不是游擊戰，而是一場具有拿破崙神話風格的偉大戰役。

儘管法國人在報告中試圖將社會群島戰爭塑造成一系列可敬的貴族之間的小磨擦，然而，當地的聲音沉痛表達出迴盪於整個群島的殘暴——且懸而未決的——戰爭的更深層次的情傷。無論是敘事還是領土統治都高度難以捉摸。一八四九年九月，新教牧師約翰·穆格里奇·奧爾斯蒙德（John Muggridge Orsmond）抄寫下來自茉莉亞島（Moorea）⑦阿提瑪（Atimaha）的阿波（Apo）口述的史詩《鼓勵胡阿希內島原住民戰鬥》（*Encouagement aux indigènes Huahine qui vont aux combats*）[28]，在普里查德牧師被迫離開社會群島後，奧爾斯蒙德接替他成為大溪地的新教徒領袖。奧爾斯蒙德不像其前任那般強硬，他保持低調，繼續在帕比提傳教，學習當地語言和習俗，適應新政權。後來，他接受了統治當局的原著民事務主任的職位。[29]

雖然文化翻譯是奧爾斯蒙德的職責的一部分，但他並未輕易將這部《鼓勵胡阿希內島原住民戰鬥》史詩當成傳教士的民族誌來處理；翻譯副本交由法國海軍司令夏爾・洛奧（Charles Lavaud）保管，並被送至巴黎，在那裡，海軍官員相當關注島嶼的反抗運動。他們的確應該擔心：一八四六年，一支法國軍隊在胡阿希內島全軍覆沒，同時波拉波拉和賴阿特阿島的零星戰鬥還將持續四十年。直到一八九七年十一月，隨著賴阿特阿島反抗軍領袖特勞普（Teraupoo）被捕，巴黎下議院方才宣布：「我們在群島的最後一場軍事行動以勝利告終。」[30]

儘管阿波的故事並非專門為了對抗法國——從字面上看，它針對茱莉亞在所有島嶼的、尤其是背風群島的敵人——但不難理解為什麼洛奧司令將它視為一種政治的，而非文學的檔案。阿波以寓言方式，在《鼓勵胡阿希內島原住民戰鬥》中以激情詞語來強調一個戰士民族神話般的誕生與磨練，並講述他們最終將敵人徹底消滅。譬如像「讓我們攻擊他們的堡壘，

⑦社會群島中隸屬向風群島的一座火山島。

摧毀他們……讓我們的酋長和我們的偉人帶領我們前進」這樣的段落，對島民陣地和法國堡壘戰術具有強烈暗示作用。更重要的是，這部史詩對法國以和平方式取得太平洋政治權威或以高尚姿態化解分歧的說法提出了相反的敘事。阿波的話語恰如其分地不合時宜：「讓他們掉進網子陷阱／把他們徹底消滅／燒了他們的房子，什麼也不留下／讓我們全軍團結起來戰勝和消滅他們。」

縱然大溪地被迫成為保護國，但島民爭取勝利的奮鬥顯然並未結束，阿波對敵人的仇恨也絲毫未減。「讓我們不要畏懼敵人／讓我們與他們戰鬥，我們勇敢而且不怕他們／他們無法戰勝我們，我們的憤怒如排山倒海。」阿波的故事攪亂了有關愛的島嶼受到保護的敘事。即使在帕比提投降兩年後，他的故事仍然讓法屬大洋洲機構不得安寧，必須面對持續不斷的無情報復與衝突。「敵人的首領已經逃跑／我們必定會再次發動戰爭／我們踐踏在滑溜的石頭上，必須再次做好戰爭準備。」[31]這不是空洞的歷史，對未來戰爭的喚起，深刻強調了阿波對一場尚未結束的鬥爭的戲劇性觀點。

從法國方面看來，海軍報告顯示，群島持續不斷的戰爭造成不穩定的緊張局勢，然而，這些緊張局勢與最精湛的文學意象密不可分。一八六九年，朱勒斯．歐特費爾號（Jules Hautefeuille）船長米榭．朱拉德（Michel Jouslard）奉海軍部之命對大溪地進行訪察。他在報告中以溢美之詞描寫：「這座島嶼的昔日聲名，其大自然得天獨厚，儼然是座伊甸園。」我們看到，這個名聲屬於「昔日」，其意義僅是清空在政治歷史的殖民下，無情地擴展盧梭主義文學的過往。事實證明，這些島嶼的現實並非如此。不過，朱拉德似乎還是驚訝地發現，「一切都變了……多年來，紛爭、敵對、嫉妒已被點燃。」[32]

朱拉德看到的大溪地已經分裂成兩邊：一邊是受到法國軍事占領保護的屯墾者殖民地，另一邊則是分散在各島嶼上強烈效忠波馬雷女王權威的島民。對法國當局的抵抗以多種形式呈現。從地形上來看，大溪地的法國勢力被侷限在貿易和移民基地以內，「出了這個包圍圈，我們的影響力便蕩然無存。」對於那些真正了解大溪地的人來說，這並非新鮮事。波馬雷雖然容忍，但終究不向法國占領妥協，況且還有能力激起抵抗或讓當地活動陷入停頓。法國作家雅克．阿拉戈（Jacques Arago）在一八五〇年的旅行記事中，曾嘲笑法國總督：「你有碉堡、要塞、士兵、大炮和火藥。而波馬雷，除了在你宮殿旁邊的一棟破房子，她一無所有，但是，她比你更有權勢。」[33]

這片被包圍的法國小領土在安全的堡壘中維護自身利益，而朱拉德將波馬雷的統治視為一種極權專制。「外國人被小心地隔離起來……所有對外聯繫都要經過最嚴格的審查。」他覺得，女王擁有「強大的監視和間諜體系的支持；超過三分之一的男人亦步亦趨地充當警探耳目。」這座島真的還是大溪地嗎？那個「魅力四射、詩意濃烈、無比甜蜜」的樂土？朱拉德的報告見證了歷史缺憾所導致的失望與困惑。看來大溪地永遠沉淪了。腐敗而偏執的君王制似乎要對此負責；前伊甸園國度的「衰落」這種敘述，要比公開戰爭、武裝叛亂和帝國宰治的編年史更加貼切。

儘管朱拉德想尋找他從歐洲聽聞的愛的島嶼，但他在大溪地找到的是法蘭西帝國。他引述羅逖筆下那「充滿誘惑和感官苦悶的氣息，愛撫著這座迷人小島」，但他別無選擇，只能坦白報導那些讓這種想像成為可能的平凡機構。如果說在大溪地的法國人把自己寫成渴望感官享樂和憂鬱詩歌的水手與藝術家，那麼他們在此的特權是由巴黎的知識及交流體系的官僚和代理人為控制帝國而設置的。

殖民同化本身似乎是一種威權的角力場。在法國的前沿哨所中，管理者與特工們和波馬雷的子民進行諜對諜的爭鬥。朱拉德報告了訓練原住民成為公務員並被分派到地區行政部門工作的情況，但發現他們令人失望。尤其令他沮喪的，是他發現就連帕比提也普遍存在這種居心叵測的公務員。遙遠的大溪地只是現代官僚組織政治的一個無趣的例子。為了運轉保護國實行兼併，「原住民服務部」養了一大批領薪水的事務人員，包括抄錄者、翻譯、祕書、教師、衛隊、警察和領取養老金的人。其中許多是與殖民者靠攏因而討到好處的地方酋長，他們充分利用多重身分撈取油水，例如希羅的阿里培烏（Ariepeu a Hiro），他同時擔任地方公務員與高等法院院長，或像是阿拉圖的阿瑞特馬西內（Ariiteamahine a Arato），他一人兼任了巡守員和祕書職務。

許多人在坐享其位的同時，還明顯地把心思優先花在殖民地行政當局以外的事情上，內政部長發給地方酋長的憤怒信函證明了這一點：「你們為什麼還沒把你們地區的戶政登記冊寄給我？好好地執行行政部門命令，」要不然「我會很不高興的記上一筆，說你不懂怎樣讓你所在地區的居民奉公守法。」或者，發生一份扣押建築材料的檔案上的狀況，「我愛莫能助。如果居民們納稅，這種事情就不會發生。」[34]這樣的合作既寫實又荒唐，當地人繼續控制著這片領土大部分的日常運作。

對政府來說，更糟糕的是——再回到朱拉德的報告——一些當地人效仿法國法則的卓越表現簡直就是對該機構本身的拙劣翻版。「你不會相信優先順序的問題在這些雇員生活中占據了何等地位，」船長在記錄中，尖酸地說道：「他們花了大把時間起草記要與報告」來處理繁文縟節與申報開銷，而辦公桌上和成堆的紙箱裡滿滿都是尚未解決的公共事務。在這種情況下，成為法國人似乎再合適不過。朱拉德帶著明顯的怒意總結道：「他們都真正承襲了我們殖民事務官員的行政道德。」[35]

與此同時，海軍部的殖民官員繼續以書寫記錄群島行政事務的方式來塑造大溪地的歷史。如同朱拉德的報告所指出，即使是讓他心煩的瑣碎爭吵，也被當成主題記錄下來成為報告。文字與檔案的流通和登記是十九世紀政府與帝國的命脈。海軍檔案中保存了無數來自指揮官、部長和單位主管的訊息，通常每一條訊息都是「轉發通告」的形式，被蓋上印信、編號，並留下複本在各部門登記建檔。

在帕比提，卷宗控管是法國當局——經常感受到地方壓力——的重點工作。一八八〇年大溪地被吞併時，一個正式的毛希人代表團要求前指揮官、時任共和國駐大洋洲專員（commissaire de la république en OCÉANIE）的恩希・伊西多爾・吉瑟（Henri Isidore Chessé）提供具體的權利與保護。該代表團要求忠實履行兼併條款，承諾尊重當地人的生命財產安全（特別是針對貪得無厭的歐洲人）、使用大溪地語的權利，以及「向當地各地區交付戶政登記冊，以減輕與我們利益相悖的昂貴惱人的差旅。」[36]沒有登記冊，就不能執行公務，而除非民眾長途跋涉前往檔案所在地，否則無法查閱登記冊。作為尊重這些島嶼新兼併秩序要求的一部分，地方代表要求最起碼能夠重新安排檔案存放地點以提供便利——這是行政權利談判的重要部分。

毛希人繼續高調發聲。他們的正式代表對包括從法律到文化和語言保護的「我們的利益」都有具體看法。在一八八一年由酋長及副手們舉行的立法會議上，大溪地眾領袖直接表達他們對歐洲控制當地司法的不滿。他們的發言人艾托亞（Aitoa）特別對強加實施法國法規提出抗議。為了平息眾人情緒，總督給他們上了一堂歷史課。「我們的法規源自一個有自己的紀錄、傳統、需求與義務的舊社會；在這個社會裡，人們的住房層層疊疊堆砌，缺乏空氣與空間，忍受著寒冷與饑餓，生活在專橫的工作和需求法則之下。」[37]為了表明自己大公無私的立場，總督可能在無意之間建立了一種印象，即法國是一個擁有檔案與傳統的「古老」國家。引述歐洲嚴酷的生活來捍衛法國法律，反而強化了一種推論：大溪地是一個田園詩般的地方，沒有痛苦，無須工作，也無所需求。

在巴黎看來，社會島嶼根本不需要有歷史；法國在大洋洲的屬地可以簡化為部長和官僚的摘要資訊與評注。當羅逖在大溪地海域的法國海軍艦艇上服役時，他筆下熱情奔放的土地和他的情人「拉拉呼」在巴黎的海軍部被描述為一套管理指標。新伊甸園在部會總表中被直線畫成了四個欄目，這是一種墨水和登記簿形式的知識架構。第一欄要求填入特定資訊的來源和發生日期；第二欄要求對此主題做一個摘要說明；第三欄用來提出一個簡短分析；第四欄保留記錄這筆資料的「登記編號和存檔日期」。舉例來說，我們看到，一八七二年度，「『背風群島』（法語：îles-sous-le-vent）的情況仍然一樣」，或者「在波拉波拉島一切順利」，或像是「在賴阿特阿島，情況如常」。

有些騷擾事件被記錄下來，通常屬於外交層面，例如廢除條約協定的問題以及出現其他可疑的歐洲海軍勢力。偶爾，保護國被遺忘的當地歷史會間歇性地浮現，例如你會看到當地人對法國司法管轄權的一些「抵抗」，那是由於對棘手的「強盜」毫無作為所致。然而，就算這些檔案接受更嚴格的檢驗，對法國殖民政策的批判仍可在極大程度上造就改善帝國主義的動機——透過愛。

《新評論》記者沃特布雷德（E. Watbled）在他的《法國在大洋洲》著作中，譴責對賴阿特阿島的一次綏靖任務，根據他的報導，海軍命令部隊「使用加農炮和列隊齊射，來造成殺死、殺傷、打散並驅逐五百名反抗軍，以恢復平靜」。不過，看來最令他不滿的並非叛亂的原由或生命的喪失，而是沒有殖民官員「懂得如何善用手段博取無所不在的同情，從而讓法國贏得人民的愛」。沃特布雷德讚許伊西多爾·吉瑟的「成功」治理，並清楚表明，海軍的問題出自於後來未能善用帝國的情感：在「完美理解歷史、道德、大洋洲民之所欲」的基礎上執政。[38]

或許他說的是土布艾群島（Tubai archipelago）的一名憲兵，他的上級在一份報告中稱讚道：「這名憲兵……代表我們在這島上的行政體制，他知道如何讓自己獲得所有人愛戴。他聰明伶俐，性格正直和善，透過自己的指導，真正服務於當地人口。」這類報導，正如沃特布雷德所考察，將帝國標記為權力、知識與情感的匯聚，這種統治計畫，充分掌握當地知識，既定義了「讓法國被愛」，又服務於此最終目的。[39]

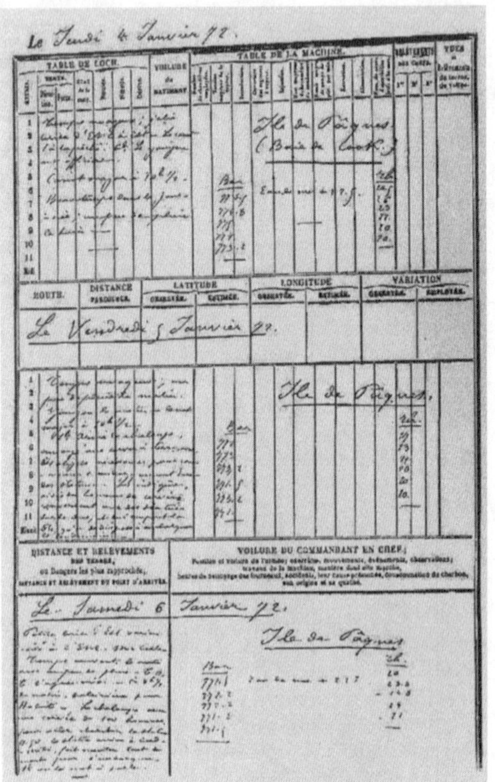
Le Jeudi 4 Janvier 72.

TABLE DE LOCH | VOILURE du BATIMENT | TABLE DE LA MACHINE

Ile de Pâques.
(Baie de Cook.)

ROUTE | DISTANCE PARCOURUE | LATITUDE (OBSERVÉE, ESTIMÉE) | LONGITUDE (OBSERVÉE, ESTIMÉE) | VARIATION (OBSERVÉE, EMPLOYÉE)

Le Vendredi 5 Janvier 72.

Ile de Pâques.

DISTANCE ET RELÈVEMENTS DES TERRES, ou Dangers les plus rapprochés

VOILURE DU COMMANDANT EN CHEF

Le Samedi 6 Janvier 72.

Ile de Pâques

帝國檔案：以筆墨敘述帝國

航行日誌，花神號的南太平洋任務，復活節島（一八七二年）

圖片來源：克里斯蒂安・吉內特收藏品

殖民主義本身從來未曾受到質疑，就算有也只是斤斤計較其是否正確的表達與執行。真正事出有因的大規模反抗歐洲人統治的事件仍然極少被媒體報導，況且，一如檔案摘要中傾向強調的，「沒有大事，狀況不變。」[40]雖說並非所有報告和總覽都如此空洞，但它們都對人民與事件保持同等傲慢的隔閡。因此，這些島嶼在普遍無視民間疾苦之下維持原樣，關於領土和敘事性的決定操之在部會首長和總督手裡。在這些報告中，唯一有點看頭的似乎是那些與權力移轉有關的行動——例如「我在魯魯圖島（Rorotu）、里馬塔拉島（Rimatra）和瑪麗亞島建立了法屬保護國」——屬於帝國「占有」的部分。

你必須從一些私人懇求記錄來找出這些敘述的破綻，例如拉帕島的憲兵奧伯（Auber），他不顧一切地寫信給指揮官尋求調職。「我的中尉，很抱歉我不得不請求你幫我換個駐地，」他為自己辯解，「可是，儘管我已盡一切努力，採取各種手段，卻完全徒勞。」面對島民漠不關心並抵制他的方案，他責難島上的原住民，並加以定調：「倘若想辦好事情，你必須嚴格管理這群人，尤其是那些懶惰成性、傲慢無禮的年輕人。」為了做到這一點，他醒悟到自己權威的唯一真正來源：「自從發出報告以來，住民們一直在等待戰艦出現……但至今還看不到一艘戰艦到來，他們對我僅存的一點點尊敬與畏懼已經蕩然無存。」[41]在這裡，帝國的存在顯然是暫時的。同樣地，一八八三年傳達給新任總督莫勞（Morau）的訓令也突顯出在蔚藍平靜的南海背後的政治和軍事結構：「長期以來，馬克薩斯群島西北方的群體享有完全的安寧。那裡有一群居民並駐紮著一個旅……足以維護我們在那的主權。」[42]

法國人藉由偷竊信件、捏造高尚戰鬥的文宣、和行政削減，粉飾了法國人在前半個世紀侵略大溪地的史實。然而，法屬大洋洲機構對這段空白期間虛構的歷史還不只這些。羅逖、高更（他的《諾阿諾阿》〔*Noa Noa*〕）⑧、評論家暨小說家維克托・謝閣蘭（著有《遠古》〔*Les Immémoriaux*〕）以及無數記者、船長和殖民地官員的文學形塑，就很多方面來說都是統治程序的機構延伸。偉大的藝術和文學作品在此行政體系中發揮作用，以陰鬱和異國情調的形像與威權和作者身分相互結合，抹去了大溪地的政治歷史。其中，謝閣蘭是海軍軍醫，高更是法國殖民者。法國的杜佩蒂－圖阿爾和吉瑟靠著武力來征服，同時又透過生產愛情、神祕和美麗的權威來進行宰治。

進入二十世紀後，羅逖更是成了大溪地事物的卓越傳聲筒。法國小說家皮耶・貝努瓦

（Pierre Benoit）在一九三三感嘆道：「大溪地恍若是從大海中憑空升起，目的只為了證明天才詩人的幻景為真……在吳哥窟，在布魯瑟（Brousse）⑨，在日光市（Nikko）⑩，我理解了描述羅逖所曾喚起之景物的難度。但是，在大溪地，這種難度更是難如登天。」[43] 文學作品和其聲譽產生的不僅是作者及其文字，而且造就出文字所代表的作家。當羅逖寫下他的島嶼時，他自己的生活故事，經過其傳記作家的努力成為了當地的歷史樣板。一九二六年，愛德華·達烏涅（Edward D'Auvergne）⑪在《一位偉大作家的浪漫傳奇》（*The Romance of a Great Writer*）中再次說起羅逖對「南海魔咒」（The spell of The South Seas）的著迷，卻在無意間道出一項事實：「這些島嶼沒有歷史，或者說，沒有流傳下來。」其他羅逖的傳記詳細敘述他和哥哥在玻里尼西亞的遊歷，然而將大溪地貼上標籤，「一八四三年，在波馬雷四世女王的要求下，島嶼成為法國的保護國，因為她害怕被英國吞併。」如此漫不經心的錯誤資

---

⑧ 高更的大溪地手札。
⑨ 法國南部——庇里牛斯大區塔恩省的一個市鎮。
⑩ 位於日本關東地方北部、栃木縣西北部的城市。
⑪ 法國傳記歷史學家，羅逖的傳記作家之一。

訊，如此這般變成一名傑出作家生活中的附帶事件，幾乎就像帝國意識一樣遭到掩飾。這些陳述顯然沒能參考女王的酋長們和顧問的檔案，如塔蒂（Tati）和烏塔米（Utami）的聯合聲明：「法國領事確實發號施令，寫下了號稱由波馬雷女王及其總督所寫的請求法國國王保護的信。」[44]

在漫長的殖民鬥爭中，羅逖及其文學可說影響深遠。隨著一八四〇年代反法抵抗運動從大溪地蔓延至其他島嶼以及背風群島，並一直延續至一八九〇年代，一些法國記者開始將自己的軍事無能完全歸咎於他在文學敘事的主導地位。對於賴阿特阿島反抗軍領袖特勞普（Teraupoo），勒內·拉布呂耶爾評論道：「我們何不以武力鎮壓迫使他屈服呢？這都是因為海軍部的軍官們不願意血染一個如同馬來—玻里尼西亞人（Malayo-Polynesian）⑫那般情投意合的種族。」拉布呂耶爾顯然並不採信法軍戰場報告的吹噓，「幾次連續射擊造成了非常致命的效果。」反之，他指出，「已有很長一段時間了，依照羅逖所描述的習俗，軍官們都與這個國家的女人締結了婚約……再沒別的能比這感性又感傷的田園詩更迷人了。」[45]主導一切的敘事，不僅述說，而且還塑造、唆使並限制了島民和歐洲人在島嶼的歷史可能性。與特勞普的衝突在投入大量精力之後，確實是以婚姻紀錄告終。帕比提總督在他的個人日記中，對這位反抗軍領袖有感而發：「在賴阿特阿島給我們製造最多麻煩的不是他，而是（他的妻子）女王……她提出要求，下達命令，構成威脅。」政治作家稱她比他「更加狂熱」；被捕後，兩人都被流放到諾美亞。這些報告在已婚夫婦的概念上大作文章；支持反抗軍的部族和親屬網絡反而被忽略了。在詢問馬克薩斯反抗軍的妻子是否選擇流放後，法國在公告中頗為得意地指出，「妻子們被詢問是否願意陪伴他們的丈夫。但他們對此提議的反應相當冷淡，數百人中只有二十人帶著孩子跟去了。」[46]有這麼冷漠的配偶，看來這並非一場真正攸關奉獻與犧牲的共同鬥爭。

婚姻與交誼就好比羅逖最拿手的多情田園詩。武裝抵抗消退了，肉欲和感傷轉化成一種情緒高漲的團結敘事。在大溪地君主有限的政治現實中，除了愛情故事之外，人們還能從國王波馬雷五世的官方辭令中獲得什麼？一八八〇年，波馬雷五世退位，將其最後一點權力讓

---

⑫即所謂的南島語系民族。

給了法國：「我把自己的權力轉讓給法國，也就是說，在保護國政府統治下，你們的所有資產和自由都將獲得保障……我相信，我們的決議將得到所有熱愛大溪地和真誠希望進步的人民的歡迎。我們在心裡早已是法國人，現在我們正式成為法國人！」[47]

放棄領土是種同時表達親和與順從的聲明——在法國與大洋洲「進步」的框架中洋溢著喜悅和愛。變化的敘事軌跡——和必要的損失——纏擾著群島，吞噬了十九世紀大溪地的歷史。即使是像高更和維克托．謝閣蘭這樣富有同情心的編年史家，也透過他們受封為文化生產者的使命，塑造並佳許對一個墮落種族及其被摧毀傳統產生的渴望。高更為保護大溪地人民和馬克薩斯島民免遭殖民主義迫害而疾言厲色的新聞辯論，卻幾乎與他神祕、憂鬱畫作的高知名度沾不著邊。在文化和行政的辯證法中，「大溪地」被敘述為存在和消失。謝閣蘭所寫的大溪地故事《遠古》是透過一個玻里尼西亞人物泰瑞（Terii）之口來陳述；泰瑞遭到文字書寫和歐洲基督「文明」的侵蝕，而喪失了作為家族記憶守護者的角色。《遠古》——書名暗示「那些沒有記憶的人」——將破碎的口頭敘述以及傳統和遺產崩潰的跡象置於中心舞台。在巴黎，《遠古》表達出大溪地歷史終結的意念：「人們的記憶，特別是王子和祭司的記憶，是他們可以從過去追溯到現在的唯一憑藉。就保存這些傳統的語言、大溪地人的高明語言來說，當地人自己也一天天地越來越難理解。」一個垂死的口述文學是歐洲本身造成的錯誤和悲劇。「造成這種情感的衰竭，理應歸咎於歐洲人，尤其是法國人，而想要恢復這種情感我們幾近回天乏術。」[48]

同時透過記錄和閉鎖殖民地人民，這些報導使用了一種絕妙的征服邏輯，讓公認的毀滅者本身得以承擔起「垂死」民族的歷史責任。在此情況下，歐洲人成了見證此不幸消亡的捍衛者和守護者——見證這段從魅力十足轉變為墮落樣態的歷史。罪行並非出於殖民暴力與鬥爭，而是源自接觸本身。這些憂鬱的故事被置換為布干維爾著名的愛之樂土：玻里尼西亞人的軀體與面容。朱拉德船長只有在哀歎中複頌千篇一律的說法，「一度如此曼妙的大溪地，已然沉淪」，從而將情色魅力的敘述與歷史滅絕混為一談。難怪在法屬太平洋的想像中「憂鬱」的樣貌如此厚重——正如羅逖處理拉拉呼的手法，以一種感性而美麗的說法來表達「毀滅」。

因此，頻頻回顧這支族裔的憂鬱之美，其意味深遠，而高更那慵懶、尋索的臉龐和粗俗的身形，只是法國對於大溪地面貌最出名的記錄。最重要的是，對玻里尼西亞人的關注引起了巴黎人類學學院（École d'Anthropologie）臨床人類學家的興趣，他們研究頭骨，報告中說，

「顏面前部瘦長，呈橢圓形，比例勻稱」另外，他們除了對顱骨指數（Cephalic index）⑬的量測極感興趣（男性平均八十八點四，女性平均九十二），此外還特別注意到，「這種面相有一種獨到之處，讓所有第一次看到玻里尼西亞人、尤其是玻里尼西亞女性的人深感震驚，」除了量測之外，學院發表了一篇如同高更畫布那般富有詩意的報告，其中提到「整副面容帶著一種平靜憂鬱的表情，一種柔和的凝視，以及女性嘴唇的性感撩人。很難界定這種『令人喜悅的表情』（expression sympathique），但你馬上就能感受到。」[49]

人們對臉上「平靜憂鬱」的關注，根植於對滅絕的懷舊之美：消逝的愛人。由此產生的一連串遺憾，簡直就是令人無法忍受的陳腔濫調。駐紮在帕比提的憲兵弗朗索瓦・吉洛特（François Guillot）感歎道：「現在快樂的人該怎麼辦？毫無疑問，在歐洲人到來之前，毛利人過著幸福的日子，他們沒有野心，文明毀了他們的幸福。」探險家暨地理學家朱勒斯・卡尼爾建議：「我們不妨加入我們種族和文明對整個地球的快速入侵；在大洋洲，第一批居民已經拋棄了家園，消失了。」之後的法國總統保羅・德沙內爾同樣吟詠道：「我們在這些海域出現已使當地頹敗得異常迅速，我們也許能在某些時刻和地點遏制這種頹敗，但無法讓它停止。」至於玻里尼西亞人，「（這支種族）注定要滅亡，而歐洲將繼承其廣大領土。」[50]

玻里尼西亞人沒有消亡，他們和歐洲人互相同化。法國威權繼續坐掌社會群島，然而在德沙內爾做出可怕預言的一個世紀之後，「法國人」這個概念本身在一種玻里尼西亞人、亞洲人、歐洲人和「半山」群體的「大溪地—梅蒂斯（métisse，法語，生物學上指稱雜種）」的框架內被重新定義。曾幾何時，帕比提城外福塔瓦河沿岸出現一座羅逖紀念碑；另一座則矗立於領土議會前，紀念二十世紀民族主義運動領袖——來自烏巴的普瓦納（Pouvanna a Oopa）。無論是異國情調還是反殖民主義活動家，在群島上同樣受人推崇，也留下解不開的歷史情結。玻里尼西亞的航海、藝術和風俗在法國領土管理局的管轄範圍內得到推廣。自一九八〇年以來，大溪地語一直是官方的政治語言。[51]

⑬生物體頭部的最大寬度乘以一百乘以其最大長度的比率；常用於對動物進行分類。

「什麼都不能忘記」
尊嚴與反抗的肖像。查爾斯・吉羅畫作：
波馬雷・瓦因四世女王（一八五一年）
圖片來源：大溪地，帕比提，大洋洲研究學會

一個半世紀前，有個名叫亨利．盧特羅斯（Henri Lutteroth）⑭的人寫了一篇關於玻里尼西亞的簡短報告——《喔–大伊地》（*O-Taiti*），當中提到：「我們花了一千年的時間才擁有的紙張印刷，他們這裡只花了一千天，《福音書》（*Evangile*）是大溪地的第一本書。」他繼續說，雖然令人詫異，但不得不說這個過程與大溪地現代歷史的興衰完全一致，「而發展之後就是墮落，當所有事物都降臨到（玻里尼西亞人）船上時，好事壞事都出現了，也正是海洋帶來了腐敗、陰謀、爭議與征服。」[52] 盧特羅斯的文章發表於一八四三年，正好是杜佩蒂-圖阿爾登陸大溪地的時間。

同年發表的另一個關於文字與記憶的故事，提出了另一個值得思考的敘述。以阿拉胡（Arahu）為首的大溪地酋長們，在與波馬雷女王的會議中，思索著歷史轉折來到他們海岸的意義。「親愛的朋友們，我請你們專心聽女王的話，注意海軍上將在信中所說的話，注意（英國代表）湯瑪士．湯普生爵士（Sir Thomas Thompson）和女王戰船塔爾博特號船長大聲疾呼的建議；同時也請注意法國首領在威脅信中的條款，」危在旦夕是一種遠古的變體：

---

⑭德國人，十九世紀初歷史學家。

「什麼都不能忘記……用心聆聽這些信都說了些什麼；沒有高談闊論，沒有用錯字詞。別發表任何意見──現在請聽女王發言人的看法。」[53]這是一個完形的時刻：發言和沉默，回憶並想像即將到來的下場，寫下大溪地的歷史和大溪地檔案。

5／愛的囚徒

新喀里多尼亞

靠不住的親善：「這就是你留給我們的」
法屬殖民地的卡納克原住民家庭
圖片來源：新喀里多尼亞檔案，SANC

一九〇〇年，法國人已經在新喀里多尼亞①定居了長達半個世紀。他們在群島上建立了聲名狼藉的罪犯殖民地、農業屯墾區，以及當時世上最大、由政府授權開採的鎳礦產業。同時，他們鎮壓當地人民的反抗，在一八七八年弭平一場卡納克土著的大規模動亂，另外也捲入了與英國和澳洲的政治及經濟角力。話說回來，對來自澳洲布里斯本的一名英國氣象學家克萊門特．瓦格（Clement Wragge）而言，與其說新喀里多尼亞是戰略和經濟力量的堡壘，倒不如說是某種法國理想的幻念——「法國特質」的堡壘。瓦格在新喀里多尼亞群島蒐集並建立氣象資料的旅程中，首先吸引他的卻是流放該地的外籍居民，於是他狡黠地稱呼這地方為「監獄島」。

在他登岸的時候，一支由受刑人組成的樂團在椰子廣場（Place des Cocotiers）演奏著哀傷的曲子，就是這名樂團指揮引起了他的注意。由於法國憲兵不准他和囚犯說話，瓦格索性杜撰出這名指揮的一生，故事也隨之流傳。據他研判，這名囚犯原本在法國是位著名的音樂教師，認為「起因於一場榮譽之爭，當激情火花爆發，雷霆萬鈞之際！他射殺了一名情場老手，他妻子的情人。」在恥辱的盛怒之下，他或曾說道：「我眼冒金星，不顧一切地殺了那個人，挖出他那顆不仁不義的心，用慢火仔細烹調，然後強迫我的寶貝在晚餐時吃下一塊……可憐的我，你們懂的愛的力量；我瘋狂地愛著她，這種瘋狂控制了我。」[1]

瓦格藉著描述他想像中深刻的高盧特質，來對照他的英國傳統（他提到英國人的格言「使命優先」）。即使位處距離歐洲十萬八千里的迢遙之地，他對新喀里多尼亞的認知也是全然法國式的感性——愛的罪與罰；激情、背叛、凶猛、瘋狂的愛。也許他還認為，被判刑流放至南太平洋的法國人必然都有食人傾向，他甚至相信凶手對於美食料理秉持一份固有的執著。瓦格深信不移且狂熱的刻板印象，讓我們想起歐洲人在太平洋上留下的複雜異國情調印痕，「法國人」便是其中之一。

我們要如何釐清這種懲戒管理式法國戀情背後的假設呢？茱麗葉・亞當便十分清楚愛情、權力與新喀里多尼亞的關係密不可分，她的親密伙伴，比如激情的左翼副手兼記者亨利・羅什福爾（Henri Rochefort），在一八七一年的巴黎公社事件之後被流放到罪犯殖民地。亞當雖然對朋友的判決結果無可奈何，但仍然直接政治性介入了驅逐的過程，她利用自己的政治手腕和她「極具說服力的話語」情感，來提醒督察指揮官勞內（Launay）：「萬一我們的

---

①瓦利斯和富圖納、社會群島、新喀里多尼亞至今仍是法國海外領地。

朋友在流放途中死得不明不白，將對你造成何其嚴重的後果。」這位夫人的優雅、關注與顯赫地位，深深憾動了勞內，於是向她保證「自己將盡全力照顧」。亞當和羅什福爾在流放和監禁期間保持著大量通信。[2]

亞當在《新評論》漫長的編輯生涯中，也曾發表過不少有關愛情與文學、哲學、歷史和政治的評論文章，這一切深深影響塑造了瓦格的虛構故事。她在一八九九年為《新評論》編輯過一篇稿件，路易·普羅亞爾（Louis Proal）的〈愛的罪行〉（Les Crimes d'amour），這是一篇充滿驚人定義的文章：「在大多數激情犯罪中，決定性的因素並非愛，而是占有欲、無法得到的失敗感、或因失去而導致的憤怒。凶殘的愛不僅源自激情的暴力，也源於自尊心（amour-propre）②遭到羞辱的憤怒。」[3]

不同於瓦格那種僅屬病態的浪漫，普羅亞爾用法蘭西帝國意識形態的語言來描述激情罪行：對占有的渴望和對榮耀的迫切需索。殖民地，就好像羅逖的收藏品，是法國的禁臠，而軍事帝國主義者，如海軍上將貝格塞·杜佩蒂-圖阿爾和弗朗西斯·卡尼爾，聲稱占有領土之榮耀，是對「侮辱國旗」做出的回應。瓦格故事裡激情的法國殺人犯便是一個寫實的刻板模式，可被影射為法屬太平洋帝國的敘事——罪犯自身的愛情故事便是其囚禁者圖謀的重演：表現出「占有的渴望」，並彰顯其榮耀。

與瓦格那種譫妄的愛情相呼應的，是瘋狂的食人行為。此二者的相似之處是個有趣的觀點，事實上，這突顯了整個十九世紀法國在新喀里多尼亞的優勢宰治地位。一八五九年，海軍軍官維克托．德．馬萊布（Victor de Malherbe）在新喀里多尼亞巡遊時談到卡納克「食人族」，並提及當地酋長們說道：「正義很快就會得到伸張；唯一的懲罰是死刑……最常見的罪行是通姦和謀殺，而第二種犯罪往往是前者的結果。」[4]在瓦格的戲劇橋段中，愛情、性與謀殺的摻雜融混，已成為一種可以相互置換的法國敘事。如歷史學家愛麗絲．布拉德（Alice Bullard）敏銳指出的那般，這種暴力與同類相食和因而被稱為「野蠻」的概念相關聯，是美拉尼西亞群島論述的組成要素，被廣泛用於誣陷當地的卡納克人墮落與凶殘，同時這些特質也被賴到被驅逐和流放於此的巴黎公社成員頭上。[5]

實際上，除了卡納克人和巴黎公社之外，有關占有太平洋的爭論，一般來說都是透過闡述野蠻人的愛情故事來構建。一八八八年，法國探險家暨外交官查爾斯-維克托．克羅斯

② 法語，自愛之意，意味著「對自己的愛」。

尼爾．德．瓦里格尼對南太平洋島嶼進行了一次訪查，他認為：「每個歐洲種族都有自己的殖民模式……在英國和法國的大洋洲戰爭中，英國表現出征服者姿態，想以白人取代土著民族，而法國則深刻體現人類創意，容許兩種截然不同的種族共存於同一塊土地。」帝國本身創造了定義「法國特徵」的機會。德．瓦里格尼譴責英國的蠻橫武力及其失敗的殖民地（他們消滅了澳洲原住民，陣壓美洲人反抗），並宣揚「我們最美麗屬地」的高度族群融合：「在我們的前殖民地中，法國之名哪會引起如此多的怨恨與敵意？如今法國之名仍然在忠誠的加拿大人和感恩的印地安人心頭激盪。」[6]他聲稱，與英國的「橫征暴斂和計畫性的破壞」相比，法國鍛造出一個文明與令人熱愛的帝國。

愛與野蠻恍若孿生的力量，透過對占有、榮耀和保護領地文明的敘述，界定並銘記法蘭西帝國計畫。亨利．羅什福爾在寫給茱麗葉．亞當的信中提到了這些僭越的影響——儘管身為行動受限的囚犯，他其實對於誰才是野蠻人抱持懷疑：「今天他們向我們宣布，如果我們沒被送到主島，那是因為我們可能被吃掉……給了我們一個絕無僅有的選擇，要麼死於饑

餓、孤獨與悲傷，要麼終結在食人族的肚子裡。」情緒激動的羅什福爾還半開玩笑地吹噓道：「我的俊美，我的青春，我的新鮮，在一個芳齡十八的女孩身上挑起如此強烈的激情，使我不得不喚起身為人父的所有原則與明智標竿來抗衡。」[7]

在新喀里多尼亞，總督和殖民官員的政策便是朝著羅什福爾的孿生意象來制定：管理野蠻人並塑造愛——乃至對父權的暗示，最終則出於以法國之名義。具體來說，這包括了兩種互補形式：把當地的卡納克族人改造成工人，以及把歐洲的社會底層男女——囚犯或貧窮白人——改造成殖民者和愛國者。藉著一支勤奮的卡納克勞工和歐洲式的農地開發，讓諾美亞發展成「法屬玻里尼西亞群島的經濟聚焦中心」，實現「在遙望歐洲的另一端創造一個新的小法國的夢想，且像大法國一樣，有小業主在此屯墾，享用自己土地的耕作成果、自己草原上的畜養、自己的葡萄園，自給自足。」[8] 徵用卡納克人以及「屯墾」（cantonnement）卡納克族保留地的政策，是這些意圖的核心。將徵收的土地轉讓給歐洲殖民者，便能實現總督計畫中所倡導的關鍵制度，或許，在此制度之下，發自內心的忠誠與經濟生產相互交織：造就出法國農民家庭。

然而，這一手如意算盤的缺失在於：欠缺經驗的耕作者、缺乏資本、偏促的市場、貧瘠的土地。素質明顯低下的勞動力——而且不僅只是少數參與者而已——注定許多農地開發要失敗。一貧如洗的新移民、獲釋的囚犯、來自其他太平洋殖民地的零工，一直以來，或許都是發展一個新公民群體的不變基礎。

話雖如此，但就算最不幸的白人也能擁有特許經營者的法律特權，這種現象最終導致無法整合卡納克勞工，這也說明了失敗的基本原因。一八八五年，殖民地事務部在一份報告中發出怨言：「新喀里多尼亞的卡納克人天性懶惰，排斥任何長時間的工作。他們的個人願望有限，也就不需要靠工作來滿足。」因此，歐洲人始終面臨著農場和礦山勞動力短缺的問題，而總督則擔心殖民地會因此變得不穩定。「每一天，總要向一個愛莫能助的政府提出人力需求。」[9]這裡的經濟政策顯然由管理「滿意度」的嘗試來構建，並根據現實情況假設「欲求受限」（法語：désirs restreints）、如騎士般散漫的卡納克人，必須能在一個可行的商業勞動體系中重新加以安排，促使其接受由必要的工作、債務和報酬所形成的經濟與道德需求。對欲望的管理從而變成殖民主義不可或缺的一部分。

從政府的意圖和目的來看，粗魯的殖民者和卡納克人都可被視為野蠻人，也同樣具備文明能力，然而他們必須接受教化或被迫接受適當的價值觀，方可作為法國臣民。總督的職責是替每一類人設定界限與發展可能。對於白人屯墾者，工作上的共同道德戒律便是其教化模式。以這種哲學為政策並發揚光大的最著名例子，或許是新喀里多尼亞總督喬治・吉蘭（Charles Guillain）建立的「法朗斯泰爾」（phalanstery）[③]，他在一八六二年六月以「教化、生產、復興」為號召在群島上樹立了自己的地位。吉蘭是烏托邦社會主義者（utopian socialist）查爾斯・傅立葉的信徒，奉行聖西門學派教條，他推行一種開明的科技官僚制度，設立了負責原住民事務、修橋造路、戶政歸檔、土地丈量的辦事處，並創辦了第一份報導政府事務的官方刊物。吉蘭對於創新的熱情，體現在新喀里多尼亞作為一個試驗基地的功能上，為那些在法國或許不可能實現的轉型計畫或構想提供指標。

一八六四年吉蘭在亞泰（Yaté）[④]領導創建的「法朗斯泰爾」最為膾炙人口，在那占地

③ 社會主義者查爾斯・傅立葉在十九世紀初為互利互惠的烏托邦社區所設計的一種建築藍圖。

④ 位於新喀里多尼亞南部的一個市鎮。

三百公頃的農場和作坊群落中，居住著三五成群的礦工、鐵匠、機械技工、造紙工人、石匠、木匠、商人、麵包師和農業勞工小團體。在農人暨磚匠納西瑟斯・德・格蘭維爾（Narcisse de Grasville，簡稱「勒盧普」〔Leloup〕）所扮演「大家長」角色的帶領下，這群殖民者打算成為一個自給自足的、比照烏托邦社會主義模式建立的社區，安居樂業，慈善富足。這並非一個與世隔絕的團體，這是法國官僚機構本身的一項計畫，吉蘭在對殖民者演講的開場白中說得再清楚不過：「所以說，各位新喀里多尼亞社群的先驅們！政府已採取措施，為你們的成立提供便利，並讚揚你們取得的一切進展。繼續努力！殖民地將帶著期許一路相隨，並嘉勉你們，勇敢！」[10]

起初，理想似乎實現了，就連卡納克人也深獲好評。有個名叫瑪利耶內・布吉（Mariene Bourgey）的步兵團中尉寫道：「卡納克人的態度非常溫和……原住民熱情地給殖民者送來魚、蔬菜、豬和雞……理解與和諧主導著一切社會關係。」諸如此類的報導被一個吉蘭派學者渲染為「聖西門式殖民的同化主義理想，擊敗了血腥的征服。」吉蘭本人在一八六三年明確陳述了政治、帝國和愛的融合：「我在此訴求的不是遠征和軍事占領政策。這僅僅是組織與文明的政策，這種和平政策包括與原住民維持良好關係，讓我們了解並喜愛他們，同時為他們自身利益提供諮詢和指導。」[11]

對歐洲殖民者來說，勞動、社區和富足便是他們的回報，而且，至少在剛開始，「他們因受贈的肥沃土地而被激勵，以一種非同尋常的熱情來工作。」然而這樣的田園情懷禁不起時間的考驗。除了缺乏投資和組織，再加上一場大火在內的一連串災難摧毀了這個社區。地理學家朱勒斯・卡尼爾是之後前來為亞泰寫下詠嘆悲歌的遊人之一：「一、兩年不到，他們徹底分手了，彼此間充滿了蔑視、不堪與仇恨，不僅身無分文，而且負債累累。」這個被遺棄的社區成了某種憂鬱者的朝聖地。查爾斯・勒米爾在一八七八年如此寫道：「橘子樹、黑莓藤蔓與玫瑰叢間，棚屋與磚窯的廢墟讓人想起了曾經的『法朗斯泰爾』。」而另一名作家沉吟道：「一種如此怪異條件下建立的共產主義『法朗斯泰爾』的悲慘毀滅。」[12]

儘管遭遇挫敗，法國政府仍不死心。法國執著於法蘭西民族的使命，繼續承擔起創建理想家庭的任務。假如說一種自願性的社會烏托邦主義不切實際，那或許一種以力爭上游的中產階級意識形態所形塑的強制性家庭式國家模式可能會成功。這就需要在以婚姻、私有財

產、養兒育女和小規模生產為中心的在地價值上，進行道德和愛國主義教育。殖民地事務部的官員們利用群島作為懲戒殖民地的現實，授權在服刑人及獲釋者間推行交誼、夥伴和婚姻關係，試圖建立家庭，從而以祖國和帝國的名義發展出父愛、母愛和家庭情感與團結。

在執行新喀里多尼亞殖民計畫的各部會檔案中，存在大量證據表明，這些圖謀旨在引誘、脅迫，再不然就交流婦女，為殖民主義效力。在內政部和海軍部於一八七二年的往來信函中可看到，「臨時授權釋放到新喀里多尼亞從事工業或農業工作的人數與日俱增。看來……這些勞工實屬不可或缺，應該讓他們能夠成家立業。」對於這一點，各部會一致贊成一項指示，「新的女囚犯船隊將開往殖民地。」監獄管理局長官的一份報告簡潔地總結了這件事：「這是我們嚴肅的時刻；我們要盡最大努力在農場裡安插婦女，在家裡安置孩子。我們必須醒悟：沒有女人，就沒有殖民地。」[13]

從路易・拿破崙的第二帝國開始，到接下來的法蘭西第三共和，政府親自插手媒合配對並促成建立家庭，法國地方政府乃至為此不遺餘力。巴黎的海軍部向法國地方市長和議會發出命令，要求他們配合殖民計畫。一封一八六七年發給韋爾農市（Vernon）⑤市長的信中寫道：「我請求你儘快回覆，巴拉特女士是否已答應前去與她丈夫團聚。按照條件，她從住所搬運至新喀里多尼亞的運費全免，在出發前她本人可領取五十法郎，每個子女可領取二十五法郎。」[14]

法國部會對於所有接受這類慷慨贊助的人都建檔備查，也對還有哪些可能人選做出報告，並尋找典型的理想家庭群體，期望能讓服刑期滿的流放者及漂泊者落地生根成為殖民者。有一名與丈夫失散的婦人被評為「吃苦耐勞、精力充沛、身體健康。住在鄉下的她，對農務生活的所有細節瞭若指掌。」更好的是，她顯然還可帶上一整窩勤勞的孩子。「她的繼子……是一名熟練的泥瓦匠，工作非常努力。她十五歲的小兒子剛剛結束鎖匠學徒期。」連她的小女兒，儘管還在上學，「縫紉功夫也相當不錯。」政府與鐵路部門達成協議，讓家庭團聚更加便利。乘務督察長（Service général）在一八六九年七月向夏朗德省（Charentes）⑥各車站的站長發出一道命令：「自本月十五日起，前往懲戒殖民地與一家之主會合的囚犯家屬一律半價收費。為享受這項優待，囚犯家屬應當出示海軍和殖民地事務部（提供）的證

⑤位於法國中北部的城市，屬諾曼第大區厄爾省。

⑥法國新亞奎丹大區所轄的省分。

明。」於是乎，對於家庭精心安排的行政眼光，形塑了家族史。[15]

為確保這些人未來能順利成為殖民者，相關政策的每個方面都會接受某種程度的情感管理。一八七三年七月，巴黎殖民地事務部與新喀里多尼亞總督，就禁止家庭成員到碼頭為流放海外的丈夫、兒子或兄弟送行的長期政策進行磋商。由於觀察到囚犯在流放時往往表現沮喪，他建議說：「不妨讓家人們在場……以便激發囚犯在船運期間的勇氣。」在這種別離時刻，倘若管理得當，或許能夠鼓勵囚犯把自己想成即將展開新生活的殖民者，從而誘導所愛之人跟隨前去。為了驗證他的論述，部長表示：「我已授權讓一定數量的女性參加出發儀式。」部長的實驗是否成功，還不得而知。但我們的確知道茱麗葉·亞當取得了這種特殊許可，帶著亨利·羅什福爾的孩子在他啟航時到場送行，羅什福爾對他們說的最後一句話是：「我跟你們保證，我一定會逃跑。」[16]

而羅什福爾也的確信守諾言，他串通了一名英國船長，與其他公社成員乘船逃到澳洲，並引起轟動。在一篇關於他待在澳洲幾星期的通俗報導中（他與逃亡同夥帕斯卡爾·格羅塞特〔Paschal Grousset〕搶著發表），羅什福爾對南海抱持著一種奇怪的多愁善感態度；他不厭其煩地反覆重述當地的歷史故事，把它當作動人的愛情故事。像是在傑克遜港，據說就曾看過有個年輕水手，才剛靠岸就發瘋似地把一名土著婦女一路追上了山頂。雖說羅什福爾的房東認為這個來歷不明的故事是「對英國皇室的莫大侮辱」，但羅什福爾則想法不同：「另一個強權（即法國）可能會對這名水手的輕浮舉止坐視不管，而且會宣稱，付出這麼點代價就能擁有澳洲，其實很划算。」一八四五年澳洲淘金熱的起源，和一個名叫麥格雷戈（MacGregor）的牧羊人在一塊他以為是石頭的物體上刻自己心上人的名字有著密切關係。與此同時，羅什福爾為了維持他自己的「法式」格調，將他乘坐囚犯船穿越澳洲珊瑚礁的經歷描述為「宛如迷人的緊身胸衣束帶，被我們的船頭深情地割斷」。[17]

與羅什福爾保持密切連繫的朋友們鼓舞著他的新聞工作者觀點。越獄後的調查記錄顯示，協助羅什福爾等人藏匿偷渡，隨後幫他們經由斐濟、美國，一路到倫敦所花的費用，並不是地球此端的同情者所提供的。殖民地企業家希金森（Higginson）指出，銀行家兼參議員埃德蒙·亞當從巴黎匯了兩萬五千法郎給羅什福爾。「羅什福爾從一家（雪梨）銀行發電報給亞當先生，隨後這筆錢就經由中轉行匯到一家分行。看來這筆錢是由亞當夫人、培瑞（Perrin）和雨果出的。亞當夫人是羅什福爾孩子的監護人。」[18]

有了這樣的朋友，羅什福爾根本從沒想過要讓家人跟來太平洋。但幾十年後，另一些人卻這麼做了。在一八五三年新喀里多尼亞被正式併吞以前，政治犯也會被送往玻里尼西亞群島。保羅．高更後來「逃往」天堂的感性傳奇故事，與愛德華．貝勒馬（Edouard Bellmare）的案例形成了鮮明對比，貝勒馬在政府的強制令下被放逐到社會群島，「此人不得返回法國，必須一直羈押在大溪地」，因為他涉嫌襲擊拿破崙三世。有些案件尤其醒目地體現出殖民政策中對於情感的策略性安排。有一位朗戈馬齊諾先生（M. Longomazino）因密謀反抗里昂政府而遭到判刑，並流放到馬克薩斯群島。他的妻子向內政部長提出與丈夫團聚的請求著實可圈可點，顯示出她對「愛與家庭」這種行政辭彙掌握得恰到好處。「我了解到你們廣獲好評的人道精神，尤其是你們宛如慈父的愛，因此（我）斗膽冀望你們能准許我的請求，相信你們不會忽略家庭之愛對一名可憐囚犯的想法影響何其深重。」內政部欣然同意了她的請求，而後續關於該家庭的拘留報告，則宛如一首大洋洲田園詩：「憲兵陪著孩子們散步。他分發水果和魚。憲兵陪著兒子散步。他分發指揮官送來的香蕉。」[19]

可以確定的是，在太平洋帝國，情感與治理的關係是扯不清的。有時，多方觀點公開衝突。海軍一名上將利伯爾（Ribourt）在向巴黎的海軍及殖民地事務部的報告中建議：「被運送的（囚犯）每月只能給家人寫信一次。適當控管通信效果較好。」然而其他記錄顯示，即便是被法國政府判刑的囚犯，保持通信流暢並贏得他們同情，對官僚機構來說十分重要。因犯們說法國來的信件就是他們的生命線和唯一寄託。因為有些郵件和支票未能送達，使得凡爾賽宮的殖民地部長致函給新喀里多尼亞總督施加壓力。「我收到了許多關切，投訴我部門裡經手投遞新喀里多尼亞囚犯信件和郵購品的人員造成延誤。這些人的家屬們在抱怨。我會非常感謝你下令讓每個囚犯都能夠盡快收到寄給他的信件和包裹。」[20]

萬一書信的效果不盡人意，或是家屬拒絕移民，法國政府就會製造新的夫妻。被判刑的婦女成了送往南太平洋的囚犯，除了服刑，這些囚犯還被當成男囚犯服刑期滿後指定的結婚對象。諾美亞總督定期向巴黎提交報告，例如在一八七三年的一份備忘錄中便指出：「我們已按照性別和身分採取必要措施安置了所有女性囚犯。」然而，這份報告的重點，在於總督極為自豪的聲明：「來到殖民地的五十名婦女當中，三十四人已經協議結婚，還有兩人被授權結婚，這些新家庭大都生活美滿。」殖民地事務部在為運送到新喀里多尼亞的女囚犯安排

住房時，便已設想「大約有一百名女囚，以及十到十二名天主教修女負責看管。雖然這所監獄理應與男子監獄完全隔離，但為了利於促成婚姻，安置地點要與獲釋男囚的工作區愈近愈好。」[21]

然而這種計畫的成效始終差強人意。如同被放逐到松島（Isle of Pines）的巴黎公社成員若安內斯．卡頓（Johannes Caton）在日記中所寫的：「可憐的女孩們，根本沒犯過任何罪，只因孤家寡人或是遭人遺棄，就這樣被犧牲了。政府希望會有大量流放者願意與她們結婚，組成殖民者家庭，最後能夠永遠留在這裡。這種如意算盤將會落空。」[22]他相信，沒有一個流放者願意在這種條件下結婚，大多數人依然夢想著回法國。基本上他說對了。就算有人結為夫妻，但這種囚犯婚姻對殖民地的影響一直都是不痛不癢，而總督們仍舊期望能透過自願移民來實現他們的殖民計畫。

雖說囚犯婚姻起不了作用，但法國男人總會找機會染指當地婦女。倡議藉由異族通婚來實現殖民主義的人，大聲疾呼男性囚犯與卡納克婦女之間不該保持距離。布干維爾遺緒留下了玻里尼西亞婦女性開放且容易上手的印象，在人們直接以此為標準不斷對比之下，或多或少傳出了美拉尼西亞群島人民野蠻落後的看法。地理學家奧古斯丁．貝爾納（Augustin

Bernard）在一八九五年對新喀里多尼亞的仔細研究中指出：「美拉尼西亞人和玻里尼西亞人……前者被視為落後，後者卻被人讚譽。這種偏見的根源顯而易見：玻里尼西亞人非常善於交際，喜好玩樂；他們提供自己的女人給外國水手，讓這些航海者不得不美言幾句來表達謝意。」[23]

尤其以大溪地人最具誘惑力，她們似乎渴望與歐洲男人通婚，哪怕只是為了與外國人共建社會及政治聯盟的訴求，以及在複雜的玻里尼西亞階級體系中提升地位。而美拉尼西亞的本地氏族並沒有這種出於政治目的而交流女性的常規，這嚴重打擊了法國人的情色想像。有個評論員特別感嘆道，這種風格將「剝奪我們殖民者在其他國家能夠取用的資源」，於是，有別於玻里尼西亞的美女如雲，新喀里多尼亞成了一塊女人「醜陋」和「野蠻」的領土。[24]

即便是對美拉尼西亞人，交流婦女都是不折不扣的殖民政策，使得女性身體在整個法蘭西帝國等同於商品。諾美亞周邊的殖民發展計畫可以比作是整個帝國在性與情感政治上的本地表徵。於是，帝國各部會連結其他殖民地計畫來制定新喀里多尼亞的殖民政策，尤其是阿爾及利亞和圭亞那的懲戒機構，那些殖民地的原住民雖然並非心甘情願，但也無法阻擋殖民地政府炮製配對機會。[25]

殖民地公使注意到帝國治下囚犯中的多族裔人口，並於一八七八年與巴黎的殖民地事務部處長開始討論對殖民地適當引進「來自阿爾及利亞、交趾支那，和塞內加爾的婦女，以便與不同國家的囚犯成婚」。往來信件中還指出：「這並非本部門首次處理此一涉及阿拉伯人和安南人的問題。早在一八七五年和一八七六年，這件事關阿爾及利亞和交趾支那的議題便已提出。」[26]特別是對圭亞那，巴黎的殖民地事務部要求針對塞內加爾人口採取特別行動。處長如此寫道：「我將非常感謝你，如果你能從自由人或是囚犯中，找到願意去圭亞那與自己族人結婚的沃洛夫族（Yolof）⑦婦女。」[27]

類似安排也出現在新喀里多尼亞，以穩定當地男性人口，不過，對於不是歐洲裔的人，通常的作法是實行一種條件性契約。新喀里多尼亞總督開始利用自身島嶼和新赫布里底群島的密切關係，洋洋得意地在官僚報告中說道：「新喀里多尼亞從新赫布里底及鄰近群島招募移民……那裡的居民生性活潑、聰明，能很快適應各式各樣的工作。」他們盤算著利用新赫布里底群島供應的「勞動力」（main-d'oeuvre）來協助打造南大洋洲帝國。此外，縱然殖民地報告中一致認為「大家都使用新赫布里底人：官僚、商人、農民、咖啡種植者」，企業主經常雇用伊羅曼加人（Eromangans）⑧和塔納人（Tannese）⑨，正因為只需付給外來勞工或契約工最低薪酬，這些人沒什麼家族和家庭義務，而且，不像卡納克人，就算他們有所不滿，在本地也無家可逃。[28]

相較之下，對歐洲人來說，建立一個「家」卻是重點所在。殖民當局繼續編織著殖民屯墾的美夢，希望化叢林為田地，創造出具有中產階級價值觀的農民，從而強烈鼓勵人們承擔起養兒育女、確保家庭之愛和財產所有權等所謂的有益責任。對歐洲人而言，這項計畫從一開始就被確立為懲戒殖民地的主要功能，正如一名議員在一八五四年所指出：「立法機關向服刑人提供補償，以促使他以較佳條件回歸社會。囚犯將能擁有土地特許使用權，能夠結婚，成為一家之主，行使特定公民權利。在行使這些權利時，他將學會尊重他人的權利。作為一家之主，他能找回男人的尊嚴；成為基督徒，他能從宗教中尋得慰藉。」[29]

獲得救贖的罪犯與其家人，會像資源豐富的自由殖民者一樣，如同海琳．萊恩在《新喀

⑦非洲塞內加爾的主要民族。
⑧澳洲昆士蘭遠西南部土著。
⑨萬那度塔納島土著。

里多尼亞回憶錄》中所描述的那般容光煥發：「灌木叢清理過了，土地已經犁好，即將播種玉米，咖啡就種在陰涼的一隅，成群的進口牛隻看來很快就適應了環境。勇敢的婦女們努力讓她們原始的家變得明亮，在條件允許下盡可能讓大家過得舒適。」[30]萊恩充滿光輝的故事，清楚闡明了一個關鍵：家庭的空間和婦女的角色，都是殖民地真正成功的重要標誌。

可以這麼說，萊恩這位在新喀里多尼亞的第三代移民，俗稱「喀里多且」（Caldoche）⑩，亟欲透過新喀里多尼亞的當地紀錄來激發家庭浪漫的想像。在述說孤拔上將擔任當地總督期間（一八八〇年至一八八二年）的故事時，她率真地提出「拋開事件的歷史，專研心靈的歷史」。故事中對這位海軍上將的到來，以及與當時還是年輕女子（jeune femme）的作者母親那段戀情的感傷敘述，著實動人，卻又帶有一點錯亂的意識形態。

孤拔最出名的事蹟是，當巴黎對於殖民議題辯論得最為激烈時，他正擔任法國海軍派駐「東京灣」特遣隊的指揮官，因其忠於共和黨政策並履行職責而備受左派人士讚賞，同時又以身為虔誠天主教徒而廣受右派人士好評。當他在「東京」戰役中因發燒去世後，他的遺體被送上巴亞號（Bayard）旗艦，經過一場漫長而虔敬的朝聖遠航，返抵法國。他是第一個通過法國共和政體投票榮獲國葬待遇的殖民人物；法國政府總共為他舉行了兩場儀式：

其一是在巴黎傷兵院（Invalides in Paris）[11]舉行的官方儀式，另外是在他的家鄉阿布維爾（Abbeville）[12]舉行的宗教儀式，由佛烈貝主教主持。[31]一八八五年孤拔英年早逝，使得共和黨人和保皇黨保守派——尤其是天主教傳教團支持者——在推翻茹費理總理政權的同時，卻能共同支持法國殖民主義。這名海軍上將嚴謹的榮譽、真誠的熱情和不可動搖的忠誠，使他成為一個所有各方都認為其具有魅力的帝國主義者。

這麼一個執行茹費理命令、在與中國海軍爭奪「東京」的戰役中死去的人，受到了皮耶·羅逖的崇拜，相形之下，萊恩對筆下的孤拔就真的有點隨心所欲。那是一個充滿當地舞蹈的故事，向一個臉紅的女孩獻上鮮花的故事，以及與即將成為作者父親的男人的一場短暫的爭風吃醋，「心靈的歷史」就像海軍上將的警言一樣深刻：「一旦這世界……少了女人，水手將變得遲鈍和猥褻。」

---

⑩法屬新喀里多尼亞的歐洲裔群體的統稱，多半泛指出生於當地的殖民者後代。

⑪今日是巴黎第七區的一處龐大建築群。

⑫位於法國北部的城市，屬於上法蘭西大區索姆省。

然而，作為一種帝國政治的引證，萊恩的故事其實機巧得不得了。從這名海軍上將第一次露面開始，就重塑了在殖民計畫中婦女的必要文明角色，恰到好處地與如他這般的軍人的原始行動相呼應。此外，海軍上將調情、在奉承尊貴小姐（mademoiselle）的同時，也留給自己充分機會，展現他身為具有地位的男人所表現的禮貌與犧牲。他向自己的副手萊恩吐露：「不是只有你才感受到這位年輕女孩的魅力，我自己都已愛上她。」儘管如此，礙於自身的職責與使命，他選擇放棄，他是熱情而光榮的殖民主義典範。[32]

兩個男人從新喀里多尼亞被派往「東京」，在途中建立了一種親密關係，並「像老朋友一樣地聊著」他們的政治使命：「我猜茹費理先生如果來基隆⑬，會度過一個不愉快的半小時。畢竟在這裡他不能像在下議院那樣靠著耍嘴皮子來開脫。」然而，儘管情勢不利，孤拔和萊恩⑭都履行了他們的職責。克萊門特．瓦格曾以「榮譽決鬥」（affaire d'honneur）和令人發狂的恥辱來想像法國人的行事作風；萊恩故事裡的男人們是殖民主義者，他們的榮譽來自奉獻精神與相互尊重。也難怪羅逖會替《費加洛報》寫下對這名上將充滿激情的輓詞；借用海琳．萊恩的話來說，最後的孤拔是，「對愛情失望，對政客厭惡，喊叫著『祝你們好運！』，頓時戛然而止，一切歸於沉寂。」[33]

在國家運作下，孤拔被尊為典範，而他昔日傾訴的對象——副手萊恩，則展開了結婚計畫，這一連串平淡無奇的家庭瑣細，就像海軍上將的葬禮一樣忠實呈現出帝國難解的緊張狀態。萊恩回到法國布雷斯特（Brest）⑮老家，遭遇了帝國主義心態的衝擊，他姑姑試圖讓自己朋友的女兒們跟他相親；姑姑反對萊恩自己的婚姻計畫，理由是「一個殖民地女人根本比不上一個法國女孩」。萊恩的母親也強烈懷疑兒子的決定，但她終究被身為家族後裔的兒子以血緣與文化確立地位的觀念所說服。「她醒悟到，兒子選擇的女孩，出身於地位顯赫且尊貴的父母，不至於配不上她的種族。」[34]這裡所說對於種族的滿意並非膚色，而是指對方仍然維持文化與地位的高尚。

在語帶嘲諷的回憶錄中，身為教師、鬧事者和前殖民者的馬克．勒．高皮爾斯（Marc Le Goupils）寫道，一個車伕把他從農場帶到諾美亞，「他很希望我起碼是個養牛主，掌管

⑬ 這裡指一八四四年中法戰爭期間，法國海軍孤拔上將企圖攻占基隆不成，退至澎湖。
⑭ 這裡指的是海琳．萊恩的父親。
⑮ 位於法國西北部的城市，屬於布列塔尼大區菲尼斯泰爾省。

著數千公頃土地的人，好向別人吹噓。而我這車伕……就像他說的，他認識整個喀里多尼亞種植園主的貴族圈子，而我不屬於這個貴族圈子。」[35]如果種植園主和農場主可以成為自己勞工的領主，那只反映他們仍在殖民地同胞等級森嚴的保守秩序中苦苦掙扎。皮耶·羅遜曾在海外謀求自己在法國無緣得到的特權與崇高地位。新喀里多尼亞的種植園主是一種成功的上流社會典範，在一個不確定的疆域中，他們埋首於畫分社會等級。也正是這種關乎「地位」的種族意識，讓萊恩像許多殖民者一樣，從法國一路帶著回到新喀里多尼亞，投入了建立愛的帝國秩序的角力與談判。

那是一個多半出自虛構、經常瀕臨瓦解的帝國。打自一八七三年起，利伯爾上將就曾警告，將出現一個由「最變態的男人和最墮落的女人」所組成的殖民地，而當總督保羅·費耶（Paul Feillet）正為自己家庭成員素質低劣悲嘆不已時，應該會同意萊恩夫人對於種族是否般配的特別關注。一八九七年，他在接受《喀里多尼亞報》（*La Caledonie*）採訪時承認：「成功的特許經營者可說少之又少。」費耶放棄了透過家庭、土地和工作對囚犯及獲釋者進行道

德重整的希望，把最後寄託完全放在自由殖民者身上，抨擊「結合墮落男女的可悲婚姻」，並宣稱那些運來的婦女——遠不及孤拔上將的文明教化——都是「娼妓出身的墮落者」。

殖民地以壁爐邊的溫馨和家庭為中心的改革夢想破滅了。「有必要把孩子從父母身邊帶走。人們強烈感到，如果讓特許經營者把孩子帶大，將產生出一群可憎的人口。」在世紀之交，輿論呼籲採取新的措施。指望藉由家庭幸福感以及給予特許權，自然地灌輸流放者中產階級工作價值和家庭情感，已經淪為笑話一場；管理當局轉而直接干預。「因此，有必要以義務教育為制約，強行實施寄宿學校。」[36]

這些強制要求不僅按照種種建議與報告從根本上補強對白人囚犯和殖民者的管束，而且加深了法國人對卡納克族的研究。地理學家奧古斯丁．貝爾納的描述是這類研究的典型，他仔細觀察了卡納克人駭人的婚姻模式來評估當地人的狀況：「玻里尼西亞人把妻子當成一種取樂的工具，而卡納克人則把妻子當成一種駝畜。這種妻子真的可說是奴隸，背負著沉重的物品，稍有差錯就會遭到嚴厲懲罰。」在一個扭曲的婚姻模式中，女人「甚至不能和男人住在同一間茅草屋裡。」這還不夠悲慘，在這個野蠻的社會，「墮胎更是常態，屠殺女嬰被認為理所當然。」[37]

貝爾納清楚意識到，這些行為侵犯了所有法國家庭領域的世俗觀念、情感和宗教價值，在他的敘述中，對於卡納克人的育兒方式，他根據自己所觀察到「孩子們一會兒吸吮母親的乳房，一會兒吸吮母親的煙斗」，做出了精簡評判。這類人種學著眼於先天欠缺的價值觀與實踐。兒童死亡率和「哺乳時間過長、衛生條件差、營養不良」成正相關。隨著殖民地政府在世紀之交制定了正規教育和衛生方案，爭取「原住民母親」認同與實施改革，成了殖民統治的重要一環。[38]

恰當的婚姻狀況與家庭認知，是規畫新喀里多尼亞殖民地的核心要素，但如果沒有辦法釋出土地給新的家庭，這些要素根本完全無效。畢竟，要想「讓人誠實，就必須讓他擁有財產」或者說「愛鄉土，就會愛美德」，這並非陳詞濫調，所以說，大規模的可耕種土地實屬必要。[39]不管是滿足自由殖民者所需，或是給予服刑者特許權，那些關於法國人工作、壁爐邊溫馨和建立家園的教條只是殖民計畫的一半，而其另一半則是圖謀奪取卡納克人的土地。不計其數的報導詳細描述了法國人背信棄義，和對「堅持部落集體財產的卡納克人」的不滿，

只因為他們拒絕割讓、出售和耕種自己的領土。[40]

自從法國開始介入，土地徵收便一直是官方政策。如同一八六〇年法國政府對於屯墾計畫的一份報告所建議：「前提一，是讓每一個新來的人，無論貧富，都能獲得土地；（他）受到美國拓荒者的啟發，扛著鏟子和鐵鎬來到一個國家，有權要求得到一塊土地，而且必須立即提供，因為沒有時間可以浪費。」至於當地民族，「我們有必要借助武力控制土著居民」，透過「說服與耐心」讓他們甘願於新的從屬地位。

武力與耐心並用，是法國典型的新喀里多尼亞殖民政策。原住民共有的土地和芋頭田遭到破壞、歐洲牲畜過度放牧，以及兼用法律欺詐和暴力巧取豪奪土地，這一切都是這場鬥爭的特徵，導致當地人口大量死亡，迫使卡納克人遷進了保留區。「殖民先驅」精神並非只是從美國人那裡吸取到的唯一經驗。可是，這對一個充滿愛與奉獻的法蘭西帝國來說，不分青紅皂白地隨意徵收土地似乎說不過去。為了讓帝國人道主義思想自圓其說，「不可或缺的軍事鎮壓手段」只是權宜之計，而且是使徒信條，「我們雖是主人，但並不暴虐」。[41]

對於法國的普羅大眾來說，土地所有權爭奪的正名化政策又因此被詮釋成另一種形式的占有——卡納克人的歷史成了讓人心安理得的種族化敍述。朱勒斯・杜蘭（Jules Durand）

的《新喀里多尼亞的韋比亞斯山區記行》（*Among the Ouébias of New Caledonia*）分上、下兩集連載於時尚旅行雜誌《環遊世界》（*Le Tour du monde*），就是採用這種手法的典範。杜蘭在文章中藉由尋找一個「消失」的部落，從而提出觀點：「人們在某些新喀里多尼亞部落中所注意到的個人財產精神，在韋比亞斯（Ouébias）⑯的土地上尚未普及。」[42]杜蘭於一九○○年寫的這篇遊記，藉著將一種傷感的缺憾投射到一個尚未被徵用的富有同情心的民族身上，從而強化了符合法蘭西帝國利益——土地與家庭——的良善歷史。

杜蘭的手法，是把新喀里多尼亞框限在熟悉的太平洋種族滅絕敘事中：「根據一種致命而又十足真實的定律，與文明接觸的部落已經解體，他們的部族成員隨之墮落；廣闊的『原住民保留區』已杳無人跡。」[43]當然，杜蘭並沒有探究導致這場災難的法國政策；他的作品如此引人注目的原因，是他以這場災難來印證自己人種學的優越感。一度強大的卡納克民族流離失所，人民走向滅絕，而這反倒提供法國人創造冒險的機會。

隨著沿海部落消亡或瀕臨滅絕，「我們需要進一步深入旅行，以便近距離研究這些野蠻人。」因此，杜蘭繼續尋找韋比亞斯人。「我們必須前往韋比亞斯這片土地，以了解卡納克的家族在我們這個時代的原始狀態。韋比亞斯人盤據的這塊土地，四周環繞著島內中央山脈的紐帶而被隱蔽起來。」接著，便是冒險故事登場，敘述勇敢的歐洲人如何跋山涉水進入未知世界。在山隘口，「我的黑人同伴不願再繼續深入……然而這只讓我的意志更為堅定。」尋找一個隱密山谷，爬下覆滿藤蔓的山坡，杜蘭的敘述宛若通俗冒險故事的陳腔濫調，尤其神似赫爾曼．梅爾維爾（Herman Melville）⑰於一八四六年出版的《泰皮》（*Typee*）：在一處內陸山谷，與令人膽寒的未知部落的一場驚異遭遇，最終卻發現那是愛好和平的民族，從此大家和睦相處。當杜蘭一頭栽進韋比亞斯人群中，他變成了近乎半神祇的探險者：「我們發現自己被年輕的卡納克族人包圍，他們把我們看作是從天上掉下來的。他們顯然被我們的膚色嚇壞了，我隨即製造出一種神蹟的效果。」[44]

儘管半個世紀以來，杜蘭的同胞們幾乎已把卡納克人趕盡殺絕，而他所追求和發現的，果不其然，是為了證明在韋比亞斯人的生活結構中存在著法國原則。當政客兼大洋洲文宣者查爾斯－維克托．克羅斯尼爾．德．瓦里格尼口是心非地說道：「我們並沒有壓迫弱者，也

⑯新喀裡多尼亞西北部的山區部落。
⑰美國小說家，著有《白鯨記》。

沒有剝奪他們合法的土地所有權；我們尊重他們的權利，尊重他們的傳統。」他表達了法國原則在任何文化中不言自明的作用。杜蘭更是把這種傲慢帶到了一種推理的極致，志得意滿地把他遇到的部落與自身作比擬。「韋比亞斯人並非活在無政府狀態，而是處於某種共和政體之下，酋長……與手下共同耕種土地，共同分享漁獵成果。」

在帝國民族誌的包裝下，盧梭主義思想原封不動的意識形態仍舊一成不變地存在於法國殖民地中心。「越往內陸推進，那裡的原住民就越原始、越友善。保持著家庭凝聚力的精神……他們彼此之間有著天生的感情。」[45] 藉由尋找韋比亞斯，杜蘭向讀者揭示的並非法國在新喀里多尼亞的歷史，而是他自己，最終也是政府自身對殖民地的理想：在共享與愛的前提下，所形成擁有土地的家庭組成的群體。

這種具有天生情感的群體經歷了一段艱難的歷史。杜蘭尋找自然人種的遊歷的直接影響，是將近二十萬公頃土地被強制徵用，所有卡納克人都被重新安置住到遠離海岸與平原的地方，尤其在一八七八年後情況更加惡化。除了山谷和丘陵，自由的卡納克人幾乎已沒有其

他地方可以居住。就在那一年，里維耶爾船長記錄：「我來到新喀里多尼亞已有兩年，幾乎從沒想過卡納克人的事情，我甚至認為他們根本不存在，或是已經消失了。」[46] 但突然間，一八七八年爆發了「大起義」（Great Rebellion），讓法國人比十九世紀任何時期都更強烈地感受到卡納克人的存在；這場暴力衝突從六月一直延燒至隔年一月，造成了將近一千四百名卡納克人和兩百名歐洲移民及屯墾者喪生。

亞瑟·德·特倫蒂尼安將軍（Arthur de Trentinian）在調查此事件的一份著名報告中，嚴厲譴責法國的殖民政策；他對這場暴動列出三大主因：「連續入侵原住民栽植莊稼賴以維生的領土」、「丈量並保留給卡納克人的土地卻遭到屯墾者的牛群侵害，而且又在他們收成時再次入侵，幾乎使作物毀滅殆盡」，以及「殖民者對自己造成的巨大損害不負責任」。[47] 其他非官方報導的說法大致相同，一艘護衛艦的船長寫信給海軍和殖民地事務部：「新喀里多尼亞土著是食人族，這點沒錯，但他們也有公平和不公平的感受；因此，他們會反抗我們到後來的掠奪行為，也不必大驚小怪。」然而，總督雖在報告中承認「原住民和殖民者之間的關係非常緊張」，但絕口不提歐洲殖民者的牛群對卡納克人土地的破壞，認為即便必須構築柵欄，「但每個人都需要時間、金錢和人力，不可能一天之內就完成。」[48]

特倫蒂尼安將軍於一八七九年的報告被壓下了一個世紀，在即將退休時，他被派往西貢執行一項新任務並死於任內。將軍的敘述顯然缺乏政治正確，不符合法國人視新喀里多尼亞為一個愛和家庭的殖民地與帝國的重要訴求。但請注意，就是這些不分是非曲直的戲碼才引發了暴亂。一八七八年六月二十一日，諾美亞的內政部官員毛格爾（M. J. Mauger）在日記裡記錄了風暴即將來臨的第一個跡象：「我們得知波魯帕里（Bouloupari）[18]剛剛發生的戲劇性事件。住在該地區的一名前受刑人從一個卡納克村莊帶走一名婦女。為了逃避這種行為的後果，他離開了那個地區，不過幾年後又回去了。卡納克人沒有忘記。前天他們殺了這名前受刑人、他的妻子和兩個孩子。」[49]

雖然六月二十四日發生的哨所襲擊一般被認為是這場暴亂的開始，然而這件家庭大屠殺立即成為法國新聞報導的聳動標題。記者很快查明，這名男子名叫尚・切內（Jean Chene），他有一個美拉尼西亞裔的妻子曼登（Mendon）和兩個孩子，事發當時，他藏匿了一個來自附近道尼部族（Dogny）的年輕女子，名叫卡蒂亞（Katia）。這是一場殘暴的屠殺，而遇害家庭隨即成為吸引作家的題材。於是卡蒂亞被想像成了逃離卡納克人魔掌的女奴；妻子和孩子則顯示可能是異族通婚（métissage）的結果；切內本人則是一個改過自新的模範服刑人，從囚犯變成了特許經營者，然後成為一家之主。[50]

記者們還打聽到，帶領發動襲擊的是著名的酋長阿泰伊（Atai），他多年來一直在對抗並質疑法國的入侵。有些寫手對他感到畏懼，認為卡納克人都是食人族，給他貼上了「猛獸」的標籤，阿泰伊以其傲氣而聞名，因為他曾給總督送去一袋泥土和一塊石頭，並發表火爆十足的宣言：「你搶走了土地，留給我們石頭。」[51]

值得注意的是，阿泰伊在號召起義時也同樣訴諸家族觀念；這不僅是歐洲的宣傳手段，而且其言詞中的激烈含義也深深喚起了卡納克人感受到暴力的同理心。透過口耳相傳，身為智識者暨教士的阿波利奈爾・阿諾瓦・阿塔巴（Apollinaire Anova Ataba）講述了阿泰伊在起義之初對響應號召而來的戰士們的勉勵。在阿諾瓦・阿塔巴的陳述中的重大意義與爭議來自其更深層的暗示：將阿泰伊的反抗運動看作是建構一種反殖民體制的「象徵」、「化身」。這麼看來，阿泰伊的宣言與歐洲民族主義者鞏固家園、先祖、聖恩的辭令其實殊途同歸，是種名副其實的反敘述：「我們會勝利，因為祖先與我們同在……女人們，妳們要鼓舞戰士；

⑱法屬新喀里多尼亞南省公社。

孩子們，你們要扛著石袋，站在長輩身旁；戰士們，拿好武器，祈求諸神降恩。」[52]

即便被設限為一個相當本地化的事件，家庭的脈絡——和榮譽宣言——是阿泰伊的話語中心。「白人給我們族人帶來毀滅。卡蒂亞，我們村的一個女兒在他們手裡。我們必須救她。道尼村的榮譽遭人蹂躪，成為笑柄，我們必須復仇。他們搶走了我們所有的土地。他們長角的野獸踐踏了我們祖先的墳地。我們還能繼續忍受這樣的惡行，這樣的恥辱嗎？絕不。」阿泰伊把即將發生的暴力事件界定為卡蒂亞被奪所引發的一場行動。[53]特倫蒂尼安將軍的報告正確地列舉出土地與習俗遭到長期和大規模傾軋才導致這場衝突。然而，看看阿泰伊說的話——「法國人」理應耳熟能詳——惡行和渴望榮譽，才是點燃暴亂的火花。在新喀里多尼亞天主教神父之間於一八七八年十二月的通信中，也因「切內和他小老婆導致的暴力」，對歐洲移民從村落「偷女人」的行徑感到憂心。正如阿諾瓦．阿塔巴所說，這場暴力的唯一起因，就是「搶了一名原住民婦女」。[54]

「原住民婦女」和她在這些紛爭下的處境，是許多歷史的焦點，因為這場反抗突顯出糾

結著衝突、家庭、情感與政治的複雜本質。根據檔案，一八七八年十一月六日，有個名叫阿黛爾・塔克（Adele Take）的「原住民婦女」在帕伊塔（Païta）[19]生下一名男嬰，並給他取名叫作約瑟夫・安托萬・查爾斯（Joseph Antoine Charles）。過了一陣子，有個名叫查爾斯・傑哈・韋克曼斯（Charles Gérard Weyckmans）的男人「表示有意願認養這名來歷不詳的孩子」。管理檔案的官員指出，這對男女「沒有結婚」，而且沒有在法律規定的時間內提交適當的證明，於是此案陷入膠著。這一切都被一名公證人推諉到「在此司法管轄區內的暴亂狀態，同時該母親又對出生人口登記相關的戶政手續一無所知」。[55]

要把事情擺平，就必須按照殖民地規矩辦事：指導母親履行其法律義務，判明父親身分，解決行政程序中斷的問題。各轄區之間的一系列書信往返終於使此案成立，並轉交到帕伊塔的有關部門——由一八七八年背景下的一名混血通婚協調員接手。但是書記人員畢竟無法解決暴亂。到了一八七九年十二月，政府印製的標準表格上宣告「由於殖民地發生動亂導致各種性質的困難」，並要求視情況，在以下這段說明「特代表遭到反抗土著殺害、名

---

⑲ 法屬新喀里多尼亞南方的一個縣級城市。

為——的死者，申明其無法在法定時間內完成」中填入姓名。所有家庭紀錄，包括戶口名簿，都是比照軍隊指揮官的報告格式登記，這些紀錄變成了諸如「在波亞（Poya）發現了名為——的屍體」的證詞形式。[56]

這類暴亂期間的官方文件，後來被改成從屯墾者的觀點詳細報導。在法國殖民者中，海琳．萊恩的敘述生動提及這場內部爭戰，以及家庭和榮譽的召喚。在波魯帕里，有位波爾舍隆（Porcheron）夫人獨自在家，被揮舞著「戰斧」的戰士嚇壞。她頭上挨了幾斧頭，跌倒在地上等死，然而「多虧她留了一頭美麗長髮，梳成又長又厚的辮子，所以儘管她的傷口大量出血，卻都只是皮肉傷」。醒來時，她發現自己被軍隊救了出來。在北部的普恩布特（Pouembout）[20]，有位施密特先生（Schmidt）正納悶「為什麼他的原住民還沒來工作？」，這時來了其中一人，警告他族人來勢洶洶，要他趕緊逃命。「後來，他發現那位給他警告的忠厚原住民已經慘遭屠殺。」最令人心酸和經典的描繪是獄卒勒卡（Leca）的命運，他「周身環繞著他妻子、孩子和囚犯們被肢解的屍體……被一百多個原住民團團包圍」。當卡納克人縱火並洗劫他的住處時，他趁機逃脫。「回到法國後，他被授予榮譽軍團勳章。然而他傷心欲絕，無法忘記親眼目睹的悲劇，還有他妻子與孩子的殘骸。他開始精神錯亂，沒多久便死了。」[57]

這種悲慘的描述是以象徵主義來呈現法國家庭生活與卡納克人叛亂之對比的文學類型的一部分。在新喀里多尼亞夏季發生的暴力事件中，類似的報導成為當地媒體的主要新聞內容。波爾舍隆夫人在自己家中遭到野蠻人攻擊，這位婦女對於髮型款式的著重無意間使她逃過一劫，沒有在軍隊趕來營救前喪命。施密特先生的那位忠誠僕人因救了自己主人一命而犧牲，成為理想的卡納克人典型。勒卡與克萊門特・瓦格故事裡的瘋狂殺人犯形成反差：他是一個痛苦的顧家男人，被困在自己家中，所愛之人的屍體在他身旁堆積如山。雖說榮譽軍團讓他回到國內，在公眾的讚譽聲中與祖國重聚，但他的命運已在他所創造和活過的海外歲月中畫下句點。勒卡在支離破碎的愛的帝國裡，是一個飽受折磨、已然精神錯亂的受害者。[58]

⑳位於法屬新喀里多尼亞北方的城市。

經過了九個月的戰亂，法國軍隊策動卡納拉（Canala）㉑與布林迪（Bourindi）的部落聯合對抗阿泰伊所屬的道尼部落，於是將這場暴亂鎮壓下來。阿泰伊本人也被刺殺後斬首。傳達其死訊的電報如此描述：「這位精力充沛、聰明過人的酋長從不願完全臣服於法國威權。」[59]殖民主義者馬克・勒・高皮爾斯以法國和新喀里多尼亞在歷史上的平行時空方式來描述這場惡戰：「一八七八年以及卡納克暴亂對喀里多尼亞人而言，就像一八七〇年以及當年的普法戰爭對法國人造成的感受。老一輩的喀里多尼亞人……每當談起他們所曾經歷的每一場歷史事件，總是以『那是在暴亂前多久』，或『那是在暴亂後多久』來引述。」[60]

一八七八年確實標誌出新喀里多尼亞的卡納克人和歐洲人在歷史上的一個轉折。對卡納克人來說，把法國人趕走或讓他們離開的希望已經破滅。對於聚集在法國威權及保護之下的屯墾者與囚犯來說，由於對島上原住民的強烈懷疑，他們幾乎徵收了所有沿海土地，並在一八八七年制訂「土著規範」，限制原住民的行動與習俗，最後更不遺餘力地在咖啡種植園和鎳礦規定一系列正式的勞動義務，以約制卡納克勞工。隨著自由殖民計畫，移民們把目光轉向其他土地。

當地報紙如《新喀里多尼亞報》試圖解釋這一重大轉折：「他們是黑人，我們是白人；

他們是這塊土地的第一批占有者；我們來得比較晚；早先這裡是廣袤的無主之地；如今，雙方的屯墾據點越來越靠近，越來越多的殖民者把原住民擠了出去；於是他們造反。」[61]這是一套表面上四平八穩的說詞，卻掩蓋了對種族和歷史的嚴重僭越。後來，地理學家奧古斯丁·貝爾納將其表述為：「野蠻人消亡和滅絕……當他們發現自己置身於白人面前，便發生了許多人描寫過的事實。看來文明生活和野蠻生活無法在同一片土地上和平共存。」[62]

亨利·里維耶爾船長曾指揮一艘炮艇駛往該島嶼協助鎮壓叛亂，他在寫作中表達了同樣的情緒：「這場起義的重大原因，也可說是唯一原因，就是在征服的民族和被征服的民族之間經常看到的對立。後者必須被前者吸收，否則就必須消失。」對於「黑色或棕色人種」，他特別指出：「他們的道德和本能與白種人有著巨大差異，從來沒有進化。」然而，在暴亂期間，有位匿名作家也留意到：「很重要的一點，那些最熟悉我們風俗習慣和最文明的原住民，正是發起屠殺和掠奪的領導者。」與里維耶爾船長不同，這種聲音透露出殖民計畫混亂的邏輯，且精準擊中要害，揭示文明和文化之間不可能達成的分割，也更讓人們在先前的交

㉑ 法屬新喀里多尼亞北部的地名。

易夥伴、盟友和僕人身上發現了有點像是自己敵人的身影，這才是真正令人憂慮和令人不安的恐懼。[63]

作家可能指的就是阿泰伊，這位原住民很熟悉這種家庭親切，並以自己的方式，在愛情、暴力和家庭的政治上，承受了喀里多尼亞人的共同命運——無論是由總督一手導致，抑或是毀於殖民主義。在里維耶爾船長的筆記中，我們找到了對於匿名的X夫人（福尼爾〔Fournier〕）的描述，一位「聰明、活躍、勇氣十足」的殖民地寡婦，以及她與阿泰伊的交往經過，這件事大體上沒有相關報導，然而卻充分體現這座島嶼的希望與困境。「他是她的鄰居，常來拜訪她。他給她帶來水果，她則給他咖啡、麵包和葡萄酒。他會在走廊上吸煙斗。」兩人顯然聊了不少話題，接著，「在一個晴朗的日子，他突然平靜地向她求婚。」夫人目瞪口呆，拒絕他的求婚。「阿泰伊三番兩次向她求婚遭拒，很不高興。」卡尼爾甚至暗示道：「他記恨在心，這恐怕與後來的起義有關。幾乎每一項重大計畫的決定背後總有一位女性。」夫人的房子在暴亂期間毫髮無損；卡尼爾說：「有很多次我告訴X夫人……假如當初她接受求婚，或許就可避免一場叛亂。她並不反對我這說法。」[64]

6／廢墟的浪漫

印度支那

爭議的遺產：誰的廢墟？
吳哥窟的四面塔（La tour aux quatre visages）
圖片來源：克里斯蒂安．吉內特收藏品

廢墟的故事有兩種。在皮耶．羅逖前往高棉文明古蹟吳哥窟的「朝聖之旅」中，他信然跋涉穿過「一片被樹海淹沒的森林植被……繁茂的熱帶植物群長滿驚人的綠色尾鬚和羽翼，散布在各式各樣的棕櫚間。」當他的隊伍來到一片林間空地，被眼前的巨大石頭擋住，如此「碩大無朋」的尺碼，在「全然死寂的太陽」下，所有的東西頓時失色。這是羅逖等待許久的一刻，打從他孩提時讀到舊殖民地雜誌上的描述，吳哥窟的廟宇便一直令他魂牽夢縈。如今，時隔三十年，「我已失去當初期待的那種激動。這在我生命中一定是來得太晚了，我已見到過太多屬於偉大過去的偉大殘跡，太多的寺廟，太多的宮殿，太多的廢墟。」[1]

十多年後，越南音樂家暨戲劇老師裴成文（Bui-Thanh-Van）到吳哥窟參觀著名的廟宇。他也和羅逖一樣，因為對古代遺跡感到「好奇、神祕和驚異」才被吸引前來。然而，他的敘述更加深入地刻畫在羅逖短文中輕描淡寫的一場孤獨叢林之旅。裴成文搭乘的小艇在一個小河站附近靠岸時，他記錄道：「我和一個法國人、一些安南人、柬埔寨人及中國人跳下舢板。」一抵達了河岸，差別待遇自是不言而喻：「法國人坐上汽車，我和幾名旅行者爬上一輛馬車；其餘人全蹲進了牛車。」接著，他打算住到廢墟旁的旅館。「不過，儘管這間法國旅館只住有唯一一名法國客人，也不接待我，只因為我的皮膚是黃色的。」[2]

有兩種廢墟的故事：那些古老而龐然的故事，已消融於叢林與記憶之中；那些新近且苦痛的，隨著西方人到來而浮現。作家們，有法國人也有越南人，在找尋一種方法來留存屬於印度支那[①]的事物——或者，更確切地說，是記錄他們在自己創造的「印度支那」中的地位。對羅逖來說，他對一個失落世界的灼人看法始終如一，追尋他兒時法國之愛的「永恆鄉戀」。裴成文是一個親法的順民，在順化（Hue）創辦了一所古典音樂學校，他也是一個在日常生活中受盡屈辱，和因身為亞洲人而遭到排斥的痛苦的人。

羅逖的想法說來熟悉：帝國就是蒐集——靠著馴化和圈住世界。「吳哥窟的遺址，我記得多麼清楚，那是一個四月傍晚，天空像蒙了一層紗，它們就這麼出現在我的幻象中。」年輕的朱利安．維奧安穩待在羅什福爾時，夢想著把吳哥窟納入收藏的幻想。然而，當他成為作家及駐紮在東南亞的海軍軍官皮耶．羅逖，他感到懊悔：「最初的好奇已經過去，我不喜歡這個國家，也不喜歡任何這些可悲的黃種生物，這裡真的是流放之地……除了愛，從來沒有別的什麼能讓我稍微持久地依戀地球上的某些地方。」[3]

①十九世紀法國在東南亞的殖民地，由越南、寮國、柬埔寨組成。

羅逖那失落童年中的吳哥窟已然消亡，因為他所召喚的愛與依戀的對象永遠是家鄉和法國，在那裡，「端坐著的年邁母親」等待著她「遠在海外或流放之地」的水手和士兵們。[4]他浮誇、憂鬱的想像，增強了身為帝國懷舊大師的名聲。「法蘭西海事與殖民地聯盟」（Ligue Maritime et Coloniale Francaise）總監莫里斯・龍德－聖（Maurice Rondet-Saint）於一九一七年在印度支那，他在回顧「我們的黃色帝國，」時發牢騷道：「別指望我再一次描述吳哥窟廢墟。這個主題已經被炒作過頭了；早在羅逖的《吳哥窟朝聖記》（*Le pčlerin d'Angkor*）大賣時便已如此。」[5]

然而，就像裴成文告訴我們的，這個主題並未耗盡。裴成文在吳哥窟廢墟中看到了一些特別的事物。羅逖壓抑的冥思承載著他頹靡的歷史負荷、靈魂的乾枯。在吳哥窟，寺廟給人的印象，是它們沉默的無解，它們的沉重與衰敗。裴成文卻發現這些廟宇帶有生機，傳達著訊息和意義：「它們自豪地、不帶偏頗地向後人訴說一種東方民族的古老力量。這種證詞將流傳千秋萬世直至永恆。」羅逖在那裡看到的「碩大無朋、嘆為觀止的巨石，無法克服的睡魔」，裴成文則領略為一種活生生的文化：「各式各樣的塑像與細緻雕刻，讓人看到了自然的四大真諦（four reigns of nature）②、政治生活、藝術、工業的主題和場景。」[6]

羅逖的語調陰陽怪氣其實不足為奇：「印度支那」對他而言永遠是個死亡之地。他的其他相關著作，像是一八八三年在「東京」和順化的紀錄，詳細描述了在法國軍事攻擊中，「安南人一批一批地倒下」，並且「連滾帶爬」地試圖逃過法國海軍艦砲射擊。安南皇家士兵被法軍狙擊手一個一個命中，屍體宛如海豹躍動般地跌進河裡，最後被「殺了個精光」。在此同時，他厲聲斥責巴黎的政府派：「全國最勇敢、最優秀的人民遠赴異鄉送死……但願那些可惡政客手上染滿我們水手的鮮血。」[7] 裴成文是軍事征服時期過後的年輕一代，是熱愛法國的越南人，既承襲了亞洲傳統，又帶有西方偏見，他推崇高盧文化及管理制度，卻在吳哥窟的廢墟中發現了深深的自豪感和「東方」事物。

把這兩人的故事相提並論，是因為他們都對廢墟做出了浪漫描述。就羅逖而言，這屬於他兒時法國的召喚和那些他所摯愛的以法國之名出征的水手的故事。裴成文的呼應與之驚人地相似，儘管他對殖民主義宰制下的生活表達深刻的不滿，背離了在東南亞無比錯綜的愛的帝國。當羅逖在旅程中回想羅什福爾的家庭情感和愛國的母性民族主義者茱麗葉．亞當，對

②這裡譯為佛教釋迦牟尼悟得的苦、集、滅、道平行四境。

此，裴成文也想像自己是一個慈愛法國母親的兒子（但恐怕這位母親並不愛他）。「如果相信法國跨越七千公里的海洋來向我們伸出善意之手，而且對我們一無所求，那就太天真了。她完全擁有司法賦予養母的所有權利。」裴成文甚至斷言海軍軍官和母親之愛兩者間的相似之處：「我們慈愛養母的政策與船長慷慨對待船上陌生偷渡者的政策是一樣的。」他還提出一種共同理想：「我們這群被領養的良善兄弟……他們光耀自身以崇敬母親；他們不計一切地愛人愛己。」[8]

從和羅遜一起坐著炮艦進行征服的摯愛水手，到與裴成文有著共同養母的兄弟，都是以「愛的故事」來勾勒法國的大事年表，記載交趾支那、安南、「東京」、寮國和柬埔寨相繼淪為保護國、被實質占領、殖民，最後被納入「印度支那」的過程。自十九世紀中葉開始，諸如羅遜和弗朗西斯·卡尼爾船長這類軍事人員，宣稱激情的兄弟會使命已成為愛國主義，冒險則質變為世紀之交外交官暨地理學家奧古斯特·帕維的「人心的征服」（Conquest of Hearts）。殖民主義者鼓吹的「占有原住民」在二十世紀初的公民政策下得以實現，那是透過國家認可的混血通婚協調員以及小說家克洛蒂爾德·希瓦斯-巴龍（Clothilde Chivas-Baron）等作家筆下的殖民婚姻等手段來促成。這種帝國主義浪漫的可能與侷限，受到了像是裴成文或作家陳文松（Tran Van Tung）這幾代越南人的驗證並被不斷地重新修整，這兩人將法國視為多情的母親、兄弟或情人；反之則如同反殖民主義散文家阮安寧（Nguyen An Ninh）徹底推翻了這種浪漫，他說：「法國來到印度支那並非為了經營慈善事業……只有愚蠢至極的殖民主義者才真會相信『文明使命』。」[9]

由法國總督統治的「印度支那」殖民地，地處一個幅員從湄公河三角洲一直延伸到巴拿馬的帝國的心臟位置。合併後的這塊領土，是太平洋上唯一容納大量法國屯墾者的地區，也是唯一一塊發號施令的陸地，官方在公報中強調這塊領土的巨大規模：「我們的殖民地面積為六十八萬平方公里，大約比法國本土多出了十五萬平方公里。」[10] 印度支那儼然是法蘭西海外帝國的瑰寶，是她「太平洋上的陽台」，藉著運用「東方匯理銀行」（Banque de l'Indochine）③，以及派遣「東京」及安南工人到勞力匱乏的新喀里多尼亞和新赫布里底群島

③成立於一八七五年，主要經營法國在印度支那殖民地的銀行業務。

屯墾區，來塑造整個大洋洲殖民地。

法國海軍在一八五〇年代，以保衛天主教會傳教為幌子，首度介入東南亞安南王國的內政，並占領一旁的交趾支那地區並建立一個保護國。這段「海軍上將時代」的特徵，是法國總督對安南國管轄交趾支那的西貢統帥、安南國在順化的皇帝，以及河內「東京」的清帝國官員所進行的複雜軍事與外交操作。弗朗西斯・卡尼爾和亨利・里維耶爾率軍製造了一系列著名的軍事衝突——兩人皆於此衝突中陣亡——為武力統治開了先例，之後的軍事殖民總督包括保羅・伯特（Paul Bert）（一八八六年）、尚・路易・德・拉尼桑（一八九一年至一八九四年）、保羅・杜默（Paul Doumer）（一八九七年至一九〇二年），以及阿爾貝・薩羅（一九一一年至一九一九年）等在行政上把這些地區畫入了印度支那聯盟（Union of Indochina）。[11]

文化和政治對抗是發展殖民敘事——針對法人國也針對越南人——的源頭，這些敘事旨在建立並強調不同民族之間的差異，同時也博取他們的忠誠與夥伴關係。在一九二二年的一部短篇小說裡，殖民主義作家克洛蒂爾德・希瓦斯-巴龍拿安南皇帝來做比較：「積極且有組織的法國，務實的法國……安南，停滯而夢幻的美妙國度。」在同個故事中，另一個角色讚美皇帝：「理解法國人，或至少試著去理解他們……要理解他們才能去愛他們。」[12]

從十九世紀中葉開始，許多形塑法國介入東南亞的敘事都被記錄成某種愛的故事（histoires d'amour）。巴黎歷屆政府都雷厲風行加強殖民事務，其中最有名的是茹費理政權，一八八五年，在一連串軍事挫敗以及被稱為「東京事件」的主權辯論中，他被投以不信任票而下台，結束了他疾風暴雨般的任期。在那段期間，茹費理本人因其著重殖民的政策而被冠以「東京佬」（le Tonkinois）的綽號。他的支持者之一，如西貢市長兼交趾支那副總督朱勒斯．布蘭蘇貝（Jules Blancsubé），透過政治性愛的話語為他辯護，宣稱：「這裡有一千萬條靈魂……別無所求，只想將自己奉獻給我們。」對於茹費理的帝國宣言，布蘭蘇貝向這位內閣總理寫道：「讀著你的文章，我感動得潸然淚下，字裡行間至為純粹的愛國情操抑揚頓挫，與激盪的活力和情感交相共鳴……見到如此崇高的心靈捍衛著如此高尚的事業……讓人安心，感動，被愛！」[13]

愛——對國家之愛、精神之愛，或性愛——是在各種情況下都無往不利的帝國話術。皮耶．羅逖的那類故事便是從這些充滿爭議的殖民地流傳出來，繼而成名：軍人與異國的、通常地位低下或賣淫的女子之間的性關係。前海軍軍官尚．萊哈（Jean Lera）在回憶錄中描述他在「東京」服役的經歷，他稱讚總督保羅・伯特的明智，制訂了一些規矩，警告（但並未禁止）法國人找「原住民婦女……活像有毒植物」要注意安全，從而維繫了性與危險之間的平衡。萊哈滔滔不絕說道，在伯特的統治下，「愛神厄洛斯（Eros）④當家作主，信使神墨丘利則在門外候命。」萊哈援引布干維爾想像中的賽瑟和應許天堂，感謝伯特的「愛國主義指導」，讓法國人既能享受「情愛消遣」，又能保持身體健康強壯。[14]

更令人玩味的，是殖民地次長布雷尼爾先生（M. Brenier）用帶有性暗示的語言來講述占領湄公河的經過。他華麗的法國征服記憶「在看到湄公河上這些奔放而狐媚的水域時湧上心頭，這許多水域尚未回應，愛國水手們想從她們（elles）⑤身上找到世上最棒的衝刺管道——綿延兩千公里——通往豐滿而未知的領域。」[15]

就像在太平洋地區所見，教會的力量一直被善加運用，雖說其使命是傳播基督之愛，但有時，教會和軍隊其實是同一回事。指揮官貝爾舍・德・韋鷲（Berthe de Villers）在「東京」戰役負傷，臨死之際，念念不忘自己的生前敘事、婚姻、信仰和職業：「寫信給我妻子，告訴她我以軍人和基督徒的身分死去。」弗朗西斯・卡尼爾船長——曾夢想打開紅河河道一路航抵中國，後來在戰鬥中陣亡——他的傳記作者，滿懷同情地以宗教及情感語言追溯了卡尼爾充滿動盪的生涯。保羅・安東尼尼（Paul Antonini）⑥的褒揚史開頭便寫道：「法國國旗飄揚在印度支那，與十字架並列。」安東尼接著陳述卡尼爾是一個以熱愛法國和家庭為使命的男人。這名軍官在他職業生涯的一個黯淡時刻沉思：「當前我的沮喪足以讓我決定放棄一個我熱愛的職業，但倘若我另找一個得以確保我之所愛的職業，將是為了光榮而非有利可圖。」[16]

在向自己部隊的訓話中，卡尼爾刻意引用了一種愛的政治來構建他對文明、武力和殖民等級制度的籠統概括。「水手和士兵們，為了保護法國文明的利益，總督上將派你們去『東京』，給你們機會證明他的信任……所以，你們要避免任何殘暴行為，並盡一切努力讓你們所舉起的旗幟受到愛戴和尊敬。」，卡尼爾的袍澤暨西貢斯塔蓋爾斯學院（College des Stagaires de Saigon）院長尚・巴蒂斯特・埃利亞辛・盧洛（Jean Baptiste Eliacin Luro）於

---

④ 希臘神話中的愛神。

⑤ 法語第三人稱陰性複數。

⑥ 即卡尼爾船長的傳記的作者。

一八八七年為他這位朋友的命運有感而發，頌揚那些：「至死不渝愛著交趾支那人民……我們當中那些長期為國家受苦受難，有幸鞠躬盡瘁的人們是幸福的。」[17]

冒險家德・蒙龐西耶公爵（Duc de Montpensier）⑦回想這些遠征的命運時，就跟羅逖以及許多帝國主義者一樣，一再訴說這種偉大情操是民族與帝國不可分割之一部分的邏輯。為了向「英勇的海軍軍官」致敬，蒙龐西耶公爵對他的讀者們強調：「我的水手，他心中被賦予使命要去創造動人的回憶……我愛印度支那，我覺得有必要頌揚，哪怕只是簡短的回憶和適度提及，那些你們應當感激的勇士。」在「東京」戰役期間，法國外交官在順化迫使建福帝（Kien Phuc）⑧簽訂和約，並代為起草皇帝詔書，「我深愛法國，我將盡一切可能讓法國人滿意。」[18]愛印度支那，同時也被印度支那所愛，這是法蘭西帝國的蠻橫表述：形塑其民族與征服。

長期的爭戰與支配會改變人們的看法。一八六一年初，法國軍隊對交趾支那的遠征還處於一種試探狀態，當時利奧波德・帕盧・德・拉巴里耶爾（Léopold Pallu de la Barrière）寫了一份報告，以心的隱喻（metaphors du coeur）來陳述：「安南人……具有一定程度的蠻幹心理，甚至偶爾也有匹夫之勇，因為他們的激情發自內心。」在同一份報告中，他提及安南人一種「可怕的迷信」，將這種力量定調為一種野蠻形態：「當他們之中有人陣亡時，他們會把屍體開膛剖腹，吞下還在跳動的心臟。」法軍於一八八三年至一八八五年入侵「東京」期間，戰役之初的記錄者迪克・德・洛內（Dick de Lonay）報導：「安南人堅守陣地，不斷開火，他們無疑非常勇敢。」然而，到了一八八五年後，進入了正式殖民時期，安南人的形象發生重大變化。一八八六年，歷史學及地理學家保盧斯（A. Paulus）說道：「安南人親切溫順，仍有餘力反抗，善於思考，膽怯，開朗。」這恰恰符合統治首腦所想，總督德・拉尼桑將軍一八八九年便抱持完全平和的觀點，而且只把重心放在生產力：「安南人民親切、勤奮、和平，全心專注於他們以汗水灌溉的土地。」[19]

在法國對印度支那的新浪漫主義教唆下，慢慢將安南人定型為溫順、相當符合「人種學」正確的亞洲人，這種新浪漫主義是由政客朱勒斯・布蘭蘇貝和外交官兼地理學家奧古斯特・帕維等高知名度的殖民主義者透過社論、文章和旅行記述所形塑，並廣泛傳播。如果說直接

---

⑦ 法王路易-菲利普一世的幼子。

⑧ 越南阮氏王朝第七任皇帝。

以武力征服的時期可以用恐嚇、凶殘和強烈愛國熱情的故事來表述，那麼幾十年的行政領土擴張和地圖測繪則是以慈愛保護者的形象來宣傳。

布蘭蘇貝身為西貢市長和巴黎下議院代表，是殖民主義代表愛的政治最有力的發聲者之一。他長期居住在交趾支那，他的家庭戀情也根植於此：「我認同它，我在那裡建立了家庭，我與它休戚與共。正因為我熱愛它，所以我長期以來一直努力使它為世人所知，並為它在祖國爭取一席之地，成為共和國最可愛的屬地。」[20]他在「我愛」的前提下喚起家庭、征服、占有和祖國的能力堪稱典範，儘管並不罕見。這種才幹在議會爭取預算撥款的鬥爭時至關重要，以便對抗喬治．克里孟梭或利昂．雷諾等辯才無礙的殖民懷疑論者，這些懷疑論者曾警告：「法國應考慮追求殖民地所帶來的風險，在投入巨額開支前，應三思而後行。」

相對地，布蘭蘇貝的支持遊說團則大肆渲染他在殖民地「是養育十一個孩子的模範一家之主」的良好形象，將他描繪為一個「熱情的國家公僕」。親殖民主義意識形態的中心議題，是要與母國建立一個「必要而富饒的聯盟」。殖民地報紙《西貢人》（*Le Saigonnais*）甚至創造出一種會讓茱麗葉．亞當這種母性民族主義者感到驕傲的詞彙：「讓我們瞧瞧，經由這些不同義務，我們是否可以用近期辯論中所謂的『母親殖民地』（mère-colonie），來代替所謂的『母國』（mère-patrie）。」[21]《湄公河報》咆哮道：「難道我們能拋棄……因為心向法國而遭受迫害的『東京』百姓？」編輯們加強語氣，堅定說道：「這些『東京』百姓愛我們，他們想把自己奉獻給我們。」[22]

這種安南人乃心悅誠服投降的觀點，是由法國控制東南亞的後征服時期的主要人物之一——奧古斯特．帕維，所全力推廣、積極營造出來的。他曾在海軍和郵政部門任職，後來在世紀之交，擔任駐暹羅的特命全權公使（Ministre plénipotentiaire），並領導以他為名的帕維使團（Mission Pavie），為法國總督繪製了大半個印度支那地圖並詳細描述其中的山川人文。他的一名仰慕者指出，帕維的地圖、自然歷史、攝影集，和對印度支那的民族誌研究，證明他是「長期致力於殖民地領土擴張，並在協助了解殖民地方面貢獻良多。」另有一名殖民地檔案及歷史學者甚至認為，帕維的成就為「印度支那地圖和該國行政結構」奠定了基礎。一八八五年，法國「剛在半島南部站穩腳跟，然而在北面，除了少數幾個不穩定的基地之外，一無所有……一八九五年，法屬印度支那已成為政治和經濟現實。」[23]

從帕維與政界的通信往來中可看出，他是一個非常積極的擴張主義者，他寫信給外交部表示：「法國如果自滿於在寮國殖民地以湄公河為界，將犯下一個巨大錯誤……我們應當將整條湄公河變成一條法國內河。」可是他竟能為自己贏得慈善探險家之名，以及高棉和寮國的特別保護者形象：「儘管暹羅的抵抗無比激烈，我們仍應以堅定不移的步伐前進。我們在那兒有百姓……他們正等待我們的拯救。」[24]

帕維本人的筆記本，收藏於普羅旺斯的艾克斯（Aix-en-Provence）⑨，裡面還可看到隨意夾著種子皮殼或蝴蝶翅膀碎片，我們可由此推想一個以「得人心者得天下！」（One most have heart!）當作座右銘的男人的心思與情感歷程。[25]不足為奇，帕維最著名的著作，是以其日記和口述歷史編纂而成的《人心的征服》（*Conquest of Hearts*，法語：*À la conquête des coeurs*），這部作品影響廣泛而特別值得研究。法國總統喬治・克里孟梭親自為一九二一年出版的這本書作序，稱之為「我所知道最棒的殖民書籍」。這位法國政壇之「虎」⑩如此推崇的，並非凶猛可怕的冒險故事，而是一個「赤著腳，沒有後援」的人在東南亞跋山涉水，「朝著一個理想前進，在當地居民的同意下，把行經之地都變成法國領土」。克里孟梭特別看重的，是帕維說故事的能力：「你所吸引的人……你所愛的；你獻身於激發他們對法國的感情，恍若自身對法國的情感。」而其結果是一種特別的帝國：「你生而奉獻，贏得了他們的心，便征服了他們在精神上因認識你而放棄的土地。」[26]

克里孟梭只是陶醉於帕維將自己帝國主義者形象重塑為保護者的能力。克里孟梭所讀到的「赤腳」帕維，與擔任部長時的帕維在曼谷接受三色旗和「帕克南要塞（Paknam）十三響禮炮」歡迎的場面大異其趣。帕維本人在高棉的報告中選擇性地將自己描述成一個乘坐獨木舟的人，拉著村民的手，並堅定說道：「法國人很好，他們會像我愛你一樣愛你，也會把你放在心上。」當地酋長明白告訴帕維，他們甚至在他還沒來到該地區之前就「已經愛他了」，「在我們經過一切不幸之後，我們有了機會，而你在這裡，就坐在我們面前，對我們微笑，我們撫摸你！」帕維利用自己的影響力，為寮國和暹羅之間有爭議的領土上的俘虜爭取了自由，流露出來的虔敬與感謝則被記錄為「動人心弦的愛的明證」。[27]

帕維的著作並非鼓動這些表彰的唯一呼聲；他的門徒也附和其觀點。其中有個名叫刁文持（Deo Van Tri）的人，在信中稱呼帕維為「親愛的保護者」（Cher Protecteur），他接受了法國教育，甚至還與家人一起去了趟巴黎。刁文持覺得無以回報這份恩情，便寫信給老

---

⑨ 位於法國東南部的城市，屬於普羅旺斯-阿爾卑斯-蔚藍海岸大區隆河河口省。

⑩ 克里孟梭有「法蘭西之虎」的稱號。

師：「我們將為國家利益而努力，並將引導人民走上進步的道路，讓大家了解法國非常愛我們，且希望有一天我們能變成跟法國一樣好的民族！」[28]受到如此表彰的帕維，深刻意識到朱勒斯・布蘭蘇貝所闡述的法蘭西帝國政策「完美定義的文明角色」：「我們進行干預的目的並非征服，而是保護這個國家……安南人民仍太過弱小，無法保護自己。」[29]

巴黎國際殖民展覽會將這種深情款款的保護與輔導關係，以最盛大的方式向大眾傳達，只見在展覽會場上，「巨大寶塔」的複製品恭謹地展示著殖民地的繁榮與感恩。在一九〇〇年的巴黎博覽會上，交趾支那堤岸（Cholon）的一座大寶塔的複製品，變成了裝滿大米、糖、竹子、棉花、可可、蠟和蜂蜜的倉庫。「同時，」一項展覽專案記錄著：「在這座寶塔裡……有大鐵橋的模型和總督將軍在法國委託製作的印度支那藝術品。」[30]藝術宮展出了陽傘、扇子以及青銅和象牙製品；森林宮（Palais des Forets）有許多竹子構築物，還有釣魚和動物鞣皮製成的展品。也許最吸引人的是「佛塔」石窟中的一系列西洋鏡（dioramas）⑪，裡面擺放的片子古今並列，有傳統圖像——越南嗣德帝（Tu-Duc）之墓，以及代表法國現代性的——杜梅大橋工程，人稱「殖民地最重要的藝術傑作之一」（Doumer bridge）⑫。電影院放映著「印度支那生活中生動而獨特的浮光掠影」，作為整個殖民地幻象的總結。[31]

毫不意外地，帕維在這類展覽中扮演了重要角色。從他在一九〇〇年公開演講的筆記中可以看出，他一開始用的是我們看到羅逖在東南亞地區所使用的調調：「當我隻身一人在廢墟間、樹林中，沿著水域漫步時，我夢見了它們的遠古時代。」帕維的用詞遣字也很自然地模仿了此一系列。他在博覽會的成就之一，是製作了「十三個真人大小的蠟像，來展現最不為世人所知的人種中的男人、女人和孩子。」儘管帕維聲明這裡面有「男人、女人和孩子」，但根據展覽記錄，這些蠟像絕大多數是女性：「幾個寮北芒星（MuongSing）[13]住民、一個年輕苗族女孩、兩個寮族女人、一個布岱族（Pou-Thaie）[14]女人，一個龍坡邦（Luang Prabang）女人[15]，一個北方阿卡族（Kha-Kho）[16]女人，一個年輕的寮北魯族（Lue）[17]女孩，一個老撾

⑪從小孔窺視的畫面。
⑫越南稱龍編橋，是河內第一座鋼鐵橋，築於法國殖民時期。
⑬寮北少數民族。
⑭雲南寮國邊區少數民族。
⑮上寮地區民族。
⑯雲南寮國邊區少數民族。
⑰雲南寮國邊區少數民族。

女人。」[32]

帕維的展示品很快便演變成以愛的故事為主題的民族誌敘事。當帕維避開以正統科學語言來表述時，激情和占有的論述從而喧賓奪主，「我愛柬埔寨人，」他將該民族定義為「單純善良、熱心真誠」。他做了一個優雅的總結，表明他的愛是一種理解歷史的形式，反映出他的子民們是既體面又不具威脅的人民。「我愛他們，也因為他們過去的神祕中那種本能的輝煌記憶，加上令他們遺忘的邪惡知識，既給了他們一絲微妙的驕傲，也使他們變得膽怯。」

帕維所愛的，是柬埔寨人此時此刻降服的模樣。作家們經常運用或採取唯美主義走馬看花地描寫印度支那——完全侷限在密不透風的過去當中。茱麗葉・亞當《新評論》的散文寫手中，像是阿爾貝・沙文（Albert Savine）曾在高棉旅行，他特別研究遵循「古老習俗、騎士、戰馬車和騎象勝利遊行」的慶典活動。如今該民族的尚武精神已成為純粹的儀式。「（他們）為了應景，會從武器庫和皇宮中取出古早的武器，就像你在人種學博物館的吳哥區或是法國吉美博物館館藏中看到的那些東西。」[33]

在吳哥窟，法國學者最後確實自我吹捧為吳哥遺產的拯救者。就像一名考古學家所說：「吳哥文明終於在古代和中世紀的偉大文明中取得了應有地位……從今以後，法國遠東學院

（École française d›Extrême-Orient）準備接手，以恢復原先失落在灌木叢中、毀壞和覆滿植被的寺廟。在考古隊的苦力們的工作地點，古蹟正向我們呈現另一個時代的輪廓。」就這樣，法國威權統治下的亞洲勞工塑造出遙遠的過去，也塑造出現在與未來。[34]

就像在殖民博覽會上一樣，帕維詳細講述了他如何成為心愛的柬埔寨人的保護者。他經手的一個歷史故事抄本「是第一本完全翻譯自法文，並以柬埔寨文印刷的故事，這是作者向給他提供文本素材的村民承諾的。」在向村民介紹這部作品時，帕維成了敘述印度支那故事的人。「那一天大不尋常；每個人都說我一定曉得別人知之甚微的故事，我自己才是講故事者（conteur）。」村裡的老人們成功地把他們的歷史轉移給了法國人：「我們很想聽到的，是你從旅行中、研究中，所得到的對我們古老高棉未知歷史的想法；那些你將對自己國人說的故事。」

在這感性十足的故事中，帕維的作品被他的政府譽為帝國的利器，藉著將被征服者的歷史當作民俗傳統保存來化解激情。他的格言與過往相關：「我知道高棉人多麼熱衷於歌頌傳奇時代的故事。」確實，高棉人似乎想透過他找尋歷史。「我們相信，我們的心胸比那些打垮我們的民族更開闊；所以何不讓我們承受過往榮耀的沉重？我們反覆再三地回顧這些主題；可以由你告訴我們嗎？」詞意表達雖略為不同，然而生動有力；在帕維談到「傳奇」時代的地方，他的對話者以古喻今以表示欣賞。「我們將接受你的想法，很高興我們能更有信心地透過自己來重述這些舊日時空。」[35]當他將他們的過去當作往事留存，他們則尋求權威以重新掌握自己的歷史。

這也是裴成文所描述的，在吳哥窟的石頭和浮雕中，他看到的不是憂鬱的廢墟，而是「東方民族古老力量」的證據，以及昭示著「延續千秋萬世直至永恆」的明證。儘管他為這份遺產感到驕傲，他仍承認這項仰賴法國學者在「散落叢林四處的原住民群落」背後進行修復工作，他讚美這項成就「是一個先進國家才能做到的事業。這個先進國家拯救了世界聞名的吳哥遺跡，讓世人歡欣雀躍。」[36]吳哥窟是裴成文認知中二十世紀初印度支那的重要象徵之一；它不是一處靜默的遺跡，而是協同與競逐意義上的交融。他對此廢墟的浪漫情懷意義重大，因它確認了文化與現實之間不可避免的共同命運的深度互動，儘管時而令人心痛。

在吳哥窟遺址，裴成文略帶嘲諷地想著那名「中、柬混血，講正統法語，穿著歐式服裝」的旅館門房，按照「老闆所交代，將有色人種排除於該場所之外」。然而，他同時又捍衛起「理想、寬大、公正、人道主義」的法國，「四千萬子民的母親」。他的現實處境注定要與愛的帝國的強大意識形態糾纏不清。他是本著高尚的原則讚揚他的法國兄弟：「他們肩負使命與人民同甘共苦，在前進的道路上指引人民……他們竭心盡力改善人民狀況。他們熱愛法國，熱愛亞洲的法國。」[37]

二十世紀初期，在所謂「亞洲的法國」定義愛，成為殖民思維中不斷出現的修辭。與裴成文同時期的憲政主義運動人士阮攀龍於一九二一年將一部小說獻給總督莫里斯·朗（Maurice Long）：「希望我卑微的作品有助於他能更加理解並愛他所統治的人民。」在此情況下，愛呈現出一種特殊樣態。在對一位想嫁給安南人的年輕女子的諮詢中，阮攀龍建議道：「希望妳的許多同胞都會以妳為榜樣。你們這樣的婚姻，將使歐洲的偉大法國和亞洲的法國形成無法分割的統一。」[38]

如此計畫——與帝國聯姻實現共同命運——乃因印度支那這個殖民地的規模與複雜而誘發。亞洲的法國，儘管也像大洋洲一樣被嘲笑為孤立和落後的國家，但並未遭受對較小領土蓄意做出支配之敍述的殃害——原住民的滅絕。「印度支那」的許多民族並未因而死絕。如同地理學家奧古斯丁·貝爾納的論述：「印度支那的安南人並未就此消失。這是因為……安南人不是野蠻人；在某些方面他們雖然野蠻，但迥然不同。」[39]羅逖注定毀滅的異國情調最後由殖民宰治取而代之，但在印度支那的帝國和威權力量沒有讓安南人、「東京」人，高棉人，寮國人和其他民族漸次消亡，而是同化了他們的歷史。

發生在十九世紀後期的這個過程，被奧古斯特・帕維的使團和殖民展覽會恰如其分地闡明：法國計畫在印度支那醞釀並尋求感激、情感、忠誠，乃至身分認同與對帝國計畫的遵循。主張介入「東京」的朱勒斯・布蘭蘇貝指出「我們將遵循的唯一政策，唯一真正屬於法國的和真正屬於共和的」是把「東京」人民視為「我們天生的朋友」，他們是「勇敢而親切的人民」，需要我們支持以對抗來自安南滿洲人的侵略。」一名海軍步兵上尉布伊奈（Bouinais）神氣活現地說道：「在武力征服之後，仍有待實行更困難的占領行動——占有原住民。」[40]

這種占有需要愛的帝國的另一面向。羅逖和卡尼爾曾經以法國與同袍水手之名來詮釋愛；帕維和布蘭蘇貝則是偏頗的殖民地利益及原住民「保護者」。隨著一八七〇年代及一八八〇年代的軍事遠征者在十九世紀末成為「印度支那」的治理者和殖民者，「天生的朋友」的概念在二十世紀變得更加複雜與密切。「對原住民的占有」開始成為王道，並就民事政策以及殖民婚姻與混血交流的可能進行廣泛探討。

早期的故事發展主要源自基礎商品交易。例如，杜特雷依・德・蘭斯（J. L. Dureuil de

Rhins）[18]於一八七九年在安南進行民族誌調查的旅途中，就納入一樁幾乎必要的買賣，作者沿著一條河流安頓住宿時，問道：「能不能順便買個女人？」與他交談的人爽快地回答道：「當然可以。一個女人要價一百至一百五十法郎，」不過又提醒道：「但加上化妝品、首飾，還要花十倍的錢。」[41]女人總是能像玻里尼西亞美女（poupée）或瓦因，或日本乾女兒（musumé）那般，充當小老婆（congaï）的身分，也就是歐洲男人情婦的角色。

在二十世紀的前幾十年中，在民事法庭案件和「殖民」文學作品中，都曾出現更微妙的婚姻故事，可視為高度表達印度支那之愛的有力象徵。作家克洛蒂爾德·希瓦斯-巴龍在《三個安南女人》（*Three Annamite Women*）和《梅蒂斯的祕密》（*Confidences de metisse*）等著作中便靈活善用這類體裁。希瓦斯-巴龍是一九二七年殖民文學獎（Le Grand Prix de littérature coloniale）得主，一本愛國而狹隘的建議指南《殖民地女人》（*La Femme aux colonies*）的作者，另外還著有許多關於法屬印度支那民間傳說與歷史的通俗作品，她在故事中創造出堅強而任性的女性，軟弱、粗俗或可悲的男人，以及站在女性立場認知的印度支那。她的故事從圍繞

---

⑱法國地理學家和探險家。

親密關係的對話展開，有像是對法國人敬而遠之的〈思盈〉（Thi-Vinh），以及與法國人通婚的〈華〉（Hoa）。這些敘事以各角色在破滅的歷史災難中——包括法國入侵與殖民統治在內——為了生存、精神力量、道德目標而掙扎，來闡釋對印度支那的占有。

在希瓦斯-巴龍的短篇小說《華夫人的丈夫》（*Madame Hoa's Husbands*）中，可明顯看出一個由法國人「主導」的帝國，該小說描寫一個先後嫁給三個法國男人的安南女人的一生。起初，年輕的華巧妙說出了法屬印度支那的敘事本質：「在法國，看來有些不旅行的人想知道在別的國家發生了什麼。他們從雅克．維利斯（Jacques Viellis，小說中華的法國丈夫）及其朋友們寫的書裡獲取概覽。」希瓦斯-巴龍意識到殖民寫作的力量，這一點從華讀到一篇特別有損安南形象的報導時所表現的忿怒中可明顯看出：「作者用一種惡毒的眼光看待我的國家：『一片醜陋的不毛之地，積滿爛泥；無知的原住民，他們沒有藝術，沒有詩歌，沒有歷史，沒有文學，沒有傳說。』我問維利斯：『看了這種書，難道法國人還會喜歡印度支那？』」[42]

就連維利斯也承認，這種報導存在偏見，但事情並非三言兩語能夠說得清楚。更詭譎的是，希瓦斯-巴龍以文學形式來描述我們在帕維的高棉民族誌中看到的那種充滿摯愛與同情的殖民歷史。這一點表現在華女士的不食人間煙火上，她坦言：「我除了去海防旅行外，從來沒有離開過河內……我完全不曉得安南農民的生活情況。」當時法國學者正試圖保存吳哥窟，而帕維已成了高棉史詩的守護者。於是，「雅克取笑我的無知；他覺得很好笑，居然要靠一個法國人來告訴我許多事。」

華的故事也不只設限在一個對安南文化認知豐富的法國男子身上。華接受法式教育，被灌輸了對自己祖國的認知，然而這種意識是經由她丈夫這個殖民地官僚的語言和習慣所滋生。他一邊教妻子騎馬和駕馭馬車，一邊敦促她：「很好，小華，要永遠看得更遠，更高！這是法國人的基本特質！妳的心是不是一天天地愈來愈法國了？」由此，維利斯試著教導華，並讓她融入法國，這兩者都是在婚姻情感的狀態下進行。維利斯的婚姻是他的殖民計畫，是在情感關係的動態中表達出歐洲帝國權威的一種手段。就像他告訴華：「要明白法國人正在努力理解和愛你們的國家，他們認為這是一個新的法國。」[43]裴成文和阮攀龍所描述的「亞洲的法國」完全以婚姻結合來表達。

在殖民主義統治下，這種婚姻是意識形態也是情感行為，因此攸關法國在河內政權的利益。民事紀錄顯示，總督辦公室是如何直接參與認可或駁回法國人與越南人之間的交往和婚姻，尤其針對統治官僚和軍事人員。「東京」和安南的公使定期向總督辦公室提交報告，通報「希望在殖民地結婚的法國公民」的管理狀況，並附上文件說明像是「尤利先生（M. Jolly）和黃氏潔小姐（Mlle. Hoan Thi Kiệt）」，或「里貝里羅先生（M. Riberiro）和原住民婦女阮氏莉莉（Nguyễn Thi Lily）、亦稱露西」提出的申請。[44]在這類案例中，「理解」一對潛在配偶，通常意味著一份警察報告。

合法的結合要遵循既定準則。在一九一八年一件德雷帕斯船長（Derepas）和楊氏伏夫人（Duong Thi Mo）協議結婚的案子中，河內法院向總檢察官提交了一份贊成婚事的報告，認為「德雷帕斯與楊氏伏已同居十年；在這段關係中生下了四個孩子」。報告中確認這對夫婦各司其責：女方的道德操守，以及男方的財務支援：「關於楊氏伏品行的最佳資訊已經蒐集齊全，順帶一提，她每月領取兩百五十法郎的津貼。」[45]對這件案子，法院沒有理由反對。

並非所有案子都這麼順利。在庫西小姐（Mademoiselle Cousy）計畫在法國圖盧茲（Toulouse）⑲與一個叫郭文嘉（Quach Van Giai）的人結婚的案件中，來自交趾支那的一份警方報告認定婚約中的丈夫，「其實背景相當不良，曾被多次指控偷竊和共謀竊盜，以及涉嫌鬥毆」，更糟的是，他「是無業游民，經常流連於妓院」。對此，殖民地政府提出忠告：「他圖謀與一名法國女子結婚，如果允許的話，必會招致不幸；因此，我以個人榮譽請求你代表部門干涉……如果時間容許，務必阻止這個原住民（土著）與庫西小姐的結婚計畫。」[46] 在報告結尾，文字中只對庫西小姐以姓名相稱。殖民地政府坦率地表示，希望干預它認為不恰當的婚姻計畫，特別是當一名法國女性牽涉其中。

裴成文另外又描述了一九二一年一名年輕法國女子，身懷「愛的結晶」，前往峴港和會安（Faifo）[⑳] 尋找她安南丈夫的故事。儘管沿途村莊與城鎮的「黃種」居民都深表同情，「她卻遭遇自己國人的為難，基本上他們要維護法國人的面子與尊嚴，千方百計阻撓她找到丈夫。」她孤立無援，最終知難而退，返回法國。裴成文說：「在殖民地，法國人排斥與原住民同住的法國女性，並將她們邊緣化。」不過，看來裴成文為顧及法國讀者的觀感，又語帶保留地做出總結，將故事描述成一種對愛的永恆追思：「愛……幾世紀以來，愛的奇特領域

---

⑲ 位於法國西南部的城市，屬於奧克西塔尼大區上加龍省，是該大區首府和該省省會，也是法國人口第四多的城市。

⑳ 越南廣南省轄下的一個省轄市，擁有悠久的歷史。

裡始終只有孤單和獨有。昔日它曾絢爛，如今依然活泛，在自我呢喃聲中直比天長地久！」裴成文心裡清楚，殖民主義的伸張在愛的帝國裡畢竟有其極限。[47]

歐洲人也探討了這些極限。法國男人或許喜歡印度支那，還有他們在那兒的小老婆，然而法國女人在殖民地的立場就只能是愛法國。希瓦斯－巴龍在《婦女》（*la femme*）中對殖民地生活發表評論短文，就其自身經驗清楚描寫了她所看到的法國婦女在帝國的角色：在家中扮演一成不變的高盧文明。「如此這般的她……要堅守法國習慣和法國視角，審視細微事物與崇高情感，準備好銀色茶具和路易－菲力浦座燈（Louis-Philippe lamp），保持法國的優雅與情懷，以美德與勇氣，隨時隨地創造出法國。」[48]法國文明偉大的寓言戲劇將在其投入日常意義和日常事物的時刻得到最大的實現。

一些殖民者對如此現象持保留態度，因為這種顧家概念在他們的特權體制中幾乎沒有效用。學者愛伯特．德．普沃維爾對於帝國論述老調重談，那在二十世紀成了殖民主義的刻板形式：歐洲婦女過度沉迷物質和道德講究損害了帝國。「法國女性元素的出現，給我們淺白的內在與再次陌生的靈魂帶來了她優雅與嬌貴中蘊藏的魅力。」在這之後，出現了男人的「墮落女孩」以及法國女人對她們的強烈厭惡，這種敵意「無疑忽視了在安南傳統律法中，按時給錢的暫時結合關係，是合法的。」希瓦斯-巴龍指出：「白人婦女……對梅蒂斯並不友善。她們當中有些人對這種事情表現出強烈嫉恨。」德．普沃維爾呼喚著失去了「占有的原住民」，怨歎：「我們的一大部分成就，而且還是最難能可貴的成就，就這樣被整個清除。白人與黃人之間……出現一道巨大鴻溝，而我們漂亮女人們的熱情讓它一天比一天更深。」[49]

在《華夫人》小說中，雅克．維利斯因為過分關注自己的「小老婆」而被他的一個法國朋友質疑，這時，德．普沃維爾的「白人與黃人」看法也因而曝露無遺。維利斯直白回答道：「你言重了，朋友；你弄錯了。對我來說，法國女人永遠是法國女人；安南女人就是安南女人。我還沒傻得跟孩子一樣。別太激動。」這句話傳到了華耳中，讓她大吃一驚。「我聽不下去了……我的心已碎。我自己族人的嘲笑聲仍不絕於耳。哦，這些西方人。他們口口聲聲自由、平等、博愛。而他們甚至連善意都表達得如此輕蔑。」[50]

希瓦斯-巴龍直接引用「種族」一詞，再次巧妙展現了「婚姻」如何服膺於意識形態邏輯，以及感情如何被種族的界線所限制。在羅逖的作品與交誼中存在一種再熟悉不過的實踐，結合與親善的理想被誇大成一種得體行為的概念，卻模糊了男性對女性以及殖民者對被殖民者的雙重脅迫。在此，浪漫本身便是法國威權在印度支那的組成要素。

作為逆向的反敘事，越南反殖民主義活動家，如潘佩珠（Phan Bội Châu）[21]，在一九〇七年哀歎自己國家缺乏一種民族浪漫，因此才讓法國人趁虛介入：「我們確實沒有一個美好天堂。因為我們的人民缺乏互愛互信。他們在彼此間區分清人（Qin）[22]或越南人。儘管同屬一國，他們卻互相仇視。」就像小說裡的華一樣，他痛斥殖民者：「他們鄙視我們，聲稱我們軟弱；他們欺騙我們，因為他們認為我們愚蠢……我們數百位官員的道德威信還遠不如一名法國婦女。」潘佩珠倡導越南民族主義，他發起愛國團結來對抗外國人裝腔作勢的魅惑：「當我們國家的人民能夠互信互愛時，誰還會理睬身邊任何的法國紳士？」[51]潘佩珠就跟希瓦斯-巴龍一樣，在演繹政治浪漫的承諾和企圖時，特意突顯雅克・維利斯這類角色的驕傲自滿，以及他那天生——尚未受到挑戰——帶有文化與種族優越感的浪漫。

這種競逐最終破壞了在歐洲威權下運作的某些關於種族差異的基本概念。在華夫人的混血兒表妹吉內特（Ginette）身上，萬分複雜地牽引出一條歷史學家安・斯托勒（Ann Staler）[23]所謂「既緊張又柔軟」的帝國連結，她嫁給歐洲人，過著富裕生活，但又憤怒地說：

「我不是安南人，我不是法國女人。我是個混種……也就是說我是個與我有血緣關係的兩個種族都鄙視的生物。」[52]希瓦斯－巴龍再次喚起種族，為在愛的帝國行政作業上陷入苛刻文化與民事身分認同的兩難處境，賦予一種小說和戲劇的形式，這是她在《梅蒂斯的祕密》中以悲劇結局闡述的主題。在這部短篇小說裡，一個歐亞血統各半的年輕女子，在兩個世界中尋找自己的位置，然而兩個世界都不接納她：「我是個驕傲的人，過著羞恥的日子。」母親是越南女子，父親是已結束「殖民地任務」的法國公共工程師，作為女兒的她，悲傷地提起一段「父親去向不明時展開的童年」，而作為一個年輕女子，她執意尋找，且要折磨那個疏離她並棄她而去的父親。

在一趟海上航程中追查到了她父親勞澤伯特（Lauzebert）——在不知情的狀況下，他告訴她：「不會，夫人，不會的，我的良知不適用於梅蒂斯，」——她揭露自己身分後，感到

㉑二十世紀初期越南民族主義革命家。
㉒指十九世紀的華裔越南人。
㉓美國人類歷史學家，專精於殖民及後殖民研究。

一種苦澀的滿足。而他則被罪惡感與女兒強烈的恨意所震撼，在她面前顫抖失態，「一頭栽進了滾滾波濤之中。」[53]法蘭西海事與殖民地聯盟總監莫里斯・龍德－聖不再樂觀看待法國與印度支那的「聯姻」下場。「法國人和原住民結合生下梅蒂斯人，這議題本身有待深究……他們的處境，無疑是種完全的走調。」這些孩子被「要命地帶進兩種不同社會的其中一個，但不管在哪個社會都沒有容身之地。」殖民地婚姻，乃至帝國，根本不能成為維利斯區分東、西方基本差異的場域，只能永無休止地產生難題與焦慮。

無害的小老婆「原型」，或是對殖民地屬民「安南人」的寫作，都與地緣邊界一樣不穩定：早先有關湄公河或紅河界址的爭端，如今重點則被轉移到親密關係的情感與權威。生下了梅蒂斯的女人究竟應被當成妻子、母親，還是僕人——而對這孩子又該如何是好呢？如果父母不詳怎麼辦呢？一九一九年，當查爾斯・亨利・梅（Charles Henry My）想根據他的混血血統獲得法國公民身分時，司法部就此一「非常敏感的問題」表達意見，否定其法國公民身分，並聲稱「印度支那上訴法院早在一九〇三年五月二十八日的裁決中做出判定，當母親是原住民（土著）時，否決承認該梅蒂斯的法國公民身分」。接著，司法部要求澄清「在印度支那，當事實顯示為親生子女，即便母親並未明確承認，是否該子女仍屬於母親」。[54]

對於「原住民」和女性，其地位取決於「親生子女」（l'enfant naturel）的概念。對於殖民者與男性，其基礎在於正式行文中所宣告承認的法律地位。這是為了特別表明在男方死亡的案例中，他的「小老婆」與子女無法聲索任何該男子的法國法律地位。在某個案件中，一名叫波洛的船長（Poirot）突然過世，然後一個名叫海祿（Hai-Loc）的女子提出申請但被法院駁回，指出「找不到以該女子名字申報的出生登記」，也沒有「應這名軍官要求承認子女所留下的紀錄」。在安南的類似案件中，比比皆是缺少父親承認導致母親無可奈何地回歸「原始狀態」，結果是「孩子仍被法律認定為安南人」。[55] 龍德－聖清楚指出，任何養育和扶植上可能遭遇的不和諧情況，在殖民主義之下也沒有兩樣：「把（他們）留在母親的身分背景中比較合適，否則，難道要父親來親自管教使他們成為法國社會的一員，並設法為他們爭取公民權利？」這種對於殖民區分的不確定性與問題，即將主導在二十世紀及後殖民時期的政策。[56]

就算婚姻不是法國和印度支那之間浪漫的主要符號，「梅蒂斯」身分的產生也是它最引

人注目的結果之一。在殖民地政府高層和親法越南人之間以激烈的愛情宣言進行政治交流的同時，這一點尤為明顯。

對法國的主要統治者來說，「浪漫」和個人感情一樣，都是一種政策。德．拉尼桑總督直接遊說建立一個真誠忠實和理解的帝國：「我們尊重我們想殖民的這些民族的宗教與制度，從而找到一種雙重優勢：我們由此博得他們的好感和喜愛。」他一篇又一篇地撰文反覆重申他的觀點：「鞏固法國在印度支那的影響力」的最佳管道，是要真正地「安撫」這個國家——不是透過衝突，而是要靠贏得「人民的好感」。[57]

總督阿爾貝．薩羅也採行了類似路線。身處西貢，以黎文忠（Le Van Trung）[24]為首的殖民顧問，致函總督讚揚他對保護和「提升」印度支那的承諾，並說道：「這些話講到了原住民的心坎上，他們對你懷抱真誠的感謝。」當薩羅於一九一六年從殖民地被召返時，《交趾支那自由報》（*La Cochinchine Liberale*）和《殖民報午報》（*Midi Coloniale*）等當地報紙紛紛刊登了頭條新聞，引述議會（越南語：Nghị-Viện）代表為此對法國政府的不滿，聲言要「在『東京』為阿爾貝．薩羅發起愛的遊行」。各報紙抨擊交趾支那副總督歐內斯特．歐特雷（Ernest Outrey），因為他批評薩羅的「親土著」政策，同時表彰薩羅作風大受歡迎，並堅定認為「很少有人能吹噓自己跟薩羅先生一樣如此受到原住民愛戴。沒錯，歐特雷先生得到原住民愛戴，但追根究柢，也只是百萬人中才有一個」。[58]

沒有哪位總督曾得到過數百萬人民愛戴，但在特定群體中，這種訊息與結盟有效運作，造就了政治和文化混血之間的互相依戀。參與殖民地管理的安南和交趾支那當地議員尤其熱衷。在歐洲大戰期間，有這麼一個議員寫信給他兒子：「我們還有一項明確義務有待履行：那就是對此攸關我們虔敬之愛與團結的大都會做出肯定。」阮攀龍將這種情感虛構在他小說中像明先生這樣的人物身上，明先生告訴一個朋友：「我將法國當作第二祖國來愛。」在清人當中，愛與結盟的訊息也廣為盛行流傳。其中一個名叫陳晉平（Tran Tan Binh）的清人，得到一趟法國之旅，於一九〇七年返回後在河內演講，開導他的族人們：「法國人來此取代我們成為保護者；他們和我們生活在同一片土地上……他們愛我們，他們是我們的主子和朋友，他們進行各種改革，引導我們走向進步，但看來我們並未全心全意投入。」[59]

散文作家陳文松就絕對是個全心全意投入的人，他的《安南農民之夢》（*Rêves d'un*

㉔交趾支那殖民政府的議員及當地宗教領袖。

campagnard annamite）描繪了一個渴求法國身分的農村男孩情感覺醒的教育過程。總督朱勒斯・布雷維耶（Jules Brévié）為此寫了一篇序言，如此形容：「一個小小的安南農民頑強地走上了眾所周知的西方文明的道路。」總督對這篇歌功頌德的文章真可說是求之不得，文章恰到好處地統合了愛與意識形態。就像陳文松所言：「我愛的法國是所有『偉大人物』的法國……當她給了我活下去的理由，當她鼓舞了我的心志，當我心中充滿她的濃情厚意，叫我怎能不愛她呢？」這篇文章將愛的帝國這個主題描述得如此逼真，況且還更進一步露骨表達：「這種我對你們，對大家的愛，我要維持它的純潔，永保它的清新，以傳達給我的兄弟們、朋友們、讀者們……要在安南所有孩子的記憶中，以熾熱的文字銘刻你們深愛的名字。」對於這種言情並茂的說教方式，陳文松興高采烈地說道：「喔！我的法國，妳可否知道我有多麼景仰、尊敬和愛著妳。妳可否知道我愛妳愛得有多深。」如此驚人的浪漫狂想，甚至促使作者表白道：「我的法國，現在，如果我悄悄告訴妳，我愛妳勝過愛我的祖國，勝過愛我的小小印度支那，妳會相信我嗎？」

然而，殖民的陰影仍然籠罩在「法國和印度支那之間、夢想與現實之間」，「我時時滿懷著憂愁與悲悽。」這話聽來陳文松宛如遭到輕蔑或嘲笑的情人，痛苦不堪：「我想和我的同胞們談談我的愛，但沒人要聽。」或許還更慘，「我想跟我的法國兄弟們談我的愛；他們也不想聽……我對你們的愛意……如此深重，重重壓在我的心房上。」就像希瓦斯－巴龍的小說或法國法律檔案中記載的混血兒生活一樣，陳文松發現自己如同某種梅蒂斯人，在兩個世界之間掙扎。「我的身體形狀，頭髮的顏色，臉孔的膚色都得自於我的印度支那……但我的意識、我的思想和我的未來，取決於我深愛的法國。」他的悲傷與沮喪並沒因為他試圖反思自己祖國「無數的美麗寶塔、美麗的古蹟和那許多如畫的風景」而稍微減輕。他唯一想到的只有「衷心感謝『偉大法國』賜予我寶貴與豐盛的禮物」。[60]

當然，這種對法國異乎尋常的熱愛宣言並非毫無爭議。殖民地批判者、作家及宣傳家阮安寧在一九二五年嘲笑法國的「感傷計畫」，並斷言：「只有一小撮……由殖民政府培植、身居高位的前辦公室公子哥兒，以及背棄儒家學說的安南人，才會歌頌法國的統治。」他的作品巧妙地和陳文松形成對比，雖說他也尊敬法國文學界的「偉大人物」，但他從中吸取的心得卻截然不同。但凡陳文松鼓搗「作家、詩人和哲學家們是我親愛的法國」，並企圖向印

度支那年輕人傳誦此番熱情，阮安寧便代表年輕一代說道：「他們是在法國人自己手上遭到迫害。」他說，殖民者無法阻止越南年輕人閱讀孟德斯鳩、盧梭和伏爾泰的著作，「這些人宣揚保障人類尊嚴等基本自由的要求。」正因如此，當時的年輕人才會渴望「以人道主義之名和一七八九年原則，正面展開戰鬥。」

當人們攻擊他反法時，阮安寧反駁道，法國人和越南人之間所謂「愛的力量」，實際上是一種「殘暴的力量」，只展現出征服者的「驕傲和自我本位」。就他個人，他將自己的依戀情結加以剖析：「在法國學校刻意操弄下，安南人已不再……仇恨征服者，但幾乎每個人都反對殖民主義者。」[61]在這種與法國殖民的對抗中，表現最為出色的莫過於阮不清（Nguyen Tat Thanh）㉕，他在一九一一年乘船赴巴黎求學，並在隨後的幾十年裡寫作、鼓吹革命，並縱橫於法國、中國、俄國與日本之間進行談判。在此過程中他化名為阮愛國（Nguyen Ai Quoc），最後取名為胡志明。

越南民族主義者，與作家兼殖民地評論家費利西安·查拉耶，可說英雄所見略同，查拉

恥於一九〇一年遊歷印度支那時，曾提出逆轉的浪漫之觀點。這位法國人見到歐洲人對當地人民羞辱和毆打成性，深感憤怒，有感而發：「抗議你所看到的暴行，就是在證明一種幼稚的人道主義……受到羞辱，甚至背叛。」監護權實乃假平等之名，也不當地利用正義；強加行使只會造成放縱，是一種錯誤的人道主義。查拉耶記載道，經常性的暴行「毫無動機，沒有藉口，純粹為了娛樂，或像他們說得好聽，是為了『維護白人威望』」。他呼籲法國共和政府終止暴行，並總結道：「唯有如此，才不會讓貼在當地學校牆上的格言：『愛你的法國守護者』顯得諷刺、可笑、殘酷。」[62]

挑戰這句格言以及那些學校並非易事。尤其學校的歷史課更以愛的帝國為名，嚴格控制思想。周金丹（Chau Kim Dang）教授在一九三〇年編寫的教科書《安南史講義》（*Leçons d'histoire d'Annam*）並未公然向阮安寧的反殖民主義讓步。畢竟，課本要通過歷史審查者波尼法中校（Bonifacy）核准，況且他還作序寫道：「我毫不懷疑，你們的年輕學生在讀了課文之後，會從課程中感染愛與認同的情感……他們將公平看待法國，感謝昔日那些為現在做

㉕胡志明的本名。

好準備的人，他們將感謝法國的仁慈角色。」

課文中詳述各朝各代及當時的軍事行動，在在暗示沉痛的法國是如何懲罰反叛的被保護者，比方說一八六二年的交趾支那，「在忍無可忍之下，德．拉．格蘭迪埃（de La Grandière）上將被迫訴諸武力」。然而，或許是無心插柳，周金丹清楚闡釋了一種歷史規則，讓每個人對此產生不同共鳴。正如阮安寧對於法國哲學和一七八九年遺緒有自己的一套主張，周金丹語焉不詳地提出：「歷史研究首重於發展愛國主義。事實上，在分享先祖的悲歡離合時，我們愛他們；因為愛他們，我們從而與他們居住的這塊土地相連結，這塊土地就是我們的祖國。」[63]

那麼，究竟是誰的先祖？到底要愛哪個祖國？一九一三年，《殖民地快報》（*La Dépêche coloniale*）發表了一封「來自河內安南人」的信，裡面有一個惹人注目且自相矛盾的聲明，開頭寫道「我愛這個國家，她讓我既生又死」，作者向殖民地政府表達了應有的敬意，但隨即警告，這場浪漫已經蕩然無存：「在這麼多承諾沒有兌現，這麼多善舉沒有結果

之後，無論你再說什麼，廣大人民都感到失望。」隔年，反殖民領導人阮志平（Nguyen Chi Binh）揭竿起義，反抗大家以為深受愛戴的薩羅總督，並付出了生命代價。有關他被捕的報導說：「他從審訊地點被帶到行刑地點的一路上，不斷發表愛國言論，證明他真正熱愛自己的安南家園和同胞。」他赴義前的最後一句話直接衝撞了號稱慈愛母親與熱情兄弟的法蘭西帝國：「你們，法國人，你們闖進我們的家園，對我們同胞的私物予取予求。你們趕走我們，你們屠殺我們，只為了確保你們自己和家人的幸福。」[64]

其餘故事把我們帶回到廢墟的形容。查爾斯．勒米爾是法國遠東學院最早為保存印度支那考古遺址發聲的東南亞學者之一，它表示，「這素來是法國傳統……讓自己依附於她所統治或保護的民族所留下的歷史記憶。」對他而言，保護與主宰是無法分割的計畫。[65]一八九一年，地理學家查爾斯．梅尼耶（Charles Meyniard）重申我們在整個太平洋地區反覆看到的情感觀點——法蘭西帝國本質上發自內心獨一無二的概念：「還有誰曾給被征服的種族留下過這樣的記憶？……他們對第一個征服者保持著同情與敬佩。」再者，「還有

哪些別的事物能在以前的孩子們心中留下更忠於祖國的記憶，更深切地依戀祖國的語言、精神和道德呢？」單單法國便可為她的孩子們提供足夠的歷史，那些孩子們將成為她愛的記憶的孩子。

連只對狩獵與冒險感興趣的德・蒙龐西耶公爵，也無法擺脫帝國這種仁慈而富有同情心的簡潔修辭。他回想芒族人（Moi）㉖：「重點是，這些野蠻人深深相信，法國人是古道熱腸的好人，絕不會傷害他們；相反地，法國人前來是為了保護他們不受中國人和安南人欺壓，除了給他們帶來好運，別無所求。」[66] 查爾斯・勒米爾總結了德・蒙龐西耶公爵那種昔日家長式的風格，他認為：「『保護』不僅適用於人種，甚且延伸包括了消失或衰落種族的特質。」他就像法國遠東學院，就像奧古斯特・帕維，他要保存先人。這麼一來，又讓浪漫和廢墟的問題回到了原點：印度支那會使人墜入愛河，就像裴成文、阮攀龍、帕維或希瓦斯－巴龍，或墜入絕境，比如卡尼爾或羅遜。但由於她是被創造和占有的，於是她能永遠而且今後唯有仰賴法國而生。

地理學家杜特雷依・德・蘭斯於一八七九年出版了一本研究人種學的著作《安南王國和安南人》（*Le Royaume d'Annam et les Annamites*），書中描述東南亞數千年來的歷史軌跡，以及到後來淪為法國殖民地的過程。他指出，安南人本身也是征服者，在他們征服了當地人民後，才建立了安南王國。然而，引人注意的是，他如此寫道：「征服讓這片土地只剩下一片廢墟，他們在這裡建立的不是一個商業和工業繁榮的國家，而是他們的宰治地位。」細細看過他們攻城略地的古代遺跡，安南人並未意識到「每個民族似乎都不知不覺地在進步的整體發展中扮演某種角色，而安南的角色是為新的征服者鋪平道路，新的征服者將在更一統的土地上擴展現代文明的利益」。[67]

征服者在焦黑一片的風景中銘刻自己的紀念碑。在克洛蒂爾德・希瓦斯-巴龍的短篇小說《思盈》中，年輕的女主角在第一次前往都城的旅途上，看到路邊滿是奇怪的景象，一路上觸目所及都是「生鏽的大砲」，和「砌石被燻灼發黑的廢棄寶塔」。她的父親語調黯然憂傷，指著暮色中的幻象說：「我的女兒，這些廢墟是法國人的傑作，那裡有個營地屬於他們。在我們的偏遠省分，妳還沒機會遇到這支偉大的西方種族。都城裡將有許多讓妳大開眼界的事物，有的會讓妳高興，但還有不少會給妳安南人的靈魂帶來痛苦。」[68]

㉖越南的五十四個民族之一，主要分布於北方省分。

在吳哥窟，皮耶・羅逖描寫被叢林吞噬的寂靜無聲的高棉寺廟。希瓦斯-巴龍鄙視這種異國情調，她將安南王國廢墟描繪成法國侵占和艦砲蓄意屠殺的悲歌。羅逖自己也在其他著作中特別提及這場共業——他對法國襲擊安南的新聞報導：「炮彈又引發了另一波大火，一場壯觀的大火，這裡的村莊，寶塔，所有東西都在巨大的紅色火焰中燃燒……沿著海岸可看到安南的村莊灼灼閃爍，它們在月光下燃燒直到天明。」躲避法國人攻擊的順化攝政王尊室說（Ton That Thuyet）[27]潸然落淚：「人們回望被毀的宮殿，在巳時[28]升起了法國旗幟。」[69]在杜特雷依・德・蘭斯的人種學故事裡找不到任何諷刺歷史興替的痕跡，以他先天的殖民優越感來看，自然也不可能想到這一點。儘管如此，他或許已經了解，新征服者不僅將承擔起文明的浪漫，也得承受他們本身意圖製造廢墟的傾向。

㉗安南嗣德帝死後執掌朝政的攝政王。

㉘上午九點至十一點。

7／菊花夫人的眼淚

日本

虛構的婚姻：「這兒有女人會愛，會哭。」

長崎的皮耶・羅遜（圖右）、皮耶・勒寇和緒雪（Oyouki）。

圖片來源：羅什福爾皮耶・羅遜宅邸

「你不相信我心中有愛……」

太平洋上的傍晚時分，漆黑的天篷掛滿星斗。有艘船正駛離日本海岸，船上一名水手讀著一封信；信是女人寫的，是他剛撇下的「合約妻子」，此時正在長崎港遙望大海的一扇紙門前傷心哭泣。

我要你知道，當你離我遠去
離我很遠很遠的時候
日本這兒也有女人會愛
會哭[1]

這熟悉的一幕，或會引起《蝴蝶夫人》劇迷們熱烈共鳴，然而它卻不是出自義大利作曲家普契尼膾炙人口的經典作品。相反地，它源自較不為人知的一齣法國歌劇《菊花夫人》——根據皮耶·羅逖的故事改編。[2]這兩部作品有個共同的戲劇前提：一個日本合約妻子，一個迷人的西方水手，特別是其結論：心碎的女子絕望而徒勞地愛著一個離她遠去的男人。然而，在這一點上，相較於其原始文學素材，法國版的歌劇反而更貼近普契尼的想像。在羅逖的故事原著中，水手（皮耶）和菊花之間的最後一面不會讓人感動流淚，反倒令人費解地缺乏戲劇效果。皮耶前去告別，發現菊花沒在哭泣，她正在數他在這場告終的婚姻裡給過她的硬幣，見到他來反而大驚失色，又有些惱火，急急忙忙把硬幣藏了起來。[3]法國作曲家梅薩熱（André Messager）的歌劇將最後一封信的悲傷表現得淋漓盡致，從戲曲中營造氣勢磅礡的情感，這與羅逖在其作品中描述的東西截然相反：單調、失神、怯懦的愛情，那不是愛情帶來的愉悅，而是它的幻滅。

羅逖是在一八八七年寫出他的這篇故事。一八五〇年代和一八六〇年代的日本，為法國帶來的最大貢獻，是在布雜藝術領域（beaux-arts）①——因此，在法國掀起了一股研究日本和風文化的熱潮，深刻影響了馬奈（manet）②這類畫家和龔固爾這類作家。到了一八七〇年

① 又稱學院派藝術，是一種在歐洲藝術學院和大學的影響下所產生的繪畫和雕塑流派。
② 法國畫家，寫實派與印象派之父。

代後期，不少集學者－藝術家－冒險家於一身的東方主義者實地親訪日本，締結了日本與歐洲的重要聯繫，企業家埃米爾・吉美便是其中之一，他在里昂、隨後也在巴黎創立了亞洲藝術博物館。吉美的畫家死黨費利克斯・雷加梅（Félix Régamey）認真研習日本文化，並以改寫羅逖的故事聞名——他痛恨羅逖的原作——他改以從菊花的觀點，如梅薩熱那般，為她塑造出傷心欲絕的浪漫心靈。他在一八九三年的歌劇版本中，把菊花描繪成一個曾經驕傲一時的貴族世家的女兒，最後卻毀在貪婪的「外國人」手中。

羅逖與雷加梅的分歧，突顯了羅逖作為男人、水手和法蘭西帝國運籌工具而習以為常的自私自利，以及他根本從沒打算透過「妻子」來理解日本。然而，這場爭議也襯托出為人比較厚道的雷加梅，他最終讓菊花變成一個真正的「女人」——情感細膩，強烈感知痛苦與憂愁的生命，孜孜矻矻於渴望別人知曉她也能夠浪漫地去愛。在這兩個故事中，作者都透過日本女性的情感生活來提出他們對日本文明的評價。[4] 以日本作為例子尤為引人注目，因為它迫使讀者重新定義帝國主義意識形態。雖然當時這個島國正被脅迫簽署不平等條約並做出政治讓步，但它從來都沒有變成歐洲的殖民地。菊花的故事除了突顯一個侵門踏戶的歐洲，也反映出兩個帝國相互解讀、確認對方究竟是否在進步或衰落。

「你不相信我心中有愛。」相信或不相信，肯定或否定，接受或拒斥另一個人愛的可能，這究竟意味著什麼？不論菊花曾否悲傷，這個故事敘述了法國和日本作家重新定義自己在世界帝國中的地位的時刻。從十九世紀中葉開始，日本對歐洲來說，是一個新奇的所在，一片明顯具備大陸傳統的土地，卻又擁有「自外於」現代歷史大潮流的海洋歷史。正如法國作家東庫爾（A. S. Doncourt）所說：「但她從何而來？這個種族與亞洲民族的歷史無關，長期孤立地活在自己的群島上，對己自滿，對任何人都不聞不問？」[5]

一八六八年，日本實行明治維新，幕府家臣制度逐漸衰微，取而代之的是一個集權的帝國。在此之前的十年裡，法國人一直是幕府將軍傑出的軍事和商業顧問。一八七〇年，法國在對抗普魯士的戰爭中慘敗。隨著日本天皇進行維新，而法國戰敗於普魯士，法國顧問的身價也跟著一落千丈。一八九二年，一名法國記者感歎：「二十五年前，我們在日本所曾擁有的最高地位……今天讓德國人拿走了。」如同另一名日本新聞評論家後來所說：「日本過去一切向法國學習；不久前，法國影響力開始日薄西山……嚴格來說，已不復存在。」不像在太平洋殖民地或印度支那，在這裡，法國人發現昔日的門徒嫌自己不夠優秀，同時德國、英國和美國則成了日本政策的新典範。[6]

就彷彿法國在太平洋四周留下信仰、情欲或共同理想和愛國主義的印記一樣，法國人在理解日本人的時候，愛自然變得十分重要。然而，又與其他太平洋島嶼不同，此時的日本已開始工業化，並對歐美在東亞的統治構成強大的軍事挑戰，因此人們不再將其與大洋洲相比，而是與歐洲比較。原本的情感、激情與貴族情懷變成了地緣政治話語，既要對抗「條頓式」、僵化的歐洲，也質疑一個在一八九四至一八九五年中日戰爭裡建立威望而成為新威脅的日本，這讓法國的報紙重新看待日本，並高聲警告東亞出現了「黃色普魯士人」。至世紀之交，不僅小說家，政治決策者也都多少需要重新衡量、認清日本在世界各國中取得領先地位的意義。

在世紀之交，沒有哪部法國作品能像《菊花夫人》那樣影響人們對日本的態度。記者費利克斯·馬丁（Félix Martin）觀察到羅逖的故事大受歡迎的程度，在一八九八年評論道：「許多法國人對於日本的一知半解幾乎全部來自《菊花夫人》。」一九一一年一份致海軍部的報告中，有法國海軍人員警告要小心「我們對日本的情感觀點」，並呼應佩羅茲中校（Peroz）

在一九〇六年發表的作品中高聲疾呼的：「一個被《菊花夫人》收服的作家激起我們的傷感，形成了對日本有利的局面，而且不止於此……還描寫清新秀麗的誘人景色來迷惑人心。」一名文學評論家注意到羅逖過分講究的用字遣詞，乃至在一九二六年斷言道：「我認為羅逖書中對日本人的蔑視，在一定程度上影響了俄國人，他們因而拒絕日本的要求，並導致一九〇四年的日俄戰爭。俄羅斯王室廣泛受到法國影響，而且許多俄羅斯海軍高階軍官也以羅逖為榜樣，各自去找他們的菊花夫人。」[7]

若干日本觀察家不由得感到要對羅逖做出回應。報社記者北都南（I. Hitomi）要求自己的法國友人別把菊花夫人當成「典型的日本女性」，就好比「馬賽的一名向水手販賣肉體的煙花女子並不代表法國女性一樣」。此外，對於羅逖心愛的布列塔尼，北都南特別強調說道：「從一個布列塔尼漁村挑出來的小小個人，不該代表整個法國的精神樣貌。」訪問巴黎的外交官末松男爵（Baron Suyematsu）③曾就「菊花的真實本質」與東道主爭論，並辯詰道，由於受此故事的陰影籠罩，「絕大部分的西方人根本不曉得日本女人究竟是什麼模樣」。[8]

③日本貴族、作家，《源氏物語》英文版譯者。

羅逖在他的小說中，把菊花描繪成一個外表光鮮亮麗、略帶魅力，但微不足道的女人。人們從她身上看到的日本，是一個小巧玲瓏的國家。他故作不耐地嚷嚷著：「我真是隨便濫用了小巧這個形容詞；我十分清楚這一點，但我又能怎樣呢？」[9]他眼中的日本人不管在各方面都難以理解，而且「渺小」：一群虛偽、自私自利的人種因貪婪和愚蠢而淹滅了他們的「傳統」社會。

至於諸如雷加梅等藝術家心目中的菊花則完全不同：遭到西方羞辱，受外國人摧殘，卻保有一種罕見而燦爛的文化。雷加梅對於美國在一八五三年「打通」日本貿易的宣言感到不齒，如此寫道「野蠻的」洋基佬，「飢渴而貪婪」。[10]這許多觀點產生了不同的敘述，一個可以愛或不能愛的日本，要麼就彷彿法國這般的精緻文明被野蠻掠奪者侵犯並慘遭毀滅，要不然就像是普魯士這樣雖然物質進步卻心靈匱乏的土地，受到工業現代化和——不久後——狂熱軍國主義所吸引。

羅逖所否定的日本，沒有承受心碎的能力，無法在分離時感到苦痛，沒法了解感情和親密的感覺；他把日本稱為「這個渺小的、膚淺的、虛構的世界」。[11]而雷加梅所做的，就如同梅薩熱和普契尼歌劇中所傳達的意境，為日本重塑了一種華麗而沉痛的女性氣質。以文學術語來講，羅逖屬於「世紀末」，雷加梅則屬於「浪漫」，他們一個尖酸刻薄，一個充滿激情，另一方面，梅薩熱忠於歌劇傳統中的情感表現。然而菊花也屬於「史學史操作」（historiographical operation）④的一部分，創造了一種雙重敘事：其一是普遍認定日本乃迂腐無情之土的觀點，有點像是德國；但同時也提出另一個具有善意的「浪漫」日本，如法國般執著，在社會和政治動盪不安的時代，堅持自己的精緻與尊嚴。

藉由對「愛」的探討，法國作家梳理出自身的與日本的變體，寫下了情感和感性的意識形態。菊花被運用在一種情感政治中，用以批判宗教、社會結構，婚姻關係和勞動實踐。這些觀點，無論稱心與否、或不討人喜歡，在意識形態上都關聯到做愛，以及女人眼淚所代表的可能，連帶影響了日本明治時期——和法國——的歷史地位。

④ 史學史以研究歷史學的發展過程為主，呈現人類歷史上各個時代記錄的歷史，反映當時人們的思想觀念、作者的觀察、寫作形式、偏見、對歷史事件的解讀等。

「菊花夫人」是一個關於交際的故事，而非一段戀情。作者在他擔任海軍的旅居期間所發現的日本，全然不同於轉眼成為親日派並大力鼓吹日本主義的雷加梅所深深讚頌的文化與藝術之美。羅逖的故事裡總是只有失望與幻滅。他的文學作品所捕捉到的日本畫面來自茶館和藝妓，以及「乾女兒樂土」（意指年輕的日本女孩），然而彌漫在他短暫婚姻中的基調卻是煩悶、無聊和缺乏理解。他故事中無情的反浪漫主義調性令人不安，這種不安也來自其堅持描繪的一個充斥著虛假魅力的日本，以及愚蠢與自私的本性——不論東、西方皆然。[12]

毫無疑問地，羅逖是一個真正的帝國主義者，從北非到東亞一路為法國國旗奔波。相對之下，雷加梅曾經參加巴黎公社並任教於法國裝飾藝術學院（Ecole des Arts Decoratifs），在這段期間，他筆下畫出了不少女性反叛者的英姿。他的兄弟們也分別都是石版畫匠及畫家，而他的父親曾與茱麗葉・亞當的宿敵、互惠主義社會黨人皮耶-約瑟夫・普魯東一起當過印刷工。[13]從政治面和性格上來看，羅逖與雷加梅有許多不同之處；也許其中最明顯的區別，是他們與日本主義的關係。許多崇尚日本美學的作家，例如艾德蒙・龔固爾，都強烈反對巴黎公社這樣的民粹運動。龔固爾把巴黎人叫成「無賴」（la canaille），認為他們是野蠻人，「航海者不惜在遙遠國度歷經千辛萬苦找尋的一種異國情調。」基本上，他堅信在貴族社會中，文化菁英等同於真正的藝術家。[14]羅逖便是這種雙重視角的極端表現，表面遵從文學家的貴族法則，實則在世界各地的海軍任務中追求異國情調，後來他跟龔固爾都成了法蘭西學院院士。

羅逖理想中的日本應當是個貴族社會，就好像他的世界觀中認定的幾乎每樣事情：高貴的武士、他的木刻版畫大夢裡的精美日本藝妓，可如今都被一個現代化的日本玷汙了。雷加梅宣揚一種本真的早期現代圖像藝術，而他對工人政治、工藝訓練與教學，以及作坊職涯的喜好，將他的日本主義風格帶向靈感，擺脫一成不變。和許多「應用」藝術家一樣，雷加梅認為可以在世紀末，透過日本工藝技術來復興法國繪畫和肖像藝術中停滯的傳統，於是他師從日本法則來證明法國精神和藝術天分在政治挫折時代仍可保有韌性與適應性。雷加梅在《日本實務》（*Le Japon Pratique*）發表工藝文化觀察，感嘆說道：「在日本……藝術無所不在，就彷彿與呼吸的空氣融為一體。」另一方面，羅逖對日本的厭惡，部分源於他唯物主義者在通俗年代的文學家衰落感，而雷加梅的熱情觀點則出於藝術傳統復興所帶來的愛國主義美學的可能性。[15]

雷加梅認真研究亞洲，他對羅逖這個作家和海軍軍官的自負和傲慢提出非議，並斥責羅遜對日本的膚淺了解完全來自碼頭邊上的歡場女子。羅遜的日本見聞雖說十分籠統，但在當時卻是第一手消息，說也奇怪，這剛好成就了他的文學志業。羅遜並沒有找出「正宗的」日本，他壓根就沒興趣了解日本，隨著童年對神奇事物和異國情調的夢想在十九世紀幻滅，他總是對世事多變表達不滿。正如一八八七年一位評論家所言：「『菊花夫人』不是一本小說，而是一頁回憶。」羅遜對家鄉的懷想（但絕非都市化的巴黎）再次回歸到大西洋岸邊羅什福爾的鄉村舒適，他在那裡自得其樂，蒐集奇珍異物，為他的戀物癖打造祕室——其中有座日本寶塔——意圖複製東方古老知識和無垠樂趣的奇妙景象。[16]

相較於這種遁入東方的願望，一八八〇年代的真實日本恐怕令人掃興。自一八五〇年代起，法國、英國和美國的殖民企圖（以及早已盤據了好幾個世紀的荷蘭人）紛紛體現在長崎、橫濱和東京，在此期間，已有多個日本使團出訪歐洲和法國。一八六二年的福澤諭吉（Fukuzawa Yukichi）和一八七三年的成島柳北（Narushima Ryuhoku）都曾訪問並撰文詳細描述過奧斯曼（Haussmann）⑤設計規畫的巴黎，以及拿破崙三世和法國第三共和政府。前往巴黎和里昂求學的日本留學生對軍事科學、機械工程、採礦、農業、政治經濟和物理做出報告。富井政章（Tomii Masaki）研讀法律，之後成為東京帝國大學教授，中江兆民（Nakae

Chomin）——盧梭著作的譯者——研讀政治學，在一八八〇年代發起公民權利和自由運動，而羅逖當時仍在鮮花與和服間逍遙作樂。

一八八七年，也就是羅逖寫下菊花故事的同年，中江兆民發表了《三醉人經綸問答》（*Discourse by Three Drunkards on Government*），書中闡述了關於日本政治前景的一系列獨創性主張，文中大部分來自他師從哲學家埃米爾・阿柯拉斯（Emile Acollas）的研究心得。對比菊花的溫順、淺薄的恬靜，中江兆民透過筆下的人物對法國人的性格與歷史著墨頗深。值得重視的，是這位「西學紳士」展現了他對民族成見——自我形塑及其他方面——的透徹掌握，並做出詳盡描述：「英國人理性，法國人感性；英國人冷靜，法國人激昂……大不列顛精神，合乎邏輯、連貫一致，乃成功者所有。而法國人的精神屬於天才；無視於邏輯，突如其來地飆漲。」法國人容易「陶醉於」新事物，受到革命所釋出的熱情與激情擺布，永無止境地渴望壯觀場面：「英國就像一本教科書，法國則是一齣戲劇。」[17]

繼羅逖視角的成功推廣，他的戲劇也隨之演出。在一八六七年巴黎萬國博覽會，澀澤榮

---

⑤法國都市計畫師，獲拿破崙三世重用，主持了一八五二年至一八七〇年巴黎的城市規畫。

一（Shibusawa Eiichi）⑥描述遊客狂熱聚焦從日本引進的茶館以及「首次來到歐洲的東方女性」所引發的異國遐想，然而榮一本人則更欣賞工業館和巨大的蒸汽機。[18]羅逖以及大部分的歐洲，卻在各方面仍然執迷不悟，沒能走出日本茶館的日本印象。就法國而言，這種取向或許如同中江兆民所說，是高盧人的歷史性格使然，而一部分又可直接歸溯到法國駐日大使羅叔亞（Léon Roches）的外交策略，他大力支持在巴黎的日本茶館展覽以及奄奄一息、最終在一八六七年滅亡的幕府政權，使得法國的影響力在德川末年之後無法延續。從日本版畫和埃米爾·吉美對宗教藝術和雕塑的專注中提煉出來的美學，進一步強化了對一個永恆、孤立的日本的「傳統」視角，同時——無論是否委婉——也對代表明治維新的「現代化」國家變化深感遺憾。

隨著蒸汽機登場，日式茶館謝幕，羅逖作品中所捕捉的日本浪漫也跟著徹底幻滅。他的部分脆弱情感被帶進了梅薩熱的歌劇當中。從開場的場景看來，神聖與世俗是無法區分的。西方船艦來到的並非一片寧靜佛土，只見到小船上庸俗的小販們互相吆喝著：「佛像花瓶／

還有日本神像花瓶／兩個只賣兩披亞斯德（piastre）⑦。」[19]

這種似曾相識的惱人變化讓情況更為惡劣，一名法國旅客形容明治時代的日本：「與我們自己的文明驚人地相似。」如果說，對日本的第一印象是風景如畫的旅者敘事，「林木茂密的小島、竹子、山茶花、杜鵑花，一群舢板的原生景象」，那麼在離岸邊幾步之遙處，立刻面目全非，衣冠不整的男人們戴著難看的圓頂小帽，穿著呆板制服的警察，已不見武士蹤影，還有那些「可怕的磚石建築，外觀沉悶且毫無風格可言」。原有的日本印象已被消磨得一乾二淨，現下的醜陋乃得自歐洲人的啟發。[20]

一八八〇年代的日本已經來不及去愛，要想追尋一種清新的東方田園詩般的樂趣已經太遲。此時，神祕或感性的東方只能以諷喻的手法表達。名為皮耶的羅逖，離開菊花時心中絲毫不覺遺憾，他說道：「我原以為會在悲傷中離開她，可能會使我感到一陣劇痛，我何其希望這段婚姻能像開始時那樣結束，就彷彿一場玩笑，」而菊花，她小心翼翼表現出一個女人

---

⑥幕府末年活躍於大正初期的日本武士，後來成為實業家。

⑦當時流通於日本的一種外來貨幣單位。

面臨分離時的合宜舉止來回應他的情感。「我駐足於玄關外，做最後一次告別：那可憐的小嘴再次噘起，比以往任何時候更突出地顯露在菊花臉上；正該如此，就要這樣，如果沒有的話，我現在會感到生氣。」[21]

對羅逖來說，任何從他「妻子」身上散發出來的喜悅或悲傷，只表明她對徵兆和習俗的堅持，只是出於本能地表達情感。在梅薩熱、雷加梅和普契尼對於這場東方、西方與條件婚姻的改版中，當夫人對愛情的淒美錯覺因男人不忠而幻滅，隨即便被絕望徹底壓垮。然而，羅逖寫出了充滿激情、宛若以恩賜態度相待的故事。在他的早期小說《羅逖的婚姻》和《阿齊亞德》中，他與大溪地和土耳其的當地婦女結婚並且隨後離去，他摧毀了她們的生命，最後棄之不顧遠走高飛。他能夠想像並描述女性的痛苦，反正不關他的事。

也許他對這種敘述已經感到膩了；亦或許日本根本不是一個能夠產生這般敘述的地方。羅逖有著五光十色的想像力，因而對改版者的故事影響深刻，因為據同時代的人說，這許多故事把日本形容成一片充滿「年輕女孩、茶館、愛的寶塔、紅燈區」的幽微境地。[22]然而，他那走味的激情並不僅來自世紀末的憂鬱，因為那個擁有炫目寺廟、祥和佛僧與一度驕傲的武士的日本已經事過境遷，而此時羅逖的故事才剛在一八八〇年代末的歐洲引發風潮。事實上，當時的日本在許多方面都已成為一個嘲諷歐洲及歐洲想法的地方。

縱然以優雅風格和詩意的描述聞名，但說也奇怪，《菊花夫人》竟是一幅殘酷駭人與現實主義者的日本浮世繪。羅逖始終堅稱，故事並非出自他的想像，而是根據他的筆記，就這一點而言，他顛覆了自己的浪漫帝國主義神話。當然，他不是埃米爾．左拉，但也記錄了他所看到的日本：一個條約口岸的日本。他虛構了這個環境裡的男男女女、商人與人口販子，還有那些因閉關鎖國政策被打破、西方帝國主義擴張而受害最深、被剝削得最慘的人群。英國評論家雷金納德．法拉爾（Reginald Farrar）的斥責頗具代表性，「菊花夫人」是「對典型日本女性形象的拙劣刻畫」，隨後，他又不經意地為羅逖開脫：「不過當然，羅逖的『菊花』（Kiku）一點也不是日本人。她的出生、成長和生活習慣都如同任何一個外國海港城市貧賤而殘酷的環境中的生命過程，在那裡，我們的西方水手們帶來了我們的啟蒙和我們的欲望。」[23]而其中最主要的一些欲望，是抱著歐洲特權來探察東方。羅逖沉迷於他在階級和法律上的特殊待遇，哪怕他也感嘆由此塑造出名義上的婚姻毫無浪漫可言。

> 他們給了我一份特別文件，在一張宣紙上，寫著九州民政機關授權我與一個名叫菊花的

人住到十善寺近郊的一間房子，我在日本逗留期間，警方將保障我的這項權利。[24]

這段婚姻既虛假又俗套，在某種程度上帶有旅行作家愛德蒙．科托（Edmond cotteau）於一八八五年描述的那種面貌：「人們寧可假裝她們是年輕的中產階級女孩，也不願把她們當成妓女。」然而，法拉爾諷刺地觀察到的，正是羅逖這般的譏諷敘述：腐敗的西方帝國現代性。菊花數著她的合約硬幣，只不過突顯了一種帝國關係，除了商業利益，毫無其他價值。在「婚姻」中，羅逖記錄了日本人所認知到的歐洲、美國、英國和法國眼中的日本；從「妻子」菊花身上，在她淺薄、夢想和浪漫的希望中，他看到了西方，也看到了自己。[25]

羅逖所看到的，是一個被法國敵人俾斯麥在另一種語境中稱為「為文明而奮鬥」的日本。不到一代人的時間，日本便以經濟工業化、理性管理、醫療和教育方面的進步震驚了歐洲。法國下議院副議長保羅·德斯圖內勒·德康斯坦（Paul dEstornelles de Constant）⑧質問道：「我們年輕時的傳奇日本、我們特許的菊花和杜鵑花之地，珍稀花卉和精緻傑作的故土，如今都

變成了何等模樣？」[26]數十年來，一直讓法國感到心安的「茶館」想像，已不復存在。

這個新的日本似乎一下子變得「西化」，公然推翻了十九世紀普遍歷史進程的法則與邏輯，以及政治作家阿博爾（C. Apport）在《兩個世界評論》所描述的「驟然轉變的不可能性」。到了一八八〇年代，日本的發展不僅讓西方印象深刻，更進一步威脅到西方。「模仿者」圓滿大功告成，顛覆了其本尊的威信。海軍上將貝格塞．杜佩蒂．圖阿爾在橫濱報告中指出：「在日本，最令我震驚的是，日本遠不像其他社會，在與歐洲人接觸中非但沒有解體……相反地，日本人民知道如何從我們的習俗中吸取他們覺得方便和有用的部分。」歐洲人常常把殖民地人民視為孩童，對此，杜佩蒂．圖阿爾評述道：「日本人……假裝像孩子般對一些無關痛癢的事物自得其樂；我們會在不知不覺中，被引入陷阱。」[27]

一八六八年，最後一支幕府勢力被忠於皇室的宗派推翻。到了一八九四年至一八九五年，決定朝鮮命運的中日甲午戰爭爆發，最後日軍全面獲勝，這麼一來，也永遠改變了西方對這個紙屋古國的看法。眼下日本已成為一個軍事、海軍、殖民主義國家、亞洲的地區強權，

---

⑧法國外交家，因促進美法和解而獲得一九〇九年諾貝爾和平獎。

以忽明忽暗的步調走進西方帝國行列。到了一九〇四年至一九〇五年，日本與沙皇交惡，隨即爆發的日俄戰爭，更加印證了日本走向帝國的軌跡。俄羅斯帝國（法國的外交盟友）在此戰爭中一敗塗地，加之以美國出面調停，這意味著當前的日本已不再是一個風景如畫的東方國家，更不是儒家思想和玩具火車頭拼湊出來的西化組合體，而是「危險的黃禍」（peril jaune），其無情的野心迫使西方重新思考相互之間的歷史地位。在日俄戰爭當年，記者查爾斯・佩提特（Charles Pettit）寫道，日本不知何故變成了一個：「危險而凶殘的國家，充滿冷酷無情又精力充沛的小矮人。」但他只不過是拾人牙慧，因為早在幾年前羅遜便已警告說：「在黃種人大家族中，這一群小矮人的所在將成為仇恨我們白種人的溫床。」[28]

隨著日本在軍事、行政和科技上迅速縮小與西方的差距，無比震驚的法國記者和批評人士試圖為他們混亂權威中的天生優越感重整旗鼓。以貌取人的作法和「進步」的定義被重行調整。大量新的研究認為，種族進步並非出自地緣政治或經濟上的勝利，而是一種重新定義的「文明」的功業，這是一種既非科技，也不屬於軍隊、稅務及法律法規的文明——這一切全都可以複製和模仿。查爾斯・佩提特指出，重點是別把文明與物質進步混為一談，物質進步實際上只是文明的成果之一。這是法國人曾經走過的老路。一七八九年的法國大革命使法國成為自由、平等、博愛的世界中心；而一八七〇年普法戰爭敗北餘波、對法國文化蛻變的恐懼，和對德國文化影響的擔憂，反讓法國對高盧霸權的標準更加嚴格。

政治理論家奧雷爾・雷舍夫（Ourel Reshef）指出，普法戰爭對法國來說，不僅只是一場令人震驚和清醒的失敗；它已成為「兩種人類原則……強權和正義，兩種文明精華，德國與法國」之間的衝突[29]；雖然日本沒有和法國發生嚴重的軍事交惡，但兩者通往進步與尊嚴之路的階段十分相似。[30]佩提特刻意在詞語上貶低日本：「文明之首要在於以道德理念組成……如果認為一個民族因為採用了我們的大炮、鐵路和電氣設備，便具備我們所認知的文明，那就大錯特錯。」在菊花的故事中，羅逖堅持把日本製造業的威脅定調為「低劣的模仿」，同時，指揮官羅尼爾・勒努黎（Ronciere le Noury）從橫濱發回報告說道：「他們什麼也沒創造，什麼也沒能完善或改進，就算在模仿上也始終處於劣勢。」[31]日本人雖有西方的穿著打扮，但並非真正的現代人。在美學、管理和經濟方面，日本人只是一個模仿者的種族，永遠試圖趕上比他們優秀的民族。

作為模仿者，日本人永遠無法真正威脅到法國文明的文化霸權。記者兼評論家維克托・貝拉德（Victor Berard）評論道：「日本不像法國那樣是一個民族；它是日本天皇，那是將日本民族與永恆力量串聯起來的神靈之鏈。」就此，他在受傳統約束的既定臣民和心甘情願的公民之間，界定出一種微妙而清晰的區別。羅逖看著菊花在寺廟裡祈禱，心中默想道：「她擁有靈魂嗎？她覺得自己有嗎？」她的舉止對他來說，迷人而無意識，僅僅是一種「出於尊重古老習俗」的信仰。[32]

身為「妻子」的菊花墨守舊俗的演出也同樣精彩而虛無；徒有角色，缺乏人性。對法國人來說，定義個人與法國歷史密不可分。一八六八年，日本的皇帝復位，而法國人卻在一八七〇年廢除自己的皇帝。一個講究禮儀、喜好面具的社會使人聯想起古代政權。如貝拉德所言，「說到一個『成熟的男人』（un homme fait），日本人永遠達不到一種我們所能理解的境界；兒子永遠受制於父親，而那父親本身又受制於另一個父親。」在菊花與羅逖最後告別的一刻，她的守舊阻止了她繼續數錢，但如此一來反而招致水手的嘲笑。「我早就如此料到；這麼做會違背她的所有禮俗意念，完全違背她先天或後天的傳統習慣，完全違背了她的日本人特質。」[33]日本人依然拘謹於形式和義務並向權威低頭，漠不關心西方傲人的歷史成就，以及個人的訴求與情感自由。

法國被德國打敗只是加劇了這種區別，因為法國作家認為普魯士的紀律更突顯出一種文化自卑。女權主義作家加涅爾（M. L. Gagneur）將一八七三年渡過萊茵河的敵人歸類為剛硬、整齊，「缺乏銳氣」（absence d'élan），並描述了德國人的「天生慣性」。[34]法國人認為日本人和德國人同樣都是紀律嚴明，但在一八七〇年後開始質疑這種紀律。羅逖對菊花、對整體日本人的譏諷可說是沒完沒了，有如吟誦詩歌：「談到他們，我們便說『我們訓練有素的小狗』，事實上他們也出奇地像。」羅逖將這主題帶到其他作品，描述日本舞者的場景，說就像是機械，一點都沒有發自個人的原創。[35]日本並不是一個欠缺才華、涵養或政治經濟發展能力的文化，而是——如同普魯士的德國——缺少個人意志與情感的豐富性。

法國人對一種情感特別感興趣——愛情。具體而言，那便是形塑於優雅傳統的個別男女之間的浪漫愛情。龔固爾在一八七〇年至一八七一年的日記裡，特別針對這一點痛斥普魯士時代的新德國。曾經孕育出完美的「維特與夏綠蒂」⑨幻想世界的純真、「柏拉圖式愛情的

---

⑨十八世紀哥德《少年維特的煩惱》中的角色。

情感棲所」，如今卻只生產「最頑固的士兵、最敗德的外交官、最無恥的銀行家」。[36]少了愛，沒有一個國家能夠認真宣稱自己是真正文明的人民的家園。

所以，在明治時期法國有關日本的著作中，我們也發現了對於「愛」的問題的大量關注。事實上，愛的對話甚至還可以解釋日本在政治經濟上的成功。盧多維克・諾多（Ludovic Naudeau）在《現代日本》（*Le Japon moderne*）中指出，日本男人之所以能迅速建立起「日本的顯赫」（grandeur of Japan），是因為他們不受親密關係和愛情生活所束縛。他們生命中本就不存在浪漫愛情的概念。學者安德列・貝勒索（Andre Bellessort）是茱麗葉・亞當《新評論》專司亞洲的撰稿人，他仔細研讀了《日本社會觀》（*La Societe Japonaise*），在他看來，日本人和法國人都喜歡誇張的鬧劇和虛張聲勢的英雄主義（火槍手和武士的故事），但他得出的結論是：「毫無疑問，我們不能操之過急地做此比較！我確知我們的人生觀，尤其是愛情觀，在很大程度上讓我們與日本人有所區別。」其實，他認為：「愛情的概念……在日本人當中很難開枝散葉。這種個人情感並不符合他們的社會框架。」[37]

個人情感是道德的假定基礎，是文明的歷史發展。因此，浪漫愛情的問題變成了判斷日本的現代性是真是假的關鍵。追尋愛是通往事物核心的竅門，為的是看到禮儀和面具背後的現實。如果一個擁有克虜伯炮（Krupp gun）、法式海軍軍官和絲綢工廠、重工業、電報、軍隊、學校和鐵路的文明被發現沒有愛的能力，那意味著什麼？

站在法國作家立場，這個問題的重中之重在於對日本女性的了解。作為小說家，並非唯獨羅逖才把一個叫菊花的女子標誌為日本的象徵。貝勒索評論道：「他們的土地如女人（leur terre est femme），魅惑了我們。」對女性地位的理解將能闡明「他們古老文明的精髓」。這條推論根據法國女性地位思維來直接判定日本現代性之高下。正如查爾斯・佩提特所說：「我們法國人習慣於透過復古、傳統和教育來尊重女性；我們已把這視為我們文明的標準，這便是為什麼只要他們一天不改革對待女性的習俗，我們就無法承認日本人聲稱在文明上與我們平等。」[38]茱麗葉・亞當自己不就曾寫過：「難道一個民族會野蠻到鄙視其女性，並貶低她們的身分嗎？」[39]

法國人對日本人最主要的苛責，就是他們缺乏浪漫愛情的高尚固有傳統，散文家查爾斯・魯南（Charles Loonen）在他對日本戲劇和文學的研究心得中如此描述：「他們在浪漫故事中的人物為了占有喜歡的情婦而決鬥；他們從來都不是為了贏得美女青睞而行俠仗義的英雄。」那麼真實女性的生活寫照又是如何？日本只有在自己的「東方」裡保持優越。魯南說道：「人們無法進一步將日本女性的日常與亞洲女性相比較；日本婦女拜訪自己的朋友，與家人同行外出，參加公共慶祝活動，管理家務……如果說（她的地位）不如歐洲人，但又比其他亞洲婦女強得多。」然而，這種優越的特徵為何？按照查爾斯・佩提特的說法，套用一句強烈呼應羅逖的話，日本女人性情：「甜美、友好、端莊、講究，對主人無比忠誠，簡言之，是一隻好狗的性格。」[40]

對佩提特來說，對日本苛責並不是因為日本女人一無是處，也不是說她們只是裝飾擺設。其實他堅信「她們不是洋娃娃，這些日本小女人，她們所擁有駕馭自己感情的力量，抑或說隱藏自己感情的力量，才是發掘出一種堅強與意志力的性格的門道。」實際上，他對日本女人的「剛烈性格」有所評論，她們具有忍受生活中充滿「痛苦、可怕劇變」的力量。[41] 日本在近代史上的定位問題，嚴格來說，並不在於婦女的權利與角色，而在於，從這些女性身上所理解到的在日本情感文明中可被接受的事物。

大多數法國作家都同意安德列・貝勒索的論點：「日本的教育與其說是為了治癒他們原初的病灶，不如說是為了讓他們善於交際。」身為日本人，意味著「要壓抑痛苦，忍氣吞聲，哪怕自己行事正當。」[42] 這種明顯的反自然行為根植於強大一統的哲學宿命論和貴族武士傳統，這種一統和形而上學悲慘地抗拒西方的愛、情感和浪漫騎士精神的概念。這種與西方的巨大差異，在於基督教傳統的無力和文藝復興人文主義在日本留下的影響，彷彿讓人感覺這是一塊無信仰之地，個人不受尊重，佛教僅是僧侶的慰藉，神道則是一種自古以來崇敬帝王的意識形態。

有個法國作家記錄了他與一個男人的會面，那人對朋友的死談笑風生，並解釋道，「一切造物都難免一死」，這番話讓這名作家揣測，對於宿命論的日本人來說，深切的悲傷或情感失落顯然都被排除在「交際、同好，簡言之，慈善（charité）」之外；結論不言可喻，在「基督教慈善精神乃外來物」的日本，西方這一描述愛的最偉大字眼被否定了。[43]因此，在這塊如女人之土，誰也不許哭；這片土地上不存在慈善——換句話說，沒有慈悲或手足之愛：日本是物質進步的巨人，但在法國人用以精煉其文明概念的情感和道德素質上卻是一個侏儒。當羅逖表明他對明治時期日本的厭惡時，他貶抑菊花，只因為他自己體驗殖民者地位的情感激盪已然無能為力。雖然他扮演著主人，然而她對他依照禮俗、中規中矩地對待，讓他說道：「若是換作別人——任何我所愛之人——我應會覺得這很有意思，但在她身上，就是讓我惱火。」[44]

羅逖在嘲諷中對於女人情感神祕莫測的描述，與梅薩熱和普契尼歌劇中的哭泣女人有著天差地遠的區別。他的視角並不獨到；許多西方明治編年史學者也寫過類似的、對日本人冠上「難以捉摸」印象的文章。海軍司令克雷門．德．拉．宏西葉勒．諾里（Clement de La Roncière-Le Noury）在報告中如此說道：「他們擅長於持續數天毫無結果的討論，而且還毫不顯露他們內心深處的想法。」美國作家伊麗莎．斯吉德莫爾（Eliza Scidmore）也指出：「他們和他們的外部環境是如此生動，深富戲劇性與藝術感，以至於在某些時刻，他們顯得是個裝腔作勢的民族——他們的世界就是舞台，他們的男男女女只是演員。」[45]

當這些「演員」發現自己在西方和法國品味中被解讀為低廉的宣傳品時，如此視角或會逆轉。中江兆民曾經說法國是一齣「戲劇」，另外，行動主義者兼演員、同時也是民權運動積極分子的川上音二郎（Kawakami Otojiro）[⑩]，他在一八八〇年代和一八九〇年代與劇團在整個日本西部演出諷刺和辯論劇，因而聲名大噪。一九〇〇年，他和他藝妓出身的著名妻子貞奴（Sadayakko）在歐洲巡演並創作，改編了全部的劇目，以強烈的戲劇手法來展現「日本人」的情感，包括導致絕望的痛苦浪漫和無緣由的儀式性自殺場景。當安德列・紀德熱情說道：「貞－奴（Sada Yacco）帶給了我們古代偉大戲劇的神聖情感，這在我們自己舞台上卻再也無法尋覓。」他探索的是雷加梅新生的日本和日本主義。然而，他所欣賞的演出，既是貞奴對法國和法國激情的印象，也是對日本的洞察。正如貞奴自己所說：「在法國人優雅和美麗的外表下，他們所有的人都渴望鮮血與淚水。」[46]

就如同羅遜在發表了菊花夫人後的境遇，貞奴發現記者們熱切追問她關於日本的愛情。她回應有關戀愛習俗和「極為高貴、莊嚴和神聖」的愛情本質的措詞，並非——或許正如眾人期望——浪漫和激情，而是忠誠與行為得體。這是川上夫婦做出回應的一個特殊歷史時刻，川上音二郎向他的演員團隊闡述了一個道理：「我們劇團今天之所以功成名就、進帳豐厚，靠的絕不是我們自己的能力，而是因為日本帝國打贏了最近一場戰爭（一八九四年至一八九五年的甲午戰爭），使得許多國家都開始注意到日本。」巴黎人對貞奴和音二郎的歷史浪漫的著迷不僅止於對戲劇的讚賞：「此時此刻我們的成功有一部分要歸因於外國人喜歡

---

⑩ 表演藝術家，同時也是新派劇的創始者。

看到一個戰勝國演出的戲劇……」[47]巴黎的觀眾可能渴望感傷的異國情調，但卻越來越——有意無意地——被一個帝國主義對手所構築的故事吸引。

在當時，隨著太平洋地區國際局勢的變化，讓日本之「愛」變得可能。在一九〇一年問貞奴愛的問題，譬如紀德或雷加梅，是在尋索高盧文明的缺陷，是質問一個異邦人獲致成功的根據——在情感及征服上。貞奴的藝術表現——如一名評論家所言——「一個日本女人可以深深地愛，野蠻地恨，然後靜靜地死去」，為觀眾提供了「東方」女性恭順的陳腐形象，然而在恭順的「日本民族性」中，犧牲與激情最終與川上音二郎的「勝利民族」形成連結。[48]

在查爾斯・佩提特的一篇著名短文中，總結了他對日本文明的看法，他描繪了一個男人前去從軍時女人流淚的潛在可能。「這些可憐女人強忍著不哭；看了令人難過。但她們是依循過去引以為傲的傳統所要求，才保持冷靜與沉默：婦女不得在武士離去時哭泣，必須維持令人仰慕的端莊。」[49]從歷史的角度來看，從軍隊開拔和女性可能流淚的時刻來找出日本的情感鏈結，既明智，卻也令人不安。隨著貞奴的戲劇才華和音二郎在舞台上彰顯愛國、擁戴明治的日本帝國形象，這樣的場景穿插確立了日本「愛」的故事，使之成為從殖民屈辱轉形為帝國犧牲和帝國征服的政治戲碼。

羅逖本人在世紀之交也不得不改變他在一八八七年描述日本幼稚而講究的說法。他在一九〇〇年重遊島國，當時川上夫婦已在巴黎巡演，他在船舷邊寫道：「這海灣看來真像個歡樂的花園，不是嗎？」不過他又在這信上感嘆政治氛圍：「首先是日俄戰爭，透過戰爭一切不言自明，很快，而且無可避免……每個黃種人的腦袋裡都會決定自己當家作主。」[50]一九〇〇年的軍國主義狂熱和民族主義激情的直率表露，已與日本過去幾十年的景況、外國特權和條約口岸的陳年舊事不再相稱。

不管羅逖等人如何大肆批判現代日本在情感上的不真誠，這些批判者仍普遍同意，在日本，「最高尚情操」的愛確實存在，而且還相當強烈：叫作「愛國主義」。這的確是日本人激情的泉源，是「愛的情操與熾熱野心」的表現。[51]政治記者阿博爾於一八九五年中日甲午戰爭期間撰稿，儘管他難以苟同日本帝國主義的形成，但還是讚賞地評論道：「日本人基於一種晦暗不明、但絕對尊崇的激情而熱愛祖國。」派駐巴黎的日本外交官末松男爵對此表示贊同：「當一個國家將忠君愛國置於其他一切私人事務之上時，便走上了正確的道路。」[52]

在日本，天皇之愛和國家之愛與「私人之愛」有著千絲萬縷的獨特關係，法國評論家們常能透過日常實踐中貫穿一切的家庭與婚姻制度，來闡述他們對於日本人感情生活和婦女地位的論點。

毫不意外地，在日本，人們透過討論祖國之愛來表達愛的真實存在，而同時，也透過這方式加以譴責。就好像法國政治作家歌頌德國曾是自由表達個人意志的故土，日本的離經叛道者也挑戰明治時期的社會，視其為一場專制與屈從的噩夢。記者費利克斯·馬丁藉著表彰法國家庭生活的道德和公民優越性，來呈現東、西方差異：「在我們當中，父親和母親的平等越來越成為家庭的建構基礎」，反觀東方儒家制度則規定婦女「必須服從父親、她的丈夫，乃至她的兒子」。

馬丁等作家在國內因女權主義的騷動和「新女性」（nouvelle femme）的出現而感到不安，他們以不平等的日本為例，證明法國女性享有自由與平等（liberté and égalité）。經過了一代人的歲月，在一九三〇年代，法國學界的費利西安·查拉耶開始提出平等制，他認為：「正是現代女權主義，透過提高婦女的道德和社會地位，才使得日本男女重新表達對愛的正確認識、愛的甜蜜與悲傷，如同他們高貴祖先在一〇〇〇年的行為方式。」

查拉耶對於俗世規則的參透表明，就連他也認為愛已在日本的現代性中消失——很大程度上是受到了「中國男尊女卑思想」的影響。他讚揚清少納言⑪的《枕草子》和紫式部⑫的《源氏物語》（其中多半都是對情欲冒險的描述）的古典主義，但也同意「特別是自十七世紀初以來，女性地位日益下降」，此外，「愛扮演的角色愈來愈不重要……愛的自由、選擇自己所愛，都已不被允許，只剩下藝妓才能隨心所欲。」[53]

儘管明治時期的日本婦女性格堅強、活力充裕，遠比其他亞洲地區婦女生活得更好，但以歐洲人的標準來說，她們的地位其實比僕人或奴隸好不了多少。作家保羅・德・拉克羅瓦（Paul de Lacroix）等人指出：「日本女人必須一輩子服從；因此，她扮演著被動的角色。她的職責是向丈夫卑躬屈膝。」作家兼評論家亞瑟・德・克拉帕雷德（Arthur de Claparede）中肯表達了明治政治和晚近正式合為一體的愛國主義與私人生活兩者間的相似性：「男人不僅是一家之主，他更是家庭中心，或說得更好聽，居於神祇地位。年輕女子不過是父親的僕人，成為妻子後便是丈夫的傭人。一個父權無限伸張的家庭……宛如一個國中之國。」[54]

家庭以某種獨特的日本之道複製為國家——這是一個由「眾神靈之鏈」所串聯的神聖

---

⑪日本平安時代女作家。

⑫日本女作家，貴族出身，曾奉詔入宮服侍皇族。

皇權統治的民族。這便是愛的最偉大表述，服膺於神聖父親的形象，也服膺於上天血脈之化身；反觀只服膺於個人的私務則是背離正道。於是，歐洲人所理解的浪漫愛情倘若引入日本社會，將是危險的。安德列．貝勒索如此評注：「如果一個家庭的所有成員都緊密相互依附，便會認為愛是一種混亂的力量，在這種最不穩定的、最離散的、往往也是最自私的情感上，無法達成和諧美滿。」所以說，「一個男人不應依照個人喜愛……來選擇他的妻子，而妻子也不該因為個人感情而服從她的丈夫，因為人類的反覆無常和七情六欲或會阻礙個人盡其本分或導致靈魂誤入歧途。」[55]

歐洲人所珍視的「愛」和「情」，想必對日本來說是陌生的。貝勒索指出：「在日本人眼中，為愛而結婚是……一種失格，最起碼也是屈服於一種令人憎惡的弱點。」他提到，愛情「雖被接受，卻是令人不齒的行為」。當羅逖在小說寫道發現「妻子」菊花和他最好的朋友伊夫（Yves）可能彼此互相吸引時，破裂的愛宛若晴天霹靂，他宣稱：「我們甚至就在這當下，隨時準備演出自相殘殺的戲碼。」但這不可能，因為，「我們身在日本，受到周圍狹窄、矮小的環境影響……一切都會沒事。」[56]

對羅逖來說，「狹窄、矮小」是奴性和虛偽文化的壓迫氣氛的特徵，在日本，專制之下的義務與犧牲便是一切。婦女要服從家中男性以履行其義務，然而這也意味著唯有基於天皇的原則與榮耀，才能提供男性慰藉。末松男爵講過一個故事，有個垂死的母親拒絕見她的兒子，因為他擅自離開他的陸軍團隊回家。「要是你膽敢靠近我，你就得毀了這張蚊帳，這是我的鋼鐵堡壘。」這個母親並不因為這男人是她的兒子就愛她，於是兒子沒見到母親便返回戰場。尚·達普（Jean Dhasp，駐橫濱總領事安東尼·科洛布科夫斯基〔Antony Klobukowski〕的筆名）記載了一個戲劇橋段，一個小孩玩耍時打翻了祭壇，之後他在母親面前因這逾矩行為遭到割喉。讓達普印象深刻又驚駭的，是「母親」的無動於衷。「母親蹲伏於地，動也不動。她一個人待著，過了一會兒，她望向觀眾。注意！這是個絕望母親的景象！」或許她感到羞愧；但她絕不是為自己不幸的孩子哭泣。[57]

日本人對使命和犧牲明顯的狂熱情結，震懾了法國作家。這怎麼可能呢？這哪有人性價值呢？外交記事火力全開地攻訐日本的情感主義——愛國主義已變質為狂熱主義。一八九四年中日甲午戰爭爆發時，法國駐東京公使曾回報巴黎：「日本政府捲入戰爭幾乎完全出於純

粹的感情因素。」這些報導強調了這些誤入歧途的激情占有主導地位，並聚焦於探討日本帝國模仿西方列強的潛在意圖。這份報告憂心忡忡地談到明治政府「任由自己被幻想與虛榮沖昏了頭」，同時將這種威脅直接追溯到「組成這個年輕日本的官僚、公務員和科學家膚淺地盲從於歐洲文化……的一切。」[58]對這位公使來說，日本菁英們過於濫用民族之愛的論述，實際上已將之塑造成帝國國策。

日本的軍國主義只是引起人們關心與不安的因素之一。如同往常，年輕女性一直是人們關注的焦點。儘管——或許也因為——菊花夫人在法國施展了文化魅力，不少評論者都試圖尋索乾女兒面具後面可能掩蓋的祕密：年輕女性的精力和軀體塑造了日本的現代性，但她們也反映出日本更殘酷、更醜陋的面目。日本驚人的經濟奮起尤其成為記者（在這裡，也包括傳教士）的題材，讓他們揭露這個島國原初的文明狀態。結果是，世人發現日本令世界驚嘆的出口產品其實來自廉價勞力——「以婦女居多」、壓榨貧困女性的悲慘制度、沒有週休的輪班工時，工廠裡機械聲震耳欲聾、危險、疾病肆虐，一個「每天運轉二十四小時，年輕女孩得與成年女人搏命」的系統。[59]

天主教記者喬利（L. Joly）記載道：「重工業發展無疑使婦女被奴役得更厲害。女人在所有工廠都非常搶手，因為……她比男人更溫順，在某些工作中上更能幹，而且滿足於更微薄的薪水。」對喬利來說，日本婦女堅強——但並非令人羨慕的那種堅強：「她們扛煤，額頭冒著汗水、操縱起重機從船底吊起沉重鐵塊。她們勇敢……變形、彎折，在人生大限之前一直受到蹂躪。」一如往常，婚姻這種「莊嚴的行為」對女人來說，「只是換個主人……一種新奴役的神聖變體。」[60]

就像這樣，日本擁有多重樣貌；如果說菊花夫人是日本讓法國看到的面容，那麼她那表面上的風騷，她粉臉上飄逸而戲謔的歡愉，又一次成了一張面具——這次是受到殘酷輕慢的年輕女性，標誌出一個外表進步，但內心孤獨的社會。喬利語帶尖酸地說道：「隨便問個日本人他有幾個孩子，他會這麼回答，我有三個孩子但兩個讓我羞愧。」[61]這種羞愧是販賣孩子換來的，賣給了工廠、妓院，和像是羅逖這樣的外國人，這外國人的富麗堂皇掩蓋不了他對日本和對他自己的羞愧與厭惡。

羅逖帶給菊花夫人的是他痛恨的現代性的激情與心靈，不只在日本如此，在他法國老家

亦然，那是羅逖最後退隱回歸的羅什福爾，在那裡他創造了一個自己的東方。他對菊花的冷峻視角十分殘酷，卻也深刻符合在法國視野中，日本是一片毫無真正文明之土的觀點，只看到那裡有頑強的使命和無情的榮譽、母親把兒子送進日本軍隊、把女兒賣到妓院，永遠不會明白失去的苦痛。

正是這裡提到的心靈——菊花夫人的、日本的、和法國自身「文明奮鬥」的心靈問題——引發了論戰。一如安德列．梅薩熱和普契尼的歌劇改版，藝術家費利克斯．雷加梅改寫羅逖的故事，以悲劇和浪漫色彩來取代嘲諷與挖苦的歷史，也因此讓真正的愛成為可能。戲劇和文學評論家注意到了這一點。藝評家在陽光普照版的歌劇裡，關注的是「小說中美麗、萌漾、沒有心思的娃娃菊花」如何成為「一個聰慧的女人，誘惑、忠實，充滿真誠的愛」。[62]在梅薩熱歌劇的結尾，菊花留給皮耶一封信，他在船隻駛離日本時展信讀著：

我只希望留在你回憶中
不敢奢求留在你心中
唉，我十分清楚自己沒有分量

因你曾說過，我永遠只是個娃娃，是個「乾女兒」
倘若我能目送你離去，當你嘴角泛起笑靨
我要你知道，當你離我遠去
離我很遠很遠的時候
日本這兒也有女人會愛
會哭[63]

雷加梅對這種表述深信不疑。他是個周遊日本的熱情旅人，孜孜不倦地研習日本文化，並毫不留情地批判羅逖。他說羅逖是「忘恩負義之人、菊花夫人誤交的損友」，並列舉羅逖對「這片荒腔走板的驚人土地」的描述，對照他自己讚嘆「超凡脫俗的自然風光」、竹子、多才多藝的佛教僧侶等句子。他在《羽毛》（*La Plume*）這類藝評雙月刊上編寫有關婦女、藝術和日本的專題文章，並特地創作了《菊花夫人的粉紅手扎》（*Cahier Rose de Madame Chrysanthème*），從菊花的觀點來重述羅逖的故事。夫人的故事是假想從她的日記中節錄出來，所描繪出的不是一個卑怯、勢利的遲鈍女人，而是她的苦惱、她的渴望，以及她明知這麻木不仁的男人並不愛她，讓她既認命，又極其痛苦。

雷加梅在《羽毛》這期專門討論「日本女性」的特刊中，特意蒐集了一系列極為貼心的親日作品、翻譯、藝術、詩歌和散文。雖然其中沒有哪篇文章曲意迎合亞洲女性主題，但全都清晰散溢出世紀末女性特質的歷史視野：女性命定的身體與情感本能。雷加梅便是如此這般地追求梅薩熱歌劇華麗結尾時的餘音繚繞。當皮耶讀完了菊花的信，他的同伴伊夫插嘴說：「就跟家鄉一樣，女人終歸是女人。」雷加梅和伊夫、皮耶都清楚這句話的含義，可以轉述為對十九世紀後期法國和日本的解讀。

而《羽毛》裡的某些解讀則有點濫情。「她嬌小，袖珍，乖巧」一名散文家如此描寫「日本女人」。他說「我遭到許多批評」，因為把日本女人描繪成「近乎天使」、「象牙般精緻」。此外，「她是世上最忠實、耐心、專注，最活潑、最忠於本分的女人」，一種「溫柔順從」的生物，一個「安靜、滿足與可親之人」。在語氣上，這篇文章有點像英國作家克萊夫．霍蘭德（Clive Holland）花俏的通俗作品《我的日本妻子：一首日本田園詩》（*My Japanese Wife: a Japanese Idyll*）裡對情婦的狂想：「日本女人宛如愛情的蝴蝶……讓我可愛的小乾女兒在我的家與花園間飛來飛去，著實令人愉快。」[64]

當然這絕非濫情。在梅薩熱的歌劇結尾，當寫給皮耶的最後一封信裡聲明「日本這兒也有女人會愛，會哭」，這番表白顯然意味著菊花已被排除在這種可能之外，不像「你的歐洲女人」那樣「任性，反覆無常……更可愛」。[65]就梅薩熱看來，眼淚將菊花洗練成為女人。同樣地，對雷加梅來說，眼淚是保護日本的一種手段，也用來貶謫惡意又犀利的現代幻滅，那是羅逖美夢落空之後的倦怠；這種倦怠感，除了無聊，還有遷怒的成分，是十九世紀文明的抑鬱。[66]

在羅逖故事的雷加梅改版中，菊花被賦予一段最富悲傷浪漫氣息的家世：她的父親曾是高貴的武士，因對自己貴族地位的消亡感到憂鬱，眼見「外國人抹滅了這國家的一切」，他受不了打擊從此一蹶不振。羅逖見到日本被西方蹂躪，雷加梅則看見她遭到剝削。他們一個意志消沉，另一個深感憤怒。羅逖的菊花缺乏任何貴族的感性；她反倒提醒了法國人這世界已被頹廢的現代歐洲所淹沒。相較之下，在雷加梅的故事裡，日本才保存了真正的浪漫，而西方人竟愚蠢地沒能意識到日本文化復興的可能。

雷加梅的菊花展現了一個真實日本——如同真實法國——的一種女性角色，在政治上無所適從，在愛情上無法征服：「女人不該參與政治；應當全心全意為男人奉獻；即使是京都的藝妓，也絕無可能征服他們的愛。」她夢見了在戲劇中，費盡周折之後「愛人們在婚前遇到的一切障礙」都圓滿化解。[67]唯有能夠愛的人才擁有同情。在菊花的內心獨白中，她坦承：「皮耶是我的主人，我除了能取悅他，什麼也沒有，我愛他……」然而她的日記裡充滿恐懼。「我不敢告訴自己……他厭倦了。一切都讓他厭煩。皮耶心裡出了什麼事？」當皮耶變得越來越疏遠，菊花想像他們之間豎起了一堵牆。「如果再這樣下去，我會變成什麼樣子呢！」她被逼得無以為繼。「他從來沒問過我是否愛他，或者是否有一天我會愛他。有一天……他會離我很遠，我將再也見不到他，一切都會結束的。」

總是有關於眼淚的問題，眼淚是情感與文明的標記。菊花痛苦、狂熱地標記著她和皮耶剩下的時日，希望盼得那消失在港口的男人的一絲情感，或回想他站在那邊眺望大海時，自己忍住不哭的情景。「每天早晨我都為家裡換上新的鮮花，穿上最美麗的和服，我要自己別流淚，這樣他回來時就不會嫌我難看。」

終於，在一天清晨，出現了一個悲淒的時刻：「我看見皮耶站在那裡，一手掀起蚊帳，一手拿著一個小袋子。我抑制住了哭泣。」他把錢袋給了她，然後便走了——這些是用來償付他們婚約的銀幣。

至於那不登大雅的數硬幣場景，雷加梅為它創造了一個通俗版的開脫；菊花邊唱著當鋪的哀傷曲子，邊敲打著銀幣，不是為了驗明真偽，而是處於憤怒與絕望之中。「這首在日本家喻戶曉的曲子，述說了貪求金錢所導致的一切惡果，金錢是世界上的萬惡之源。」對於皮耶自以為逮到了她計較報酬的一幕，菊花傷心欲絕。「這是對我最後的侮辱！」她怒不可遏。

在雷加梅改版的故事末了，菊花成了一個真正的女人，奮不顧身地尋求自我毀滅。雷加梅描寫她來到波濤洶湧的岸邊，縱身投入大海，打算用「絲絹捆紮起來的一百塊白銀」的重量帶著自己溺斃。然而銀幣散落在海底；只漂來她保存的破舊筆記，裡面是皮耶的潦草塗鴉，大半已隨波而去，上面記錄著他對這片「永遠陌生」的土地的深刻幻滅，對於這片充滿「莫名傻笑」、他不能也不願去愛的「荒誕」土地與女人的殘酷事實。[68]

這場關於菊花眼淚的對白，體現了日本在歐洲大陸和東亞地緣政治競爭不斷變化的背景下，透過情感能力寫入歷史的辯證。日本可以是東方的普魯士或亞洲的瑪麗安娜（Marianne），是無情的威脅或被蹂躪、但有尊嚴的受害者。就法國觀察家看來，十九世紀

的日本——女性象徵——體現出多重的恐懼和渴望：自然環境與藝術文化之土，具有欺瞞與殘酷的野心。日本原初的形象是木刻版畫，然而到了世紀末，已成為歐美國家主導全球地位的一大顯著威脅。就像查爾斯·佩提特對法國人說的：「日本是唯一真正威脅到我們在印度支那帝國的勢力……為了人類和文明，希望歐洲各國人民盡一切努力，讓白種人在遠東地區繼續保有優勢。」[69]

女人的愛的可能性直接影響了這場競爭，它是文明變遷的標竿，是真實與虛假的化身，是以家庭和國家團結之愛的名義犧牲個人悲苦的工具。末松男爵曾經援引拿破崙名言「女人乃國家之母」，而查爾斯·魯南認為，在日本尋找「真實女人」，並非追求情色、異國情調或美人這等瑣事，而是要把女人看成「家庭中的母親，造就國家數代棟梁的老師」。他對日本感到遺憾的是，他沒能看到被傳統壓垮的日本女性如何能在家庭內部發揮「寶貴的影響力，安撫和慰藉人心」。[70] 雖說她們服從，但永不哭泣；他們的愛並非自己所能擁有。

「你不相信我心中有愛……」菊花夫人如此說道；法國人試圖藉由否定或還原夫人失落和分離的真實眼淚，來書寫日本十九世紀末忐忑不定的歷史。其中有的像羅逖，以玩世不恭的態度來記錄現代日本在基礎上的空虛，受到西方文明的虛假浪漫所迷惑、腐化和遺棄。有像是梅薩熱和雷加梅等人，他們不斷重申的是另一種女人，一個雖被碾碎，仍苦苦執著於一個到頭來，存在「真愛」的世界。對於動盪不安的法國評論家和記者來說，日本的哭泣是為了那些在日本帝國主義戰爭中走向戰場的兒子和丈夫們，為了那些賣給條約口岸和工業現代化的女兒們，而母親們除了向天皇效忠犧牲，無法給予自己親人任何安撫與慰藉；這一切都是在菊花夫人的眼淚中閃爍的歷史。

後記
失落的大陸

世界的盡頭：茉莉亞島（一八四五年）
圖片來源：澳洲國家圖書館／Charles-Claude Antiq.

在大溪地故事《羅逖的婚姻》中，皮耶·羅逖扮演的海上英雄角色撇下了他的玻里尼西亞情人，轉而琢磨她的歷史宿命。「我沉思著，噢，我的愛，在這些遙遠的海洋上散布著一些失落的群島，群島上住著一支很快注定消亡的神祕種族，而妳是來自這原始種族的孩子，」但憑——或也許因為——這殘酷的聲明，他似乎很堅定地要她知道：「在這遠離人類的島嶼上，在完全的孤獨中，我，舊世界的孩子，出生在世界的另一邊，我在這兒和妳在一起，我愛妳。」[①] 當狄德羅、布干維爾或迪蒙·迪維爾（Dumont d'Urville）[1] 為啟蒙運動塑造了一個野蠻而傷感的大洋洲的自然與高貴，羅逖的愛情話語也在歐洲帝國時代的太平洋浪漫中與之共鳴：歷史宿命、歐洲與大洋洲、激情和占有。

十九世紀到二十世紀初，法國皇室以及共和政體將海軍武力和海洋戰略投射到了大海洋上，羅逖和茱麗葉·亞當等人的心頭經常縈繞著殖民地的邊界問題，時而為之感銘，卻往往有意抹去愛情故事與帝國意識形態之間的區別。透過這些人，我找出了「休憩點」和「集結點」，用地點來標記特定的遭遇和情感疆域，它們並非同時具有意義，並非都被冠上「殖民主義」或甚至「島嶼」的顯著標籤，然而所有的這些地點，無論是在行政、商業、軍事，還是在意識形態和想像中，都漂浮在同一股含義的潮流裡，時而迴盪出「愛的帝國」的聲響。

串聯所有休憩點的，是歐洲的太平洋歷史基礎、大航海和大冒險的故事、對神話般的東方、純真島嶼的渴望所誘發的幻想和探索，以及對「未知的南方大陸」（terra australis incognita）[②]——傳說中南方洲土的探索。這塊大陸的景象，實然即為應然，正如十八世紀歐洲航海者猜測大洋洲島嶼和人民存在於山峰之巔，共同立基在如今深不可測的海底岩層上方，而這些點則以某種方式相連，同時又相互孤立。

我也以類似的方式來表達帝國的脈絡：從羅什福爾到諾美亞再到長崎，從互為因果的敘述中體現每一次的接觸。其中某些像是「孤立」的敘述，整合了關於大洋洲和亞洲的假設。並非只有熱帶島嶼注定泯滅於全球歷史的潮流之中。一八八九年，不久後當上印度支那總督的尚·路易·德·拉尼桑在談到東南亞時曾說：「交通路線的狀況與兩千年前的歐洲一樣……他們注定要陷入一種極大的無能為力，就跟他們的完全孤立一樣嚴重。」他甚至還含沙射影

---

① 法國探險家、語言學家、人類學家、海軍少將。

② 「未知的南方大陸」首先由希臘哲學家亞里斯多德提出，後來由托勒密進一步擴展，並長期為世人所相信。今日澳洲的英文「Australia」即源自拉丁文「australis」（南方之意）。

地威脅日本明治政權以彰顯力道：「如果她繼續自我孤立，閉關鎖國，如果她讓人看出無法醒悟自身命運，那麼終有一天，她會激起一個更強大、更英明的政權取而代之的想法。」[2]

儘管有這些冥冥之中的相似之處，但在敘述中卻也表現出不同之處。十九世紀的法國對東南亞和東亞的記述通常都詳細說明了偉大的冰河文明正在衰落，或是日本的尚待察覺；美拉尼西亞則被畫進了一個刻板印象裡的非洲圖繪之中，被定位於冒險和原始主義。玻里尼西亞也被貼上了如此標籤，只是很特別的，那地方在啟蒙運動理想的影響下，表現得比古老的西班牙、葡萄牙和荷蘭殖民地的征服與商業敘事更出色，使得當地人民帶有樂於世俗感官、強健，甚至令人欽羨的印象。就這樣，野蠻、天真和神祕參差不齊地投射到了這些被大海包圍的土地上。

在如此這般的結盟、囊括但又矛盾的敘述中，法蘭西帝國在太平洋從來沒有明確的定義或明確定位。它橫跨一個巨大而分散的地理區域，顛覆了「殖民母國」（metropole-colony）模式。從巴拿馬地峽到東南亞海岸，從南太平洋的新喀里多尼亞、大溪地和富圖納到日本的北方群島，與其說法屬太平洋是個封閉的空間，不如說是一群起伏不定的地點，在這當中有的具戰略意義，有的則僅具象徵性。獨特的高盧敘事情感框架的文明使命至關緊要，以促使殖民地和領土成為相稱與吸引人心的統治標的。大洋洲的故事和治理政策同樣是為了爭取支持殖民剝削，不管那是冒險、利益——還是浪漫地塑造當地歷史。

而許多這些歷史在過去、乃至現在都還具有爭議。羅逖曾預言，有一天，當大洋洲的民族「消失許久以後，只會剩下保存在過往書籍中的遙遠記憶」。[3] 他正是為了那個時刻，寫出了他致命的帝國浪漫。但他看錯了這些民族，他們將繼續跨越到下個世紀，日益壯大也更形重要，但身為帝國主義遺緒創造者之一的羅逖，狡黠地將帝國主義遺緒標誌為「愛的帝國」。我以羅逖的愛情故事為軸線，探問種植園勞工、合約妻子、移民、權貴、屯墾者和流放者的話語，呼應他們與法國虛構的帝國故事衝撞交鋒時所發出的鳴喊，以找出在這段紛爭歷史中的順應與抗爭。

其中有些人以武力反擊並抵抗，留下了暴力反殖民抗爭的遺產和紀念。某些人以他們自己堅持的「現代化」及帝國政策相威嚇。另一些人在戰鬥的同時，也擁抱家庭、兄弟情誼與守護者的崇高浪漫，利用並採納宗教習俗和政治思想，締結聯盟、廣納同夥。婚姻就跟統治決定一樣，都是這些故事的一部分，梅蒂斯和半山的血緣，同樣是愛情與剝削、性關係和軍事力量的印記。衝突的愛情故事，成為歷史的敘事。

在《羅逖的婚姻》裡，羅逖哀歎玻里尼西亞傳統文化的消逝是種頹廢的歷史必然性，他將自己的情人「拉拉呼」因肺結核衰亡的情形也概括其中。但事情還有後續發展。一八七五年，之後將成為大溪地波馬雷國王的阿里奧王子（Ariiaue）結婚，娶了一對顯赫夫婦的第七個孩子為新娘，這對夫婦是皇家祕書暨顧問亞歷山大・薩蒙（Alexandre Salmon）與妻子阿里奧霍・阿里伊塔伊瑪（Ari'ioehau Ari'ita'ima'i）。家族歷史學家將這樁婚事形容為一段熟悉的皇室浪漫史：「羅逖在他《羅逖的婚姻》中曾向我們描述了其中一場接待，並高度頌揚典禮的華貴與迷人。」然而，他們卻對新娘瑪勞（Marau）的話不以為然，後來她評述道：「我不能不憂愁地將當時的豐富多采與今天的狹隘做一比較。我們的傳統雖仍受到尊重，卻已遭到遺忘；世襲酋長的尊榮和權威，如今隨著那些取代他們的人而消亡。」

她回憶起自己過去的傳統與習俗，那些被排斥的文化，她發聲反駁了「愛的帝國」的敘述。丈夫過世後，瑪勞以身為島嶼上「末代女王」致力弘揚大溪地文化而聞名。瑪勞懷著矛盾的心情擁抱法國，既認可又蔑視帝國的歐洲代表：「過往的官僚，當然充滿善意，但他們大多數對我們的語言、我們的需要、我們的可能性一無所知」，而且，也正如她所說：「對我們的歷史也一無所知。」[4]

從大溪地到新喀里多尼亞，從奧特亞羅瓦－紐西蘭到夏威夷，瑪勞自我認知的歷史觀預示了太平洋殖民和後殖民問題將一直延續進入二十一世紀。遍布在大洋洲到亞洲的帝國足跡究竟是不是休憩點與集結點，這仍存在爭議，但同時也被重新定義為國家、民族和更浩瀚的島嶼之海上人種與文化鮮活、流暢及多元歷史的交叉點。[5] 我在書中試著觀察十九世紀和二十世紀初的太平洋帝國歷史中某些競逐時刻的緊張態勢。活躍於這些故事中的人物，包括了航行於南半球的島民和亞洲人、殖民地統治者、流動勞工、威武不屈的酋長、狂熱的天主教士、不幸的囚犯、貧窮的加勒比海和美洲勞工、條約口岸的妓女，以及驕傲的玻里尼西亞王族。

這些人物共同組成並兌現了太平洋上的一個愛的帝國，他們被權力與情感糾纏不清的浪漫微妙地連結在一起。他們的故事是寧靜共振波的交匯點，就像無數歷史片段乘載著短暫洋流和海底深潮向外擴散。

謝辭

我在世界各地的尋索中，仰仗歐洲、亞洲和太平洋地區的朋友、學者和親人們的協助與支持，終於得以如前人所講的故事那般，將許許多多摘要與片段拼湊成書。我把這本書獻給我加州的家人。

在南太平洋地區，我要特別感謝雪梨大學羅伯特・奧德里奇（Robert Aldrich）的見解和鼓勵，他的支持和前瞻性成就讓這本書成為可能。我要感謝坎培拉澳洲國立大學的迪佩・查科拉巴蒂（Dipesh Chakrabarty）和跨文化研究中心，以及名不虛傳的太平洋及亞洲研究學院，特別是布朗溫・道格拉斯（Bronwen Douglas），並向唐納・德農（Donald Denon）和布里・拉爾（Brij Lal）致謝。我向墨爾本可敬的葛雷格・丹寧（Greg Dening），以及查爾斯・索爾文（Charles Sowerwine）致謝。從臥龍崗和莫爾旺地區烏魯，無論我去到哪裡，都有我的朋友阿拉斯泰爾・戴維森（Alastair Davidson）和凱瑟琳・威克利（Kathleen Weekley）一路相隨。

在紐西蘭的奧克蘭，我感謝休・拉拉西（Hugh Laracy）及其家人的偉大貢獻與熱情款待。我前往新喀里多尼亞諾美亞的旅途，仰賴太平洋法蘭西大學保羅・德戴克爾（Paul DeDeckker）的慷慨相挺，和伊斯梅・克特維奇（Ismet Kurtovich）精力無窮的檔案管理，才能不虛此行。菲德瑞克・安格維爾（Frederic Angleviel）為我打開的眼界可說別開生面。我感謝吉恩－馬里・蒂巴烏文化中心提供的研究協助與建議，以及亨亨（Hienghène）的吉恩－菲力佩・蒂巴烏耐心介紹卡納克事物。在大溪地，我衷心感謝玻里尼西亞法蘭西大學的尚－馬克・雷諾（Jean Marc Regnault）、大溪地島嶼博物館的維羅尼克・穆・利普曼（Veronique Mu Liepmann）、大洋洲研究學會的羅伯特・柯尼格（Robert Koenig），和提帕魯伊地區檔案管理局團隊的鼎力相助。感謝斐濟勞卡拉南太平洋大學的史都華・費爾茲（Stewart Firth）和桑德拉・塔爾德（Sandra Tarte）賜予我更大的想像空間來比較問題。還要感謝蘇瓦的國家檔案館工作人員，文森・洛本達恩（Vincent Lobendahn）的見解，以及艾培力・郝歐法的啟發。

我衷心感我在謝羅格斯大學的學生和同事們，以及約翰・吉利斯（John Gillis）、傑克遜・李爾斯（Jackson Lears）、邦妮・史密斯（Bonnie Smith）和唐・羅登（Don Roden）的特別支持。還要感謝愛麗絲・布拉德（Alice Bullard）、埃瑞克・詹寧斯（Eric Jennings）、赫爾曼・勒博維奇（Herman Lebovics）和克莉絲蒂娜・斯克維特（Christine Skwiot），以及那些容許我周遊全美國進行研究和簡報工作的人。在法國方面，我要向瑪麗・科萊特・德皮爾（Marie-Colette Depierre）和塞巴斯蒂安・勒布徹（Sebastien Leboucher）、約翰・西蒙・洛切（John-Simon Loche）等人致謝；同時向羅什福爾皮耶・羅遜宅邸的尚－皮耶・梅洛特（Jean-Pierre Melot）、蓋比・馬孔（Gaby Marcon）和弗雷丁夫人（Mme. Fradin）、普里蘇先生（M. Prisot）致上敬意。並向巴黎吉美博物館的伊莎貝爾・梅爾（Isabelle Merle）、克里斯蒂安・吉內特（Christian Genet）、弗朗西斯・馬庫因（Francis Macouin），以及海洋檔案館、人類博物館、非洲及大洋洲博物館、魯貝的勞工界檔案館、普羅旺斯地區艾克斯的海外檔案中心，以及巴黎法國國家圖書館的館長暨全體人員致敬。

我感謝羅馬的卡洛・馬利亞・斯基安奇聖父（Peres Carlo Maria Schianchi）和休伯特・博內・艾馬爾（Hubert Bonnet Eymard），他們容許我閱覽天主教瑪利亞修會收藏物。在日本，我從東京的法日會館和京都的法日中心獲益良多。感謝我的朋友豐・佐佐木（Yutaka

Sasaki）和清文・椿（Kiyofumi Tsubaki）熱心相助。我感謝河內的潘輝黎先生。同時感謝夏威夷大學馬諾分校的傑弗里・懷特（Geoffrey White）、蒂莎・希克森（Tisha Hickson）、大衛・漢倫（David Hanlon）和大衛・查佩爾（David Chappell），感謝他們激勵我，邀我共同重新思考太平洋歷史。

靠著我的編輯蘇珊・弗伯（Susan Ferber）細心監督，這本書方能付梓；我得感謝她，另外還要謝謝我的審稿人羅伯特・米爾克斯（Robert Milks）和牛津大學出版社的全力支持。這麼多年來，馬特・西蒙茲（Matt Symonds）和瑪麗亞・斯帕達（Maria Spada）一直協助我來回穿梭於另一大洋——大西洋。真誠感謝在荷蘭和世界各地遊走的雅普・塔爾斯瑪（Jaap Talsma）和瑪揚・施韋格曼（Marjan Schwegman），感謝他們對愛與歷史的深刻見解。

這本書部分內容的早期版本曾刊登在學術期刊上。我很感謝這些出版刊物的編輯們允許我在這裡轉載這些素材：〈菊花夫人的眼淚：法國之日本的愛情和歷史〉，《法國文化研究》（*French Cultural Studies*）第二卷，第一期（二〇〇〇年），賽吉出版社；〈皮耶・羅逖與愛的帝國〉，《拉里坦》（*Raritan*）第二十二卷，第二期（二〇〇二年）；〈欲望的地緣政治〉，《西方法國歷史學會學報》（*Proceedings of the Western Society for French History*）第二十七卷。

後記　失落的大陸

1. Pierre Loti, *Mariage de Loti (Th e Marriage of Lott)*; also Pierre Loti, *Pages choisies des auteurs contemporains*, Paris: Calmann-Lévy, 1910, 415.
2. Jean Louis De Lanessan, *L'Indochine Française*, Paris: Alcan, 1889, p. 3; Ministère des Affaires Etrangères, INDO/NF 834 B3, "Délimitation de la frontière," INDO/NF 837 COO, 1894 "Mission d'éxploration Haut-Mekong"; also, République Française, *Notices Coloniales de l'exposition universelle d'Anvers*, vol. 1, Paris, 1885, p. 33; connections imagined through Robert Aldrich and Isabelle Merle, eds., *France Abroad: Indochina, New Caledonia, Wallis and Futuna*, Sydney: University of Sydney Press, 1997.
3. Loti, *Mariage de Loti*; also Loti, *Pages choisies*, 416.
4. *Alexandre Salmon et sa femme Ariitaimai: deux figures de Tahiti a l'epoque du protectorat*, Papeete: Société des Etudes Océaniennes, 1982, Loti, 162-3; melancholy, 166. Marau's (1860-1934) full title with family name, Qieen Joanna Marauta'aroa Tepa'o Salmon. See Nicholas Thomas, "Partial Texts: Representation, Colonialism and Agency in Pacific History," in *Oceania: Visions, Artifacts, Histories*. Durham, N.C.: Duke University Press, 1997 23-49; Vilsoni H ereniko: "Representations of Cultural Identities," in K. Howe, R. Kiste and B. Lal, eds., *Tides of History: The Pacific Islands in the Twentieth Century*, Honolulu: University of Hawaii Press, 1994, ch. 17; Judith Binney, "Maori Oral Narratives, Pakeha Written Texts: Two Forms of Telling History," *New Zealand Journal of History* (April 1987), 16-28. R. Finnegan and M. Orbell, eds., *South Pacific Oral Traditions*, Bloomington: Indiana University Press, 1995; David Hanlon, "Beyond "the English Method of Tattooing": Decentering the Practice of History in Oceania," *Contemporary Pacific* 15, no. 1 (2003).
5. Epeli Hau'ofa, "Our Sea of Islands," *Contemporary Pacific* 6, no.1(1994), 148-61; for extended commentaries, *A New Oceania: Rediscovering Our Sea ef Islands*, ed. Eric Waddell, Vijay Naidu, and Epeli Hau'ofa, Suva: University of the South Pacific, 1994, especially Tarcisius Kabutaulaka, "The Bigness of our Smallness," 91-93. See also David W. Gegeo, "Cultural Rupture and Indigineity: the Challenge of (Re) Visioning 'Place' in the Pacific," *Contemporary Pacific* 13, no. 2 (2002); on migration, travel, and diaspora questions, David Chappell, *Double Ghosts: Oceanian Voyagers on European Ships*, New York: M.E. Sharpe, 1997; P. Spickard, J. Rondilla, and D. Hippolite Wright, eds., *Pacific Diaspora: Island Peoples in the United States and Across the Pacific*, Honolulu, Hawaii: University of Hawaii Press, 2002; Paul de Deckker and Pierre Yves Toullelan, eds., *La France et la Pacifique,* Paris: Société Française d'histoire d'outre-mer, 1990.

50. Pierre Loti, *La Troisième jeunesse de Madame Prune*, Paris: Proverbe, 1994, 30-1.

51. Charles Loonen, 120.

52. G. Apport, "Deux Révolutions au Japon," 661; Suyematsu, 139.

53. Martin, 38; Félicien Challayé, *The Soul of Japan*, London: Routledge, 1933, 65-66.

54. Paul de Lacroix, *Le Japon* (n.d., Musée Guimet, no. 52184-E10 (4)); Claparède, 101. See also Louis Frédéric, *La Vie quotidienne au Japon au debut de l'ere moderne* (1868-1911), Paris: Hachette, 1984, ch. 3, "La Maison et la famille," 4, "l'individu japonais."

55. Bellesort, 315-6.

56. Madame Chrysanthème, 165.

57. Bellesort, 316; Suyematsu, 32;

58. M. Harmand to M. Hanotaux, August ro, 1894, Ministère des Affaires Etrangères, *Documents diplomatiques français* 15 (January 2-November 14, 1894).

59. The classic scholarship is E. Patricia Tsurumi, *Factory Girls: Women in the Thread Mills of Meiji Japan*, Princeton, N.J.: Princeton University Press, 1990. See also Janet Hunter, "Textile Factories, Tuberculosis, and the Qiality of Life in Industrializing Japan," in Janet Hunter, ed., *Japanese Women Working*, New York: Routledge, 1993, 69-97.

60. L. Joly, "La Femme Japonaise," *La Science catholique* (April 1906), 18-22.

61. Joly, 14.

62. *Piano-Soleil* (26 February 1893), 1.

63. Messager, *Madame Chrysanthème*, 263-4.

64. Félix Régamey, ed., "L'Art et la femme auJapon: litteraire, artistique, sociale," *La Plume*, no. 108 (October 15, 1893), 439; Clive Holland, *My Japanese Wife:AJapanese Idyll*, London: R. A. Everett Co. (1903), 43- 4.

65. Messager, *Madame Chrysanthème*, 263.

66. For insights into what I consider Loti's "Baudelarian" tendencies, see especially his epistolary novel, *Fleurs d'ennui*, Paris: Calmann-Lévy, 1925, and his "longue saison d'ennui" in Paris as a youth, 18-19. Régamey declared his "unbreakable faith in the future of Japan," even in 1905 with an editorial piece, "Le Péril jaune: les responsables," *M ercure de France* (November 15, 1905).

67. Régamey, "Le Cahier rose de Madame Chrysanthème" in *La Plume*, 445.

68. Régamey, "Le Cahier rose de Madame Chrysanthème," 446-8.

69. Petit, "Tableau," 102; "Indochina," 236; also "Negotations commerciales Franco-Japonsaises," Ministère des Affaires Etrangères (June 1895), C.A.O.M., INDO/NF/107/1019, 14-15.

70. Suyematsu, 32; Loonen, 127.

Bellesort, *La Société Japonaise*, Paris: Perrin & Cie. (1904), 302,315; on theater, Shionoyo Kei, *Cyrano et les samurai*, Paris: Société Franco-Japona is, 1986.

38. Bellesort, 292; Petit, 34. This was not a strictly "Western" construction. Meiji thinkers readily debated the status of Japanese women and Japanese civilization as part of a continuing dialogue with Europe and the United States. To read some of the original documentation in English translation, see William Reynolds Braisted, trans., *Meiroku Zasshi: Journal of the Japanese Enlightenment*, Tokyo: University of Tokyo Press, 1976, see particularly Mori Arinori's multipart "On Wives and Concubines"; Eiichi Kiyoka, *Fukuzawa Yukichi and Japanese Women*, Tokyo: University of Tokyo Press, 1988, chs. 1-3.
39. Juliette Adam, *La Vie des ames*, Paris: Bernard-Grasset, 1919, 24.
40. Charles Loonen, *Le Japon Modern*, Paris: Librarie Pion, 1894, 120; Petit, 12.
41. Pettit, 15.
42. Bellesort, 310; Pettit, 14.
43. Loti, *Madame Chrysanthème*, 182; Jacques Flach, "L'Ame Japonaise d'après un Japonais" *Annales des sciences politiques* 4 (July 15, 1904), 447-8.
44. *Madame Chrysanthème*, 180.
45. *Madame Chrysanthème*, 187; Clement de la Roncière le Noury, "Note sur la puissance militaire du Japon," Archives de la Marine (April 1864), GG2 408 17GG2-8; Eliza Scidmore, from *Jinriksha Days in Japan*, in K. Kiyoshi Kawakami, ed., *Japan and the Japanese as Seen by Foreigners Prior to the Beginnings of the RussoJapanese War*, Tokyo: Keiseisha, 1904, 10-11.
46. Citations collected and narrated in Lesley Downer, *Madame Sadayakko: The Geisha Who Bewitched the West*, New York: Gotham, 2003, 166-9; on Gide, André Gide, *Lettres* à *Angèle*, in *Pretextes*, Paris: Ed. de Mercure de France, 1903, 134; on the French, Yone Noguchi, "Sada Yacco," *New York Dramatic Mirror*, Feburary 17, 1908. Extensive analyses and documentation in Ayako Kano, *Acting Like a Woman in Modern Japan: Theater, Gender, and Nationalism*, New York: Palgrave, 2001; also Shelley Berg, "Sada Yacco in London and Paris: 1900: Le rêve realisé," *Dance Chronicle*, 18, no. 3 (1995), 343-404. For an overview of the Paris exploits, see Matsunaga Goichi, *Kawakami Otojiro: Kindaigeki, hatenko na yoake*, Tokyo: Asahi Shinbunsha, 1988, 173-81.
47. Sadayakko on love in Louis Fournier, *Kawakami and Sada Yacco*, Paris: Brentano's, 1900, 19-20; Kawakami Otojiro cited by Downer, 175; see Shirakawa Nobuo, ed. *Kawakami Otojiro, Sadayakko: shimbun ni mirujinbutsu zo*, Tokyo: Yushodo, 1985, for newspaper articles and essays related to the couple.
48. Downer, 142; Kano, esp. chapter 5, "Reproducing the Empire."
49. Bellesort, 310; Pettit, 14.

19. Messager, *Madame Chrysanthème*, 23- 4.

20. Félix Martin, *Le Japon Vrai*, Paris: Bibliothèque Charpantiér, 1898, 1-5.

21. Loti, *Madame Chrysanthème*, 215

22. Charles Pettit, *Pays de Mousumés, Pays de Guerre*, Paris: Félix Juven, 1905, 9-10.

23. Reginald J. Farrar, *The Garden of Asia*, London: Methuen, 1904, 186.

24. Loti, *Madame Chrysanthème*, 42.

25. Edmond Cotteau, *Un Touriste dans l'extrême orient*, Paris: Hachette, 1885, 17.

26. Paul d'Estournelles de Constant, "Le Péril Prochain," *Revue de deux mondes* (April 1, 1896) 670; Pettit, 6. For similar views, Henri Stamm, "Concurrence et chômage," *Revue de deux mondes* (July 15, 1897).

27. G. Apport, "Deux Révolutions au Japon," *Revue de deux mondes* (March, 1895) 639; *Le Vice-Amiral Bergasse Du Petit-Thouars, 1832-1890, d'après ses notes et sa correspondance*, Paris: Perrin et Cie. (1906), letter of September 2, 1868, 222; Loti, *Madame Chrysanthème*, 228; mimicry and subversion in Homi K. Bhabha, "Signs Taken for Wonders: Qyestions of Ambivalence and Authority under a Tree Outside Delhi, May 1817," *Critical Inquiry 12:1* (1985).

28. Petit, 5. Loti, *La Troisième Jeunesse de Madame Prune* , letter of October 5, 1900, reprinted, Paris: Editions Proverbe, 1994, 135.

29. Ourel Reshef, *Guerre, mythes, et caricature: au berceau d'un mentalité française*, Paris: Presses de la fondation des sciences politiques, 1984, 67, and Digeon, 64.

30. The key here is "large-scale" conflict. French and Japaneses forces had been in direct military conflict in the infamous 1867 "Incident at Sakai" most notably recorded by Mori Ogai, in which sixteen French sailors were killed, and twenty Japanese condemned to seppuku. Nin e of the latter carried out their own executions before the ceremonies were suspended by the abrupt departure of Léon Roche and the French diplomatic party.

31. Petit, 34. Loti, *Madame Chrysanthème*, 229; Clement de la Roncière le Noury, "Note sur la puissance militaire du Japan," Archives de la Marine (April, 1864), GG2 408 17GG2-8; also Monconduit, "Rapport de mission d études au Japon," SSE a(1) 152 (1911), 57, "son adaptation à la civilisation occidentale est très superficielle... "

32. Victor Bérard, *La Révolte de l'Asie* Paris: Armand Colin, 1904, 101-2; Loti, *Madame Chrysanthème*, 182.

33. Bérard, 60-1; Loti, *Madame Chrysanthème*, 225.

34. M . L. Gagneur, *Chair* à *canon* Paris, 1873, 225

35. Loti, *Madame Chrysanthème*, 97; "Un Bal à Yeddo," in *La Nouvelle Revue* 45 (January 1, 1888.)

36. Edmond and Jules de Goncourt, *Journal II*, letter of December 5, 1870, 352.

37. Ludovic Naudeau, *Le Japon moderne: Son évolution*, Paris : Flammarion, 1909; 345-7. André

and Paris, 1884, 115.

6. E. Lamairesse, *Le Japon*, Paris: Augustin Challamel, 1892, 1; M. Courant, *Bulletin Périodique de la Presse Japonaise*, no. 30, Ministères de la Guerre et des Affaires Etrangères (July 1917), 3.
7. Félix Martin, *Le Japon Vrai*, Paris: Bibliothèque Charpantiér, 1898, 1-2; I. Hitomi, *Le Japon: Essais sur les moeurs et les institutions*, Paris: Librarie de la société du recueil general des lois et arrets, 1900, 259; Paul Monconduit, "Rapport de mission d'etudes au Japon," Archives de la Marine, SSE a(1) 152 (1911), 58; Lt. Col. Péroz, *France et Japon en Indochine*, Paris: R. Chapelot, 1907, 77; William L. Schwartz, *The Imaginative Interpretation of the Far East in Modern French Literature*, Edinburgh: Librarie Ancienne, 1926, 131.
8. I Hitomi, *Le Japon: Essais sur les moeurs et les institutions*, Paris: Libraric de la société du recueil general des lois et arrets, 1900, 259. Baron Suyematsu, *Un Songe d'été* à *Paris: le Japon hier et aujourd'hui*, Paris: Félix Juven, 1906, 49.
9. Loti, *Madame Chrysanthème*, 182. See also Gèrard Siary, "The Image of Japan in European Travelogues from 1853 to 1905," *Transactions of the Asiatic Society of Japan*, 4th series, 2 (1987).
10. Félix Régamey, *Le Japon Pratique*, Paris: Bibliothèque des professions (1888?), 19-20.
11. Loti, *Madame Chrysanthème*, 63.
12. See Gérard Siary, "La représentation littéraire du Japon clans *Madame Chrysanthème*," in *Le Japon de Pierre Loti*, 15- 30. Note that in John Luther Long's *Madame Butterfly*, the narrator comments "there are no terms of enderament in the Japanese language." *Madame Butterfly*, New York: Century (1897), 11.
13. Emmanuel Benezeit, *Dictionnaire critique et documentaire des peintres, sculpteurs, dessinateurs et graveurs*, vol. 8 Paris: Librarie Grund, 1976, 650.
14. Edmond and Jules de Goncourt, *Journal II 1866-1886*, Robert Ricatte, ed., Paris: Robert Laffont, 1956, letter of December 3, 1870, 476.
15. Félix Régamey, *Le Japon Pratique*, 2. For context, see Debora L. Silverman, *Art Nouveau in Fin-de-Siècle France: Politics, Psychology, and Style*, Berkeley: University of California Press, 1989, 129-33.
16. Adolphe Buisson (review of Loti) *Les Annales politiques et littéraires* (1 December 1887), 1. Marie-Pascale Bault, "La pagode japonaise de la maison de Pierre Loti à Rochefort," in *Le Japon de Pierre Loti*, 37-45.
17. Nakae Chomin, *A Discourse by Three Drunkards on Government*, New York: Weatherhill, 1992, 76-7 .
18. Teruko Craig, ed., *The Autobiography of Shibusawa Eiichi*, Tokyo: University of Tokyo Press, 1994, 162-3; Richard Sims, *French Policy Towards the Bakufu and Meiji Japan, 1854-1895*, London: Japan Library Survey, 1998, 274-5.

xii; Due de Montpensier, 175.

67. J. L. Dureuil de Rhins, *Le Royaume d'Annam et lesAnnamites*, 3.

68. Clotilde Chivas-Baron, "Thi-Vinh," *Trois femmes annamites*, Paris: Eugène Fasquelle, 1922, 36. See Henri Copin, *L'Indochine dans la littérature française des annés vingt* à *1954*, Paris: L'Harmattan, 1996, 162-75, on Chivas-Baron, exotisme, alterité; Copin, *L'Indochine des romans*, Paris: Kailash, 2000.

69. Loti, reports from Tonkin for *Le Figaro*, "La Prise de Tonkin," (September 28, 1883); also Loti, *Impressions*, New York: Brentanos, 1900, 161. Huu Ngoc and François Corrèze, *Anthologie de la literature populaire de Viêt-Nam*, Paris: L'Harmattan, 1982, 223.

第七章　菊花夫人的眼淚 日本

1. André Messager, *Madame Chrysanthème* Paris, 1893, lyrics, G. Hartmann and A. Alexandre, collection of Bibliothèque de l'Opéra, Paris, no. 2199, 263-4.
2. For the overlapping histories ofJohn Luther Long, David Belasco and Puccini's *Butterfly* with Loti's and Messager's *Chrysanthème*, see Jacques Legrand, "Madame Chrysanthème au théâtre," *in Le Japon de Pierre Loti*, Rochefort: *Revue Pierre Loti*, 1988 and Sophie Daniel, "De Chrysanthème à Butterfly: Chronique d'un malentendu" (ms., collection Maison Pierre Loti). For insights into Loti's Japanese/French writings, see Suetoshi Funaoka, *Pierre Loti et l'extrême-orient*, Tokyo: France Tosho, 1988; Pierre E. Briquet, *Pierre Loti et l'Orient* (Neuchatel: Ed. de la Baconnière, n.d.), and the collective work in *Colloque de Paimpol: Loti et son temps* Rennes: Presses Universitaires de Rennes, 1994, esp. Damien Zanone, "Bretagne et Japon aux antipodes: les deux moments d'un même roman d'amour pour Yves: lecture de *Mon frère Yves et Madame Chrysanthème*," 97-109, and Irma d'Auria, "Les Contradictions du Japon dans l'expérience de Loti," 111-21. Also, the essays collected in Alain Quella-Villéger, *Le Japon de Pierre Loti*, Rochefort: Revue Pierre Loti, 1988; Marie-Pascale Bault, *Pierre Loti en Chine et au Japon* Rochefort: Musée Municipal des Beaux Arts, 1985. The last two are limited collections courtesy of the Maison de Pierre Loti, Rochefort.
3. Pierre Loti, *Madame Chrysanthème*, original edition Calmann-Lévy, 1887/1888, reprinted Paris: Flammarion, 1990, 225-6. Julien Viaud's (Loti) other writings on Japan in clude *Japoneries d'autonme* Paris: Calmann-Lévy, 1923.
4. Patrick Beillevaire, "L'autre de l'autre: contribution à l'histoire des représentations de la femme japonaise," *Mots: Parler du Japon*, no. 41 (Dec 1994), 56-98. For specific analyses of Japan/Woman as colonial and romantic object, see Irene L. Szykiowicz, *Pierre Loti and the Oriental Woman* New York: St. Martin's Press, 1988.
5. A. S. Doncourt, *Les Français dans l'extrême orient: Chine, Japon, Ind ochine, Annam, etc.*, Lille

The Politics of Comparison in North american History and (Post) Colonial Studies," *Journal of American History* 88, no. 3 (2001): 829-873.

53. Chivas-Baron, *Confidences de métisse*, Paris: E. Fasquelle, 1927, 7, 211, 217, 223. Also, Robert J. C. Young, *Colonial Desire: Hybridity in Theory, Culture, and Race*, London: Routledge, 1995, 90-118.

54. "Situation légale des métis non reconnus par leurs pére et mère," C.A.O.M. INDO/ GI/ 1669, no. 3836X18.

55. Poirot/ Hai-Lôc, C.A.O.M. INDO/ GI/ 1662, no. 1372. See also the intriguing case of Louis Hâu of an "Annamite mother and unknown father," which attempts to distinguish between Annamite, French, and European qualities through Hâu's registration (or not) with an état-civil. C.A.O.M. INDO/GI/r669.

56. Maurice Rondet-Saint, *Dans noire empire jaune*, 15. For comparisons, see Owen White, *Children of the French Empire: Miscegination and Colonial Society in French West Africa, 1895-1960*, New York: Oxford University Press, 1999.

57. De Lanessan, *L'Indochine Fran҉ise*, 56, 756.

58. C.A.O.M. 9 PA 5, Papiers Sarrault, doss. 8, letter signed by Lê-Van-Trung and five others, October 8, 1913; *Midi Coloniale* and La *Cochinchine Libérale*, press clippings and newspapers.

59. C .A. O .M . 9 PA 5, Papiers Sarrault, doss. 8, Letter on duty, and conference by Trân-Tan-Binh, "temoignages annamites, 1907-1916."Also Nguyên Phan Long, *Le Roman de Mlle Lys*, 377.

60. Tràn Van Tung, *Rêves d'un campagnard annamite*, Paris: Mercure de France, 1940, esp. i-iii, 190, 193-7.

61. Nguyên An Ninh, *La France en Indochine* (pamphlet, 1925), 10-12.

62. Challayé, *Souvenirs sur la colonisation*, 24, also, 40, 201; on maintaining European status, M. Ju les Besan on, "Rapport sur l'enseignement en Indochine," (1889), National Archives, F17 2939, dossier "Besan on." The director of the Collège Mytho warns that the French bureaucrat will "no longer be master of his own domain if ever, thanks to the French language, communcations could be made directly between the villages and Saigon," 4.

63. Chau Kim Dang, *Leçons d'historie d'Annam* à *l'usage des écoles normales et primaries supérieurs franco-annamites*, Saigon: Duc-Luu-P huong, 1930, i, 5, 142.

64. *La Dépêche coloniale*, August 7, 1913; C.A.O.M. PA 93, Papier s Sarrault, "Affaires Indigène s." Report by Nguyên Van Ngô, 6-7.

65. Lemire in Pierre Singaravélon, *L'Ecole française d'extrême orient, ou l'institution de marges, 1898-1956*, Paris: L'Harmattan, 1999, 62.

66. Charles Meyniard, *Le Second empire en Indochine*, Paris: Societe d'Editions Scientifiques, 1891,

39. Augustin Bernard, *L'Archipel de la Nouvelle Calédonie*, Paris: Hachette, 1895, 297.

40. Blancsubé, "Notes sur le Tong-kin," Archives de la Marine, 77GG1,doss. PT 12; Auguste Pavie, *A la conquète des coeurs, 1921, first appearances in the Rev ue de Paris* (May, 1898); A. Bouinais and A. Paulus, *La France en Indochine*, Paris: Challamel Ainé (1886), xiii.

41. J. L. Dureuil de Rhins, *Le Royaume d'Annam et les Annamites*, Paris: Pion, 1879, 87.

42. Clotilde Chivas-Baron, "Madame Hoa's Husbands," *Trois femmes annamites*, Paris: Eugène Fasquelle, 1922, 188, 202; similar views in Dr. Morice, *The French in Indochina* (trans.), Paris: F. Garnier, 1891, 74, "(their) character is that of a people whom slavery, ignorance, and sloth have rendered poor, timid, and apathetic," "shrill monotonous music... terrible to a cultured ear... of sculpture they know only the rudiments; their poetry is indifferent, they cannot dance... "

43. Chivas-Baron, "Madame Hoa's H usbands," 188, 193-4, 202-3.

44. C.A.O.M. INDO/ GI/ 1625, "M. Jolly/ Hoan-Thi-Kiêt," 1677, "M. Riberio/ Nguyên-Thi-Lily," note from resident superior ofTonkin to the governor general, March 13, 1912.

45. C.A.O.M. INDO/ GI/ 26.648, "Au sujet du marriage."

46. C.A.O.M. INDO/ GI/ 1673.

47. Bui-Thanh-Vân, *La France: Relations de voyage*, 110-11.

48. Clotilde Chivas-Baron, *La Femme aux colonies*, Paris: Larose, 1927, 186-7. On the "Empire of the Home," see Anne McClintock, *Imperial Leather: Race, Gender, and Sexuality in the Colonial Contest*, New York: Routledge, 1995.

49. Albert de Pouvourville, *L'Annamite aujourd'hui*, Paris: Ed. de la Rose, 1932, 113-17; Clotilde Chivas-Baron, *Confidences de métisse*, Paris: Charpantier and Fasquelle, 1927, 211. See also,Julia Clancy-Smith and Frances Gouda, eds., *Domesticating the Empire: Race, Gender, and Family Life in French and Dutch Colonialism*, Charlottesville: University Press Virginia, 1998. Note the important similitudes in Alice Conklin's "Redefining Frenchness: France and West Africa," and Penny Edwards's "Womanizing In dochina: Colonial Cambodia," for insights that only a white wife could "satisfy the end for love in the superior and ideal sense," and that "the congaï [was] a purely physical object incapable of the tender emotions and maternal instincts ofla Fram;aise (the French woman)," 79,117.

50. Chivas-Baron, "Madame Hoa's Husbands," 196.

51. Phan Bôi Châu, "The New Vietnam," in Lam Truong Buu, *Colonialism Experienced: Vietnamese Writings on Colonialism, 1900-1931*, Ann Arbor: University of Michigan Press, 2000, 107-9, 119. Pro-French Vietnamese also used the same language, lamenting" the stay-at-home mind of the Annamites, their patriotism that stops at the front door." See Trân-Tan-Binh, C.A.O.M. 9 PA/ c.5/doss . 8 "temoignages Annamites."

52. Chivas-Baron, "Madame Hoa's Husbands," 198; Ann Laura Stoler, "Tense and Tender Ties:

19. Léopold Pallu de la Barrière, *Historie de l'expedition de Cochinchine in 1861*, Paris, 1888, 179; Dick de Lonay, *Au Tonkin, 1883-1885*, Paris: Garnier Freres, 1886, 24-5; A. Bouinais and A. Paulus, *La France en Indochine*, Paris: Challamel Ainé (1886), 130; De Lanessan, *L'Indochine Française*, 756.
20. Archives de la Marine, 77 GG/ c.1. ms. "réglementation des pouvoirsdu Gouverneur," 2.
21. *Débats Parlementaires*, May 26, 1883 (Cuneo d'Ornano), December 9-11, 1883 (Leon Renault and Georges Clemenceau), August 16, 1884 (Eugène Farcy); Blancsubé stories in *Le Parlement illustré*, August 1883; *Le Saigonnais*, October 7, 1886.
22. *Le Mê-Kong, organe des intérêts français en Extrême-Orient*, November 24, 1882.
23. Nicolas, *Notices sur l'Indochine*, 269. For the multi-volume works and reports, see Auguste Pavie, *Exposé des travaux de la mission par Auguste Pavie*, Paris : E. Léroux (1901-6). These quotes from André Masson, introduction to Auguste Pavie, *A la Conquête des coeurs*, Paris: PUF, 1921, revised edition 1947.
24. Pavie letters, C.A.O.M. INDO/GI/26.664.
25. Papiers Pavie, C.A.O.M. 46/ APC/ 1/ doss. 1 piece 2, notebooks, 51.
26. Auguste Pavie, *A la Conquête des coeurs*, Paris: PUF, 1921, revised edition 1947, xxxi-xxxii. On Pavie as minister, C.A.O.M . 46 APC/ c. 1, doss. 4: press clippings "M. Pavie est rentrée ."
27. Pavie, *A la Conquête des coeurs*,214-215, 268, 370, xxxii.
28. Deo Van Tri, letter to Pavie, C.A.O.M. 46 APC/ c. 1, doss. 4.
29. Blancsubé letter, Archives de la Marine, 77GG/ c.1, PT 28.
30. M. Pierre Nicolas, *Notices sur l'Indochine: Exposition universelle,* 1900, 4; also J. Charles Roux, "Notice sur les etablissements français de l'Océanie," *Exposition universelle de 1900: Colonies et pays de protectorats*, Paris, 1900.
31. Nicolas, *Notices sur l'Indochine*, sections "Le Palais des arts," and "grotto dioramas," 313.
32. Nicolas/Pavie, 307
33. Albert Savine, "Le Roi de Cambodge," *La Nouvelle Revue*, no. 161 (June 15, 1906), 566.
34. *La Geste Française in Ind ochine: histoire par les textes de la France en l ndochine des origines* à *1914*, tome II, Paris: Adrien-Maisonneuve, 1956, note s, 914. Also, Bui Thanh-Vân, *Les Temples d'Angkor*, 33.
35. Nicolas/Pavie, 306-7. For more detail, see Auguste Pavie, *Contes populaires du Cambodge, du Laos, et du Siam*, Paris: E. Léroux, 1903.
36. Bui-T hanh-Vân, *Les Temples d'Angkor*, 20, 33.
37. Bui-T hanh-Vân, in *Les Temples d'Angkor*, 25; and *La France: R elations de voyage*, 42.
38. Nguyên Phan-Long, *Le Roman de Mlle Lys: Essay sur l'évolution des mr.eun Annamites contemporains*, Hanoi: Impr. Tonkinoise, 1921, i, 85.

5. Maurice Rondet-Saint, *Dans notre empire jaune*, Paris: Plon, 1917, 82; Pierre Loti, *A Pilgrimmage to Angkor*, 1.

6. Bui-T hanh-Vân, *Les Temples d'Angkor*, Huê: Dae-Lap, 1923, 20-2.

7. Loti, reports from Tonkin for *Le Figaro*, "La Prise de Tonkin," (September 28, 1883); Loti: *Lettres de Pierre Loti* à *Madame Juliette Adam*, letter, 1884, 40.

8. Bui-Thanh-Vân, *La France: Relations de voyage*, Huê: Dac-Lap, 1923, 37-41.

9. Nguyên An Ninh, *La France en Indochine* (pamphlet, 1925), 1-5, 10-12.

10. M. Pierre Nicolas, *Notices sur l'Indochine: Exposition universelle*, 1900, 27; for context, Pierre Brocheux and Daniel Hémery, *Indochine: La Colonisation ambiguë, 1858-1954*, Paris: La Découverte, 2001; for broader comparisons, Robert Aldrich and Isabelle Merle (eds.), *France Abroad: Indochina, New Caledonia, Wallis and Futuna*, Sydney: University of Sydney Press, 1997; Eric T. Jennings, *Vichy in the Tropics: Pétain's National Revolution in Madagascar, Guadeloupe, and Indochina, 1940-1944*, Stanford: Stanford University Press, 2001.

11. M. Declassé, "Delimitation entre les possessions Chinoises et Indo-Chinoises," Ministère des Affaires Etrangères, no. 1698 (October 1894), C .A .O.M ., INDO-NF, 60-692. On Tonkinese and Annamite laborers sent to Oceanic colonies, C.A.O.M . FM/ SG Nouvelles Hehr. 34, doss. E9-10, "hundreds of indentured Annamite coolies," and "the poor treatment of Tonkinois coolies." Also, Christopher Goscha, *Vietnam or Indochina ? Contesting Concepts of Space in Vietnamese Nationalism, 1887-1954*, NIAS, 1995.

12. Clotilde Chivas-Baron, "T hi- Vinh," *Trois femmes annamites*, Paris: Eugène Fasquelle, 1922, 73,38- 9.

13. Archives de la Marine, 77 GG/ c. 1, Blancsubé, article in *Le Mé-Kong: Organe des intérêts français en Extrême Orient*, November 24, 1882; Letter to Jules Ferry, m.s. December 16, 1883.

14. Jean Léra, *Tonkinoiseries: Souvenirs d'un ef.ficier*, Paris: H . Simonis Empis, 1896; on shifting imaginaries, Nicola Cooper, *France in Ind ochina: Colonial Encounters*, New York: Berg, 2001.

15. M. Brennier, "L'lndochine Economique," *Bulletin: Société de Géographie de Toulouse*, no. 369 (April 15, 1907), 3.

16. Commandant Berthe de Villers, in Dick de Lonay, *Au Tonkin, 1883-5*, Paris: Garnier Frères, 1886, 16; Paul Antonini, *Au Pays d'Annam*, Paris: Bloud et Barral, 1889, 225.

17. Maxime Petit, *La France au Tonkin et en Chine*, Paris: Librarie Illustrée, 1885, 99 on Garnier; Jean Baptiste Eliacin Luro, in Georges Taboulet, ed., *La Geste Française in Indochine: histoire par les textes de la France en Indochine des origines* à *1914*, vol. 2, Paris: Adrien-Maisonneuve, 1956, 599; Emile Duboc, *35 Mois de campagne en Chine, au Tonkin, 1882-5*, Paris: Charavay, Mantoux, Martin, 1889, 223. This work part of "editions for young people."

18. Duc de Montpensier, *En Indochine: mes chasses, mes voyages*, Paris: Pierre Lafitte, 1912.

55. Archives Territoriales de la Nouvelle Calédonie, 23 WA6 1879 (July 21).
56. Archives Territoriales de la Nouvelle Calédonie, 23 WA6 1879 (December 27).
57. In Lainé, *Pioneer Days*, 43. For context, see "family stories" features ("every day brings us new information ... ") in papers like *La Nouvelle- Calédonie*, e.g. no. 12, July 31, 1878. Good collection in C.A.O.M. FM/ SG/ NCL/ c. 43, doss. 10. Also, *La France Coloniale*, doss. 12.
58. Because of its peculiar history, New Caledonian love stories often lead to death. See Sonia Faessel, "Eros aux colonies: fantasmes et pulsions de mort," Sonia Faessel and Michel Pérez, eds., *Eros et Thanatos dans le Pacifiq ue Sud*, Noumea: C.O.R.A.I.L. (2001), 157-71.
59. Telegram from the Governor, "Chef Ataï et son fils Baptiste tués," C.A.O.M . FM/ SG/ NCL/ c. 43, doss. 4, September 12, 1878; Bronwen Douglas: "Conflict & Alliance in a Colonial Context: Case Studies in New Caledonia," *Journal of Pacific History*,15-1 (1980), 21-51.
60. Marc Le Goupils, *Dans la brousse Calédonienne: souvenirs d'un ancien planteur*, Perrin, 1928, 207.
61. *La Nouvelle Calédonie* (October 1879); see John Connell, *New Caledonia or Kanaky? The Political History if a French Colony*, Canberra: Australia National University Press, 1987, 68; Connell also surveys multiple interpretations of the violence from "national emancipation" and "local struggle," to "clash of cultures," and "revolutionary war."
62. Bernard, *L'Archipel*, 297.
63. Henri Rivière, *Souvenirs de la Nouvelle Calédonie: L'insurrection canaque*, Paris: Calmann-Lévy, 1881, 281-2; Anon. (1878), in Alain Saussol, *L'Héritage: essai sur le problème foncier mélanésien en Nouvelle Calédonie*, Paris: Musée de l'homme, 1979, 189, note 216.
64. Rivière, *Souvenirs*, 139-42, 159.

第六章　廢墟的浪漫 印度支那

1. Pierre Loti, *Un Pèlerin d'Angkor*, Paris: Calmann-Lévy, 1912, trans. *A Pilgrimmage to Angkor*, 49, 56; also Albert Flament, "Pierre Loti et les ruines d'Angkor," *Paris Excelsior* (March 9, 1912); Eugène Pujaniscle, "Comment on fait de la littérature coloniale: Pierre Loti, pèlerin d'Angkor," *La Grande Revue*, 1927.
2. Bui-Thanh-Vân, *Les Temples d'Angkor*, Huê: Dac- LaPress, 1923, 16-18.
3. Loti, *Un Pèlerin* d'Angkor, 1; Loti, *Propos d'Exil*, Paris, Calmann-Lévy, 1887, 53, 70. See also Panivong Norindr, *Phantasmatic Indochina: French Colonial Ideology in Architecture, Film, and Literature*, Durham: Duke University Press, 1996, 1-51, and Louis Malleret, *L'Exotisme Indochinois dans la littérature française depuis 1860*, Paris: Larose, 1934, 39.
4. Pierre Loti, *Les Fleurs d'ennui*, 361-2; *Le Roman d'un Spahi*, 169. Also, Jehan Despert, *Le Douloureux amour de Pierre Loti*, Rochefort: La Malle aux livres, 1995.

46. Isabelle Merle, *Expériences coloniales*, 152.

47. Arthur de Trentinian, "Rapport sur les causes de l'insurrection canaque en 1878," C.A.O.M. FM/ SG/ NCL/ c. 43, doss. 8, with signatures. Also, Dossier Trentinian, Archives de Vincennes (February 4, 1879), first published by Roselene Dousset -Leenhardt, *Colonialisme et contradictions*, Paris: La Haye, Mouton, 1970, annex, 127-59.

48. Reports, "Capitaine du Frégate Matheiu," and "Le Gouverneur," C.A.O.M. FM/SG/NCL/c. 43, doss. A7 and "Rapport no. 79," January 16, 1879.

49. For contemporary records, see C.A.O.M. FM/SG/NCL/c. 43, doss. 8, report no. 160, "The massacre by the canaques of the brigade of the gendarmerie of La Foa (July 6, 1878)"; for Mauger, "Extrait du 'Journal de M.J. Mauger' Fonctionnaire de la Direction de L'Intérieur à Noumea, Aout 1877-aout 1878," in Roselène Dousset-Leenhardt, *Terre natale, terre d'exil*, Paris: G.P. Maisonneuve and Larose, 1976, 231; from the journal MS "Nouvelle-Calédonie, insurrection canaque de 1878."

50. Trentinian, C.A.O.M. "Rapport sur les causes de l'insurrection canaque en 1878," 68.

51. Widely cited; see Nouet, "La Colonisation et les Canaques," *La Grande Revue*, no. 1 (January 1, 1903), 185; citation in Dousset-Leenhardt, *Terre natale, terre d'exil*, 93.

52. Apollonaire Anova Ataba, *D'Ataï* à *l'independence*, Noumea: Edipop, 1984, 52-3. Reading for broad implications, see D ousset-Leenhardt; new works continue on this subject. See Claude Cornet, *La Grande Révolte , 1878*, Noumea: Editions La Boudeuse, 2000; F. Bogliolo, J. Labarbe, L. Letierie, eds., *Jours de colère, jours d'Ataï*, Noumea: Ile de Lumière, 2000; on historical transmission, Geoffrey White, *Identity Through History: Living Stories in a Solomons Islands Society*, Cambridge: Cambridge University Press, 1991.

53. Apollonaire Anova Ataba in Marc Coulon, *L'Irruption Kanak: De Calédonie* à *Kanaky*, Paris: Messidor, 1985, 42-3; works by Anova Ataba, *D'Ataï* à *l'independence*, Noumea: Edipop Press, 1984 and "The New Caledonian Revolt of 1878 and its Consequences Today," *Pacific Perspectives*, 1973, I: 20-7. Anova Ataba greatly influenced Kanak leader Jean-Marie Tjibaou. See Alain Rollat, *Tjibaou le Kanak*, Lyon: La Manufacture, 1989, and Tjibaou's own, *La Présence Kanak*, Ed. établie et présentée par Alban Bensa et Eric Wittersheim, Paris: Odile Jacob, 1996; also Tjibaou's "Recherche d'identité melanesienne et société traditionelle," *Journal de Société des Océanistes*, 32 (1976), 281-92, and "The Renaissance of Melanesian Culture in New Caledonia," *Ethnies*, 4 8-9-10 (1989), 74-78; also Jean Guiart: "Forerunners of Melanesian Nationalism," *Oceania*, 22-2 (1951), 81-90, and "Progress and Regress in New Caledonia," *Journal of Pacific History*, 27-1 (1992), 3-28.

54. "Lettre de R.P. Hillerau au R.P. Fraysse-Provicaire, 5 Dec. 1878," in *jours de colère, jours d'Atai*, 196; Anova Ataba: *D'Ataï* à *l'independence*, 51.

28. République Française, *Notices Coloniales de l'exposition universelle d'Anvers*, tome 1, Paris, 1885, 168. Dorothy Shineberg, *The People Trade: Pacific Island Laborers and New Caledonia, 1865-1930*, Honolulu: University of Hawaii Press, 1999. Also, Peter Corris, ed., William T. Wawn, *The South Seas Islands and the Queensland Labor Trade*, Honolulu: University of Hawaii Press, 1973.

29. Report, "Nécessité," 3; Isabelle Merle, *Expériences coloniales: La Nouvelle Calé donie, 1853-1920*, Paris: Ed. Belin, 1995, 54;James-Nathan, *Essais sur la réforme peni tentiaire*, Paris: Société générale des prisons, 1886, 40.

30. Helen Lainé, *Pioneer Days in New Caledonia*, trans. of *Hommagefilial, documentaire Calédonien*, Noumea: Imprimeries Réunies, 1942, 19.

31. Avner Ben-Amos, *Funerals, Politics, and Memory in Modern France*, Oxford: Oxford University Press, 2000, 228.

32. Lainé, *Pioneer Days*, 53.

33. Lainé, *Pioneer Days*, 60-1.

34. Lainé, *Pioneer Days*, 63-4.

35. Marc Le Goupils, *Comment on cesse d'être colon*, Paris: Grasset, 1910, 150.

36. Ribourt, C.A.O.M. FM/ SG/ NCL/c. 56, doss. 6 (1874); *La Calédonie* (July 1, 1897); discussion of Feillet in Isabelle Merle, *Expériences coloniales: La Nouvelle Calédonie, 1853-1920*, Paris: Ed. Belin, 1995, 280-1.

37. Augustin Bernard, *L'Archipel de la Nouvelle Calédonie*, Paris: Hachette, 1895, 288; Margaret Jolly, "Colonizing Women: the Maternal Body and Empire," In Sneja Gu new and Anna Yeatman, eds., *Feminism and the Politics of Difference*, Sydney: Allen and Unwin, 1993, 103-27.

38. Bernard, *L'Archipel de la Nouvelle Calédonie*, 288, 298.

39. Merle, *Expériences coloniales*, 54-5.

40. Edouard Payen, "La Colonisation libre en Nouvelle Calédonie," *Annales des sciences politiques*, tome XIV (January 1899), 198, 214.

41. *Etude sur la Nouvelle Calédonie* (February 1860), C.A.O.M. 42; see commentary by Daphiné, *Les Débuts d'une colonisation laborieuse*.

42. Jules Durand, "Chez les Ouébias en Nouvelle Calédonie," *Le Tour du monde*, 6, Hachette, 1900, 503. For a sophisticated overview of historical representations and meanings, see Bronwen Douglas, *Across the Great Divide: Journeys in History and Anthropology*, Amsterdam: Harwood Academic Publishers, 1998.

43. Durand, "Chez les Ouébias," 512.

44. Durand, "Chez les Ouébias," 495-7.

45. C. de Varigny, *L'O céan Pacifique*, C. Durand, "Chez les Ouébias," 513.

11.

14. "Femme Barat," Ministère de la Marine et des Colonies, C.A.O.M. H 32, no. 1806 (October 1, 1867).

15. "Famille Fournier,"Ministère de la Marine et des Colonies, C.A.O.M. H 32, no. 2023 (November 8, 1867); "Ordre de service général," C.A.O.M ., H 1834 no. 10 (July 6, 1869); M. le Vice-Amiral Krantz, *Notice sur la transportation* à *la Guyane Française et La Nouvelle Calédonie: Rapport pour l'année 1885*, Paris: Ministère de la Marine et des Colonies, 1889, telegrams, "reclamation de la femme," "envoi de families," (March 5 and October 24, 1885), 445,515,550.

16. Correspondence, C.A.O .M., H 1834, no. 502 (July 11, 1873); Adam, *Nos amitiés politiques*, 21.

17. Henri Rochefort, *De Noumea en Europe*, Paris: Jules Rouff, 1881, 3, 41-2, 113.

18. "Interrogation de M. Higginson," C.A.O.M. FM/ SG/ NCL/ c. 56, doss. 7, vi. Escaping along with Rochefort were other ex-leaders of the Commune: Paschal Grousset, Minster of Foreign Affairs; Francis Jourde, Minister of Finance; Olivier Pain, Secretary for Foreign Affairs; Achille Ballière, Aide to the General Staff; Bastien Grandthille, Commander of the National Guard .

19. Bellmare, 1854 and Longomazino, 1851, C.A.O.M. FM/ H8, doss. 26.

20. Notes C.A.O.M. H56-H32 (February 1875); Admiral Ribourt, C.A.O.M. FM/ SG/ NCL/ c. 56, doss. 6 (1874); Théodore Ozeré, *Carnets et lettres d'un déporté de la Commune* à *l'Ile des Pins, 1871-9*, Noumea: Pub. de la Société d'Etudes Historiques de Nouvelle Calédonie, no. 50 (1993), see letters of 1873 with sentiments to Ozeré's family, "you will write me so that each mail delivery will bring me a letter."

21. Correspondence, C.A.O.M., H 1834, no. 947 (October 4, 1873), no. 532 (November 19, 1872).

22. Johannes Caton, *Journal d'un deporti de la Commune* à *l'Ile du Pins, 1871-1879*, Paris: Ed. France Empire, 1986, letter of October 23, 1873, 224.

23. Augustin Bernard, *L'Archipel de la Nouvelle Calédonie*, Paris: Hachette, 1895, 3o3.

24. "Femmes Canaques," Gouverneur de la Nouvelle Calédonie, C.A.O.M . H 1834 (August 4, 1862).

25. M. le Vice-Amiral Krantz, *Notice sur la transportation*, telegram, "request for approval of marriage" (January 13, 1881), 218.

26. "L'Introduction dans les colonies des femmes," Ministère de la Marine et des Colonies, C.A.O.M. H 1834 (September 1878).

27. Report, "Nécessité d'introduire clans la colonie des femmes," C.A.O.M. H 1834 (September 14, 1881), 1-5.

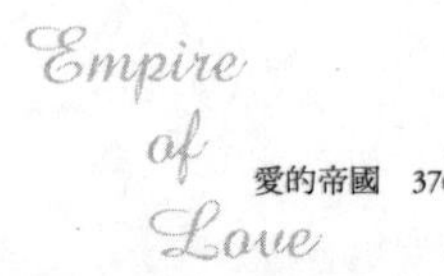

53. Archives Musée de Tahiti et des îles, 77.5.22.2.C, *Procés verbal de la réunion des chefs presidée par la Reine Pomare* (February 9, 1843).

第五章　愛的囚徒 新喀里多尼亞

1. Clement L. Wragge, *The Romance of the South Seas*, London: Chatto and Windus, 1906, 25-6.
2. Juliette Adam, *Nos amitiés politiques avant l'abandon de la revanche*, Paris: A. Lemerre, 1908, 21-2; also, Henri de Rochefort, *Retour de la Nouvelle Calédonie: de Nouméa a Europe*, Paris: F.Jeanmare, 1877.
3. Louis Proal, "Les Crimes d'amour," *Nouvelle Revue*, no. 116 (Jan.-Feb. 1899).
4. Victor de Malherbe, Rapport, 1859, microfilm C.A.O.M., Aix-en-Provence, 26MI OM23; see the commentary by Joel Dauphiné, *Les Dèbuts d'une colonisation laborieuse, Le Sud Calédonien, 1853-1860*, Paris: L'Harmattan, 1995, 122; for a grand and detailed overview, Isabelle Merle, *Expériences coloniales: La Nouvelle Calédonien, 1853-1920*, Paris: Ed. Belin, 1995; also Barbara Creed and Jeanette Hoorn, eds., *Body Trade: Captivity, Cannibalism, and Colonialism in Australia and the Pacific*, Dunnendin: University of Otago Press, 2001.
5. Alice Bullard, *Exile to Paradise: Savagery and Civilization in Paris and the South Pacific, 1790-1900*, Stanford: Stanford University Press, 2000, chs. 1-2.
6. Charles Victor Crosnier de Varigny, L'Ocr!an Pacifique, Paris: Hachette, 1888, 55.
7. Juliette Adam, *Nos amitiés politiques*, 95.
8. René Pinon, "La France des antipodes," *Revue des deux mondes*, 158 (1900), 784-5.
9. République Française, *Notices Coloniales*, 167.
10. Alain Saussol, "Une Experience Fouriériste en Nouvelle Calédonie: Le phalansteèe de Yaté," *Société d'Etudes Historiques sur la Nouvelle Cakdonie*, no. 38 (1978), 29. Also "Guillain, Premier Gouverneur de la Nouvelle Calédonie, 1862-70," in Bernard Brou, *Memento d'historie* à *la Nouvelle Calédonie: les temps modernes, 1774-1925*, Noumea: Ed. de Santal, 1993, 129-42.
11. Michel Reuillard, *Les Saint-Simoniens et la tentation coloniale: les explorations Africaines et le gouvernement Néo- Calédonie de Charles Guillain, 1808-1875*, Paris: L'Harmattan, 1995, 462-516; C.A.O.M. Fonds Nouvelle Calédonie, carton 26, letter 218 (April 30, 1863).
12. On the financial difficulties of the "model farm" and the "shops, construction sites, and workshops," see the "Boutan report," C.A.O.M . FM/ SG/ 56/ doss. 6. Also, Saussol, "Une Experience Fouriériste," 31-3; also Jean Guillou, "L'Infernal utopie de La Nouvelle France en Nouvelle Guinée, 1879-1881," *Société d'E tudes Historiques sur la Nouvelle Cakdonie*, no. 42 (1980), 17-49, on the ill-fated settlement projects of the Marquis de Rays.
13. "Bagnes," Ministère de l'Intérieur, C.A.O.M. H 1834, no. 3065 (October 30, 1872); Report, "Nécessité d'introduire clans la colonie des femmes," C.A.O.M. H 1834 (September 14, 1881),

doss. A120, January 12, 1883.

40. Letters, "Mouvements de la flotte," Archives de La Marine, BB 3-814; reports from BB4 366-1, 7-8.

41. Service des Archives Territoriales,Tiapaerui, Tahiti, 48W/ 1078/ no. 3 (February 7).

42. BB4 366-1,7-8; Pierre Yves Toulellan, "La longue durée Tahitienne," 222.

43. Pierre Benoit, *Les Grands Escales*, Paris: Alpina, 1933, 73; Robert Nicole, *The Word, the Pen, and the Pistol: Literature and Power in Tahiti*, Albany: SUNY Press, 2000, 99-129 on Loti, Gauguin, Ségalen. For a commanding overview, Daneil Margueron, *Tahiti dans toute sa littérature: Essai sur Tahiti et ses îles dans la littér ture.française de la decouverte* à *nos jours*, Paris: Editions l'Harmattan, 1989.

44. Edward D'Auvergne, *Pierre Loti: The Romance of a Great Writer*, New York: Fredrick Stokes, 1926; see Lesley Blanch, *Pierre Loti: Portrait of an Escapist*, London: Collins, 1983, 37, 41; Pritchard, *The Aggressions of the French at Tahiti*, "Joint Declaration ofTati and Utami," ms. piece 50, 92.

45. René La Bruyère, in Haldane, *Tempest*, 230. Naval infantry batallion officer Brea, Report printed in *Bulletin de la Société des Etudes Océaniennes*, no. 57 (1936), 612.

46. Service des Archives Territoriales, Tipaerui, Tahiti, 77.5.26.2P, *Journal du gouverneur*, Papeete (May 31, 1896), 3; Edouard Thomas Deman, *La Révolte aux îles sous le vent (Tahiti)*, Douai: Union Géographique, 1897, 41-2.

47. C.A.O.M. FM/ SG/ c. 140, doss. A125.

48. *L'Illustration* (June 4, 1864), 122

49. M. Cartailhac, E. Hamy, and P. Topinard, eds., *L'Anthropologie*, vol. 1, Paris: Masson, 1890, 532-6.

50. Fransçois Guillot, *Souvenirs d'un colonial en Océanie, 1888-1911*, Annecy: Dépollion, 1935, 9; Jules Garnier, *Voyage autour du monde: Océanie*, Paris: Pion, 1871, 35, 348-9; Deschanel, *La Politique Française en Océanie*, 145-6.

51. Jean-Marc Regnault, *Te Metua: L'Echec d'un nationalisme Tahitien*, Papeete: Polymages, 1996; Robert Aldrich, *France and the South Pacific Since 1940,* Honolulu: University of Hawaii Press, 1993; Stephen Henningham, *France and the South Pacific: A Contemporary History*, Sydney: Allen and Unwin, 1992; Nie McLennan and Jean Chesneaux, *After Moruroa: France in the South Pacific*, Melbourne: Ocean Press, 1998; more generally, Jocelyn Linnekin, "The Politics of Culture in the Pacific," in Linnekin and Lin Poyer, eds., *Cultural Identity and Ethnicity in the Pacific*, Honolulu: University of Hawaii Press, 1990, 149-174; Margaret Jolly, "Specters of Inauthenticity," *The Contemporary Pacific:A Journal of Pacific Affairs*, 4, no. 1 (1992), 49-72.

52. Henri Lutteroth, *O-Taiti, histoire et enquête*, Paris: Paulin, 1843, 294.

Multipress, 1986.

23. Charles Crosnier de Varigny, *L'Océan Pacifique*, Paris: Hachette, 1888, 67-8; F. V. Picquenot, *Géographie physique et politique des Etablissements Français de l'Océanie*, Paris: A. Challamel, 1900; French occupation is explained this way: "By request of Queen Pomare and the great chiefs, Admiral Du Petit-Thouars established the French protectorate over Tahiti and its dependencies."
24. Pomare Vedel, "Tahiti," Etablissements Français du Pacifique Austral, *Exposition Coloniale Inte rnationale de Paris*, Paris: Société d'Editions Géographiques, Maritimes, et Coloniales, 1931, 16-17
25. Vedel, "Tahiti," 17; Wragge, *Romance*, 165.
26. Dr. L. Sasportas, "Tahiti," *Exposition*, 31.
27. "Les Colonies Françaises," *L'Illustration* (June 4, 1864), 122.
28. Bishop Museum Archives, MS 5-S9, Apo of Atimaha, *Encouagement aux indigènes Huah ine qui vont aux combats*, trans. by Reverend Orsmond (September 20, 1849) ms.
29. See Michael Panoff, *Tahiti Métisse*, Paris: Denoël, 1989, 103.
30. See the reports in "Correspondance générale: fin de la révolte de Raïatea," C.A.O.M. FM/SG/ Océanie / c. 92/ doss. A149; Haldane, *Tempest*, 231
31. Apo of Atimaha, *Encouagement*, 20, 14, 22, 8.
32. Capitain Michel Jouslard, "Papiers Hautefeuille," Archives de la Marine, 147 GG2, 1-4, 36-7 .
33. Jean-Jo Scemla, *Le Voyage en Polynésie*, Paris: Robert Laffont, 1994, from Jacques Arago, "Deux Oceans," 606; see also Commandant le Hussard, Rapport, "Tahiti" (September 24, 1881), C.A.O.M., 140 A120, on continuing relations between monarchs and chiefs;Jocelyn Linnekin, *Sacred Queens and Women of Consequence: Rank, Gender, and Colonialism in the Hawaiian Islands*, Ann Arbor: University of Michigan Press, 1990.
34. Service des Archives Territoriales, Tipareui, Tahiti, 48W/1132, "Etat nominative des fonctionnaires;" 48W/ 581 no.1.1, no. 29 (March 3-June 28, 1893).
35. Jouslard, "Papiers Hautefeuille," 34, 47-8. See the report of Chief Inspector of Services Nesty complaining of "personnel recruited by chance ... composed of those who come from who knows where and leave at their whim··· " Letter, C.A.O.M., FM/SG/ c. 140, doss. A 120.
36. "Délégation de pouvoirs adressée à M. Chesse," Papeete (November 11, 1881, and March 14, 1882), C.A.O.M. Géo-Océanie, 140/ A-120.
37. Archives de la Musée de Tahiti et des îles, 77.5.101P, *Assemblée Législative de Tahiti* (June 24, 1881).
38. E. Watbled, "La France en Océanie," *Nouvelle Revue*, 3 (April 1898), 474-5.
39. Letter, "Gov. Tahiti à Ministère de la Marine et Colonies, Paris" C.A.O.M. FM/ SG/ c. 140,

Thouars's missions to the Marquesas.

11. Martin, Edward Dodd, *The Rape of Tahiti*, New York: Dodd, Mead, 1983, 122-5; also Charlotte Haldane, *Tempest Over Tahiti*, London: Constable, 1963, ch. 9 "Royal Correspondence."

12. Pomare Letter (January 23, 1843), in Paul DeDeckker, ed., George Pritchard, *The Aggressions of the French at Tahiti and Other Islan ds in the Pacific*, Auckland: Auckland University Press, 1983; 133-4, MS pages of Pritchard 98-9, copies in Foreign Office documents, FO 58/23 and FO 27/664. Also, 122-3, MS pages 84-5 for Pomare's declaration, "I did not sign of my own free will." On narratives and counternarratives, Kareva Mateata-Allain, "Ma'ohi Women Writers of Colonial French Polynesia: Passive Resistance Towards a Post-Colonial Literature," *Jouvert: journal of Postcolonial Studies*, 7, no. 2 (200 3).

13. *Appeal of the Natives of Tahiti to the Governments of Great Britain and America* (January 1846), Admiralty Papers I/5561, Hammond to Seymour (February 11, 1846), see Colin Newbury, "Aspects of French Policy in the Pacific 1853-1906," *Pacific Historical Review*, 27, no. 1 (1958); also Newbury, "Resistance and Collaboration in French Polynesia: The Tahitian War: 1844-7," appendix 1, 21-5.

14. Archives Musée de Tahiti et des îles, 77.5.22.C, *Procés verbal de la réunion qui s'est tenue* à *bord du naivre de guerre anglais Talbot dans la rade de Papeete* à *Tahiti*, 3, 5.

15. Archives Musée de Tahiti et des îles, 77.5.22.C, *Procés verbal*, 5-6.

16. DeDeckker, ed., Pritchard, *The Aggressions of the French at Tahiti and Other Islands in the Pacific*; see DeDeckker's introduction.

17. Jean-Marc Regnault, Jean-Marie Dubois, director and coordinator, *Histoire au cycle 3*, Polynésie Française: CTDRP-ETAG, 1998, 123. See "Le 29 Juin, symbole d'amitié et de solidarité, " *Te Fenua: Journal d'infarmation du gouvernement de Polynrésie Française*, no. 2 (June 22, 2001), 7.

18. Bruat, in "Rapports sur les combats qui ont eu lieu à Tahiti de 1844 à 1846," in *Bulletin de la Sociétél des Etudes Océaniennes*, no. 57 (1936), 606, 622; T. Deman, *La Révolte aux Iles sous le Vent (Tahiti)*, Douai: Union Géographique, 1897, 41-2; Caroline Ralston and Nicholas Thomas, eds., *Sanctity and Power: Gender in Polynesian History*, special issue of *Journal of Pacific History*, 22 (1987).

19. Captain Martin in Dodd, *Rape of Tahiti*, 122-5.

20. E. Watbled, "La France en Océanie," *Nouvelle Revue*, 3 (April 1898), 466.

21. Archives Musée de Tahiti et des îles, 77.5.22.C, *Procés verbal*, 7.

22. Giraud has been recently revisited; see the catalogue *Tahiti 1842-1848: Oeuv res de Charles Giraud*, Musée de Tahiti et des îles/Te Fare lamana ha (November 15, 2001-January 27, 2002). General scholarly works have appeared especially since the 1980s. See, for example, Pierre Yves-Toullelan, ed., *La France en Polynésie, 1842-1960*, part of *L'Encyclopédie de la Polynésie*, Gleizal:

59. *Enosi*, part of program *Sermons et explications touchant la vie du Bienheureux Chanel et celle de Mgr. Bataillon*, in Poncet, *Historie de l'Ile Wallis*, 133.

第四章　大溪地檔案 社會群島

1. Guy de Maupassant, "L'Amour clan s les livres et dan la vie," *Gil Blas* (July 6, 1886). Every Pacific collection has copies of Bengt Danielsson's *Love in the South Seas*, London: George Allen & Unwin, 1956. The author notes, "the most famous south seas novel, *Le M ariage de Loti* ... does not end in a wedding in the Western sense, but starts instead with a Polynesian wedding," 11. Also, Robert Langdon, *Tahiti: Island of Love*, Sydney: Pacific, 1954; Daniel Maurer, *Aimer Tahiti*, Paris: Nouvelles Editions Latines, 1972; France Guillain, *Mäma: Des Iles de l'amour* à *l'amour de la vie*, Paris: Pion, 1987; Charles Teriiteanuanua Manutahi, *Le Don d'aimer*, Pirae: Polytram, 1983.
2. Pierre Lori, André Alexandre, Georges Hartmann, *L'Ile du rêve*, music by Reynaldo Hahn, Paris: Calmann-Lévy, 1898, 25.
3. Jules Garnier, "Excursion autour de l'île de Tahiti," *Bulletin de la Société de Géographie*, (November-December 1869), 3; Margaret Jolly, "From Point Venus to Bali Ha'i: Eroticism and Exoticism in Representations of the Pacific," in L. Manderson and Jolly, eds., *Sites of Desire, Economies of Pleasure: Sexuali ties in Asia and the Pacific*, 1997, 99-122.
4. *Le Vice-Amiral Bergasse Du Petit- Thouars, 1832-1890, d'aprè ses notes et sa correspondance*, Paris: Perrin et Cie, 1906, letter of March 23, 1854.
5. Paul Dcschanel, *La Politique Française en Océanie*, Paris: Berger-Levault et Cie, 1884, 34.
6. C.A.O.M. FM/SG/c. 140, doss. A120, "confidential letter" Dec. 14, 1883. On this metaphor applied to general history, Pierre Yves Toullelan and Bernard Gille, *Le Mariage Franco-Tahitien*, Tahiti: Polymages-Scoop, 1992.
7. Colin Newbury, "Resistance and Collaboration in French Polynesia: The Tahitian War: 1844-7 ," *Journal of the Polynesian Society*, no. 82 (1973), 5-27; Newbury, *Tahiti Nui: Change and Survival in French Polynesia,1761-1945*, Honolulu: University of Hawaii Press, 1980; also Miriam Kahn, "Tahiti Interwined: Ancestral Land, Tourist Postcard, and Nuclear Test Site," *American Anthropologist* 102, no.1 (2000), 7-26.
8. For a postwar look at a key moment in Tahitian "nationalism," see Jean-Marc Regnault, *Te Metua: L'Echec d'un nationalisme Tahitien*, Papeete: Polymages, 1996.
9. Ministère des Finances, no. 8012 (December 26, 1881), C.A.O.M. "authorizes the monthly payment of pensions registered with the public treasury of France by the law of December 30, 1880 in the name of King Pomare V and the members of his family... "
10. C.A.O.M. FM/ SG/ c.29/ doss. A10-15 "correspondance génerate Océanie, 1842," on Dupetit-

42. Adrien Dansette, *The Religious History of Modern France, Vol II: Under the Third Republic*, New York: Herder and Herder, 1961, 432; Bernard Plongeron, ed., *Catholiques entre monarchie et république: actes du colloque nationale de l'université catholique de l'ouest*, Angers, 1992, 117, 138; James Tudesco, *Missionaries and French Imperialism: The Role of Catholic M issionaries in French Colonial Expansion, 1880-1905* (UM Microfilm, 1983); F. Soulier-Falbert, *L'Expansion française dans le Pacifique-Sud*, Paris, 1911.

43. Jacque s Bozon, ed., *Faut-il un nouveau concordat?* Paris: Ed. Presse-Française, 1913, 8-10, 99-100.

44. Goubin, *Lifou*, 157; Bouzige cited in Angleviel (A.P.M. OW 208), 188; on "points de rclache," René Pinon, "La France des antipodes," *Revue des deux mondes*, 158 (1900), 784. For comparative work, see Peter Hempenstall, *Pacific Islanders under German Rule: A Study in the Meaning of Colonial R esistance*, Canberra: Australia National University Press, 1978; Russell Berman, *Enlightenm ent or Empire: Colonial Discourse in German Culture*, Lincoln: University of Nebraska Press, 1998; Samson, *Imperial Benevolence*.

45. Lamaze at Poi, in Poncet, *Histoire de l'I'le Wallis*, 25.

46. John Williams, *Christianity and Civilization in the South Pacific*, London: W. Allen Young, 1922, 20.

47. Avner Ben-Amos, *Funerals, Politics, and Memory in Modern France, 1789-1996*, Oxford: Oxford University Press, 2000, esp. 226-30 on Bishop Freppel and the funeral rites for Admiral Courbet.

48. *Triduum solennel*, 7, 9, 33; objets de piété, 44-5.

49. *Quelques guerisons et graces signalées obtenus par l'intercession du Bienhereux Pierre Louis M arie Chanel*, Lyon: Librarie générale Catholique et classique, 1891, testimonies of Félix T., M. L'Abbé F., Soeur M. Saint-Brune, 9, 37, 44-5.

50. *Triduum solennel*, 38.

51. Archives des Pères Maristes, Padri Maristi, Rome, file no. 111.42, Augu st 29, 1839 (EC48), "Lettres à divers, 1831-1840."

52. Flag noted in Ponce t, *Historie de l'Ile Wallis*, 208; Morel, *Dernières jours*, 11, 16, 60.

53. Letter, signed "Parizat," September 29, 1881, C.A.O.M . FM/ SG/ c. 140, doss. A120.

54. Documents with original signatures, C.A.O.M. FM/ SG/ NCL/ c. 176, doss. 1.

55. C.A.O.M. FM/SG/ NCL/ c. 176, doss. 1.

56. "Incident Piho," Pacific Manuscripts Bureau/ Oceania Marist Province Archives 313, Catholic Archdiocese of Noumea, AAN 112.3-112.9.

57. PMB/OMPA 313: Catholic Archdiocese of Noumea, AAN 112.3, 112.9.

58. René de la Bruyère, *Contes et legendes de l'océan Pacifique*, Paris: Pierre Roger, 1931, 12-14.

Dorothy Shineberg, *They Came far Sandalwood: A Study cf the Sandalwood T rade in the South-West Pacific 1830-1865*, London: Melbourne University Press, 1967, and Shineberg, *The People Trade: Pacific Island Laborers and New Caledonia, 1865-1930*, Honolulu: University of Hawaii Press, 1999. Also, Peter Corris, ed., William T. Wawn, *The South Seas Islands and the Queensland Labor Trade*, Honolulu: University of Hawaii Press, 1973; Edward W. Docker, *The Blackbirders*, London: Angus & Robertson, 1970.

26. *Sydney Morning Herald*, May 22, 1869; see Captain George Palmer, *Kidnapping in the South Seas*, London: Dawsons (original 1871; reprint 1971), 168.
27. Maggie Paton, 310-11; also Albert Hastings Markham, *The Cruise cf the Rosario*, London: Dawsons (original 1873; reprint 1970), 74.
28. Benjamin Goubin, *Lifau, Pacifiqu e-Sud* , Annonay: Jean-Luc Chavlet, 1985, letter of 1877, 26. For Moncelon, see Shineberg, *The People Trade*, 113.
29. Chevron, in Servant, *Ecrits*, 45, 99; William Tagupa, *Father Chanel and Futuna Island: A Study in Missionary Martyrdom and Change in a Traditional Polyn esian Society*, ms. (1972) University of Hawaii: BX 4700 C55T3.
30. Meitala's letter, reprinted in Bourdin, *Vie du venerable Pierre M arie Louis Chanel*, 594.
31. M. Morel, *Dernière Journée et Martyre du Bienheureux Pierre L ouis Marie Chanel, drame en vers*, Lyon: E. Vitte, 1889, 11.
32. Roman Catholic Church, *Tonga Station Correspondence 1844-70*, Pacific Manuscript Bureau, Australia National University, microfilm reels PMB 192, BMICR MF 2330, reel two.
33. D. Frimigacci, M. Keletaona, et al., *Ko Le Fonu Tu'a A Limulimua/ La Tortue au dos mossu: textes de tradition orale de Futuna*, Peeters: Louvais/Paris, 1995, 481-3.
34. Servant, *Ecrits*,176. Odom Abba, "Faut-il réhabiliter Musumusu?" *Les Cahiers de Wallis et Futuna*, no. 1, March 2001, Ono: Les Amis de Wallis et Futuna, 2001.
35. Servant, *Ecrits*, 197. See Odom Abba, 33.
36. Paul Barré, *Revue française de l'etranger et des colonies*, 24 (1889), 459; Alphonse Bertillon, *Ethnographie moderne: les races sauvages*, Paris, 1883, 236.
37. D. Frimigacci, M. Keletaona et al., *Ko Le Fonu Tu'a A Limulimua/ La Tortue au does mossu: textes de traditions orale de Futuna*, Louvais: Peeters, 1995, 39, 66.
38. Chevron, in Servant, *Ecrits*, 91.
39. *Triduum solennel et inauguration du pèlerinage en l'honneur du Bienheureux Pierre-Louis Marie Chanel*, Bourg, 1890 BNF: Ln27.39398, 9-10. For details, JeanClaude Marquis, *St. Pierre Chanel: De L'Ain au Pacifique*, Bourg-en-Bresse: La Taillanderie, 1991.
40. *Annales de la congrégation des sacres coeurs de Jesus et de Marie*, 45.
41. Victor Poupin el, in Bourdin, *Vie du venerable Pierre M arie Louis Chanel*, 603.

2001.

12. Teio Faateni, on his great-grandfather Tefaatau Faatemi, "Le Bible/ Histoire 38," Musée de Tahit et des îles, Punaauia, Tahiti.

13. Henri Rivière, *Souvenirs de la Nouvelle Calédonie*, Paris: Calmann-Lévy, 1880, 63; Victor Ségalen, "Journal des iles," in Henry Bouillier, ed., *Oeuvres complètes*, Paris: Robert Laffont, 1995, 421-2; Frédéric Angleviel, *Les Missions* à *Wallis et Futuna au XIXe siècle*, Bordeaux-Talence: Centre de Recherche des Espaces Tropi caux, 1994, passim; Claire Laux, *Les Théocraties Missionaires en Polynésie aux XIXe siècle*, Paris: L'Harmattan, 2000.

14. Archives des Pères Maristes, Padri Maristi, Rome, files nos. 113.3-4, "Sermon sur la Passion (EC 22, 1835), "Sermon sur le désir du Ciel (EC 21, 1828).

15. Servant, *Ecrits*, 143; René Pinon, "La France des antipodes," *Revue des deux mondes*, 158 (1900), 807.

16. Laracy, *Marists and Melanesians*, 279, 15; Gabriel Michel, *Frère François et la reconnaissance legale des frères Maristes 1840-1851*, Paris: G. Michel, 1991; Gerald Arbuckle, "The Impact of Vatican II on the Marists in Oceania," James A. Boutilier et al., eds., *Mission Church and Sect in Oceania*, Ann Arbor: University of Michigan, 1978.

17. Kenneth Woodward, *Making Saints*, New York: Simon and Schuster, 1990; Vicente M. Diaz, *Repositioning the Missionary: The Beatification of Blessed Diego Luis de Sanvitorres and Chamorro Cultural History*, Santa Cruz, 1992 (UM Microfilm, 1993).

18. Letter from Mission St Jean d'Ombrym (May 17, 1895), University of Hawaii microfilm; Servant, *Ecrits*, 102-7.

19. Servant, *Ecrits*, 102-3.

20. Le Reverend Père J. A. Bourdin, *Vie du venerable Pierre Marie Louis Chanel, prêtre de la Société de Marie*, Paris: Jacques LeCoffre, 1867, 564

21. Servant, *Ecrits*, 105

22. Servant, *Ecrits*, 106-7

23. Chanel's Personal Journal, Archives des Pères Maristes, Padri Maristi, Rome, entry of Sunday, 21 July, "These poor natives ... ten pigs for a gun; the purchase of four guns transports them with joy." Also, Chanel, in Servant, *Ecrits*, 45, 84- 5.

24. D. Frimigacci, M. Keletaona et al., *Ko Le Fonu Tu'a A Limulimua/ La Tortue au dos mossu: textes de tradition orale de Futuna*, Louvais: Peeters, 1995, 487-8. See Johannes Fabian, *Power and Perfor mance: Ethnographic Explorations though Proverbial Wisdom and Theater in Shaba, Zaire*, Madison: University of Wisconsin Press, 1992.

25. Servant, *Ecrits*, 103; Archives des Pères Maristes, Padri Maristi, Rome, files nos. 111.11 and 111.12 (EC 40-1), Chanel's letters on Niuliki: "the king gave me the best possible welcome";

concerning his work and reputation with the *maison des malades* and sick children.

2. Thanks to Hugh Laracy; see especially his "Saint-Making:The Case of Pierre Chanel of Futuna," *New Zealand journal of History*, 34, no. 1 (2000), 145-61. For a comprehensive overview, Frédéric Angleviel, *Les Missions* à *Wallis et Futuna au XIXe siècle*, Bordeaux-Talence: Centre de Recherche des Espaces Tropicaux, 1994; also, Robert Aldrich and Isabelle Merle (eds.), *France Abroad: Indochina, New Caledonia, Wallis and Futuna*, Sydney: University of Sydney Press, 1997.
3. L. C. Servant, *Ecrits de Louis Catherin Servant*, Paris: Pierre Tequi (reprint, 1996), 143; René Pinon, "La France des antipodes," *Revue des deux mondes*, 158 (1900), 807.
4. Petela Leleivai, "Le berceau polynésien," in Elise Huffer and Petelo Leleivai, eds., *Futuna: Mo Ona Puleaga Sau (Aux deux royaumes)*, Suva and Sigave: Institute of Pacific Studies, University of the South Pacific, and Service des Affaires Culturelles de Futuna, 2001, 12.
5. Servant, *Ecrits*, 102-7. For images of the martyrdom (some extremely rare) and commentary, Archives des Pères Maristes, Padri Maristi, Rome, files nos. 511.1, 512.1, 512.1, "prima effigies," 520/521, "Eius Orta et Martyrium," 514.1, "Tableau official."
6. Roman Catholic Church, *Tonga Station Correspondence 1844-70*, Pacific Manuscript Bureau, Australia National University, Canberra (PMB), 192.
7. Loti, *Le Roman d'un erifant (A Child's Romance)*, 116-7 , 130-2.
8. *Annales de la congrégation des sacres coeurs de Jesus et de Marie*, vol. 5, Paris: Rue de Picpus, 1879, 45; Servant, *Ecrits*, 96 (1840); also J. Coste, *Lectures on Society of Mary History (Marist Fathers)*, Rome: Society of Mary, 1965; for chronicles and histories: *Annales de la propogation de la foi* (receuil périodique des lettres des éveques et des missionaires), vol. 51, Lyon: Pélagaud, 1879; J. B. Biolet, ed., *Les Missions Catholiques Françaises au XIXe siècle*, 5 vols., Paris: Armand Colin, 1902.
9. Methodist Missionary of Australia, Fiji District, MMSA/M-20, *Papers Re: Friction between the Catholic and Wesleyan Missions*, National Archives of Fiji.
10. See Hugh Larney, *Marists and Melanesians*, Honolulu: University of Hawaii Press, 1976, 17; also on islander views, Raymond Mayer, *200 Legendes de Wallis et Futuna: éléments de la tradition orale*, ms, University of Hawaii, UH PACC GR 395 W3M4; Ruth Finnegan and Margaret Orbell, *South Pacific Oral Traditions*, Bloomington: Indiana University Press, 1995.
11. Rev. Samuel Worcester, in Char Miller, ed., *Missions and Missionaries in the Pacific*, Lewistown: Edwin Mellen, 1985, 68-73; Maggie Whitecross Paton, *Letters and Sketches from the New Hebrides*, New York: A. C. Armstrong, 1895, 31; Vicente Diaz, *White Love and Other Events in Filipino History*, Durham, N.C.: Duke University Press, 2000; Margaret Rodman, *Houses Far From Home: British Colonial Space in the New Hebrides*, Honolulu: University of Hawaii Press,

48. Néle de Kantule, "From the Great Flood to Our Time," 199-200.

49. Néle de Kantule, "From the Great Flood to Our Time," 201.

50. Armand Reclus, *Panama et Darien: Voyage d'exploration*, Paris: Hachette, 1881, 405.

51. Wyse, 45; Reclus, 80.

52. Larthe, 17; Autigeon, 49-50, 78; Reclus 66-7.

53. Abbot, *The Panama Canal in Picture and Prose*, 125.

54. Albert Tissander, *Six mois aux Etats-Unis suivi d'un excursion* à *Panama*, Paris: Grasson, 1886, 255.

55. National Archives, F72 15978 MI 25347, letter of March 28, 1887; on the history of this story, see Robert Tomes, *Panama in 1855*, New York: Harper and Bros. (1855); Luis A. Picard-Ami, Maria Josefa de Melendez, "El Suicide de los Chinos," *Loteria* no. 281 (July 1979), 62-87; Eustorgio Chong Ruiz, *Los Chinos en la Sociedad* , Instituto Nacional de Cultura Panamena, 1992.

56. Walter Leon Pepperman, *Who Built the Panama Canal?* London: J.M. Dent & Sons, 1915, 218; Missal, "In Perfect Operation: Social Vision and the Building of the Panama Canal," passim.

57. Frank Morton Todd, *The Story of the Exposition*, New York: D.P. Putnam and Sons, 1921, 18; Michael Conniff, *Black Labo r on a White Canal*, Pittsburgh: University of Pittsburgh Press, 1985; Velma Newton, *The Silver Men: West Indian Labor Migration to Panama, 1850-1914*, Kingston: Institute of Social and Economic Research, 1984, 123; Henri Cermois, *Deux ans* à *Panama*, Paris: Flammarion, 1886, 53-8, for description of roulette for Europeans, cards, church, and cricket for West Indians, no theaters, concerts, or cafes, but saloons for everyone.

58. Albert Tissander, *Six mois aux Etats-Unis suivi d'un excursion* à *Panama*, Paris: Grasson, 1886, 81.

59. Philippe Bunau-Varilla, *Panama: The Creation, the Destruction, the Resurrection*, Paris: Pion, 1913, 724-5.

60. Charles Lemire, *Les Intérêts Français dam le Pacifique*, Paris: Augustin Challamel, 1904, 6-8, 77, 9. Also, *Rapport de la mission chargée d'étudiéles consequences de l'ouverture du Canal du Panama en ce qui concerne les colonies françaises*, Paris: *Journaux Officiel*, 1913; Néle de Kantule, "From the Great Flood to Our Time," 195.

第三章　殉道與回憶 瓦利斯和富圖納群島

1. Claude Rozier, ed., *Ecrits de S. Pi erre Chanel*, Rome, 1960, in subsequent notations "EC" where cross-referenced by Rozier; Aléxandre de Poncet, *Historie de l'Ile Wallis: le protectorat français*, Paris: Société des Océanistes, no. 23 (1972); Chanel's personal journal at the Archives des Pères Maristes, Padri Maristi, Rome, doc. no. 112.1 (1838), entry of Friday, December 14,

35. Ferdinand de Lesseps, "Discours de réception de M. Ferdinand de Lesseps, Séance de l'Académie française du 23 avril 1885."

36. *Journal Officiel*, Chamber of Deputies (November 21, 1982); see Bouvier, *Les Deux scandales*, 160.

37. Edmond Drumont, *De l'or, de la boue, et du sang*, 1896, 40. See also Drumont, *La France juive: essai d'histoire contemporaine*, Beiruit: Charlemagne, 1994; JeanYves Mollier, *Le Scandale de Panama*, Paris: Fayard, 1991; Bouvier, *Les Deux scandales*, 141-2. For running coverage, see *Le journal officiel* and *Le Droit: journal des tribunaux*, issues of 1893, ''Affaire du Panama," collected in N.A. C5485. Mention of Freppel, *Le Libre parole* (September 18, 1892).

38. Philippe Bunau-Varilla, *Panama: Le Passé, le présent, l'avenir*, Paris: Cresson, 1892, 6: Bunau-Varilla, *The Great Adventure ef Panama*, New York: Doubleday, 1920, 51-61.

39. For American perspectives, Abbot, *The Panama Canal in Picture and Prose*, on wine, women, and the *temps de luxe*, 127; also, Alexander Missal, "In Perfect Operation: Social Vision and the Building of the Panama Canal," in Jaap Verhuel, ed., *Dreams ef Paradise, Visions ef Apocalypse: Utopia and Dystopia in American Cultu re*, Amsterdam: VU University Press, 2004, 69-77; James M. Skinner, *France and Panama: The Unknown Years, 1894-1908*, New York: Peter Lang, 1989; Diogenes Arosemena, *Documentary Dipl omatic History ef the Panama Canal, Panama: Republic of Panama, 1961*; Lesseps quoted in *La Phare de la Loire* (July 31, 1879).

40. David Sweetman, *Paul Gauguin*, London: Hodder and Stoughton, 148-60; David McCullough, *The Path between the Seas*, New York: Simon and Schuster, 1977, 174.

41. For his own correspondence, see Paul Gauguin, *Noa Noa: The Tahitian journal*, and *Gauguin's Letters from the South Seas*, New York: Dover (1985, 1992).

42. Archives du monde du travail, 7AQ3-9, "notes de notre correspondent du *Soir*. voyage de Ferdinand de Lesseps," piece 1464 (April 1886).

43. Abbot, *The Panama Canal in Picture and Prose*, 9.

44. Mary Louise Pratt, *Imperial Eyes: Travel Writing and Transculturation*, London: Routledge, 1992, ch. 2.

45. Adrien Marx, *Le Figaro*, November 26, 1880; Albert Larthe, *Dans l'isthme de Panama: Scenes de la vie indienne, souvenirs et impressions de voyage*, Tours: Alfred Cattier, 1895,7-9. Lucien Napoléon Bonaparte Wyse, *Le Canal de Panama*, Paris: Hachette, 1886. Also, Charles Autigeon, *De Bordeaux* à *Panama et de Panama* à *Cherbourg*, Paris: A. Chio, 1883.

46. Larthe, *Dans l'isthme de Panama*, 20, 122, 146; Autigeon, *De Bordeaux* à *Panama*,78-9.

47. Néle de Kantule, "The History of the Cuna Indians from the Great Flood to Our Time," in Erland Nordenskiold and Ruben Perez Kantule, *An Historical and Ethnological Survey of the Cuna Indians*, Goteborgs: Goteborgs Museum, 1925, reprinted New York: AMS, 1979, 197.

Indians, Goteborgs: Goteborgs Museum, 1925, reprinted New York: AMS, 1979, 193-5.

14. Belly, *A Travers l'Amirique Centrale* , 80, 161; also Cyril Allen, *France in Central America: Fèlix Belly and the Nicaraguan Canal*, New York: Pageant, 1966.
15. Béatrice Giblin, ed., *Eliseé Rèclus, l'homme et la terre*, Paris: F. Maspero, 1982, 22, 132; also Henriette Chardak, *Eliseé Rèclus, L'homme qui aimait la terre*, Paris: Stock, 1997.
16. Athanase Airiau, *Canal interocèanique par l'isthme du Darien*, Paris: Chez France, 1860, 38.
17. Athanase Airiau, *L'Achève ment de Canal de Panama: Lettre ouvert addressé* à *Messieurs les senateurs et deputés*, Paris, 1894; Athanase Airiau, *Canal interocèanique*, Faucher cited 43.
18. Airiau, *L'Achèvement*, 74.
19. Claude Drigon, Marquis de Magny, *Canalisation des isthmes de Suez et Panama*, Paris: Compagnie Maritime de Saint Pie, 1848, 9, 17.
20. Wolf von Schiebrand, *America, Asia, and the Pacific*, New York: Henry Holt, 1904, 144.
21. Juliette Adam, *My Literary Life*, New York: Appleton, 1904, 142.
22. Adam, *My Literary Life*, 138-9.
23. Adam, *My Literary Life*, 146-7 ; Winfred Stephens, *Madame Adam*, 88; *Oeuvres de Saint Simon et d'Enfantin*, Paris: E. Dentu, 1866, vol. 26, esp. 1-30. See also Maria Teresa Bulciolu, *L'Ecole Saint-Simonienne et la femme, notes et documents, 1828-33*, Pisa: Goliardica, 1980, 50-5.
24. Saint Simon, lectures, in Jules St. André, *Religion St. Simonienne: enseignement central*, Paris: D'Everat, 1831, 58. *Oeuvres de Saint Simon et d'Enfantin*, Paris: E. Dentu, 1866, vol. 10, 55, vol. 26, 1-30.
25. Prosper Enfantin, *Colonisation de l'Algèrie*, Paris: P. Bertram, 1843, 31-2, these and "worthy of nineteenth-century" citations.
26. Maxime du Camp, *Souvenirs littèraires*, Paris: Hachette, 1892, 487; *Oeuvres de Saint Simon et d'Enfantin*, Paris: E. Dentu, 1866, vol.10, 74-5. also Félix Paponot, *Suez et Panama: une solution*, Paris: Librarie Polytechnique Baudry, 1889; Timothy Mitchell, *Colonizing Egypt*, Berkeley: University of California Press, 1988.
27. *Oeuvres de Saint Simon et d'Enfantin*, letter, 62.
28. National Archives, F72 15978 "Commissariat special-2/10" (1888).
29. Lambert-Bey in Juliette Adam, *Mes Premières armes littèraires et politiques*, Paris: A. Lemérre, 1904, 230-3.
30. *La Phare de la Loire*, July 31, 1879.
31. Eliseé Réclus, "Le Littoral de la France," *Rèvue des deux mondes* (September 19, 1864), 673,02.
32. *La Nouvelle Revue*, 1, no. 1, 15. See Gerson, *The Pride of Place*, 73-178.
33. See Maron J. Simon, *The Panama Affair*, New York: Charles Scribner's Sons, 1971, 23
34. Renaulat in Jean Bouvier, *Les Deux scandales de Panama*, Paris: Juillard, 1964, 97.

Pierre Loti, no. 74 (Dec. 1979), 27.

47. "La Vie qui passe" (January 30, 1929)
48. "On a vendu des souvenirs de Pierre Loti" (January 31, 1929); other press clip pings: "Des souvenirs de Pierre Loti aux feux des encheres," "Les Collections de Pierre Loti sont vendues," "La vente Pierre-Loti."

第二章　地緣政治的欲望 巴拿馬

1. Augustin Garcon, *Histoire du canal de Panama*, Paris: Challamel Ainé (1886), preface by Ferdinand de Lesseps, 3.
2. Willis John Abbot, *The Panama Canal in Picture and Prose*, New York: Syndicate Publishing, 1913, 121.
3. Emile Bergerat, *L'Amour en République: étude sociologique*, Paris, E. Dentu, 1889, 159; Garcon, *Historie*, So.
4. Winfred Stephens, *Madame Adam, La Grande Française*, London: Chapman and Hall, 1917, 216. On *La Nouvelle Revue*, "Nothing pleased her more than the interest taken in it by M. Ferdinand de Lesseps, a new acquaintance she owed to (Emile) Girardin."
5. Paul Deschanel, *La Politique Française en Océanie*, Paris: Berger-Levraut et Cie, 1884.
6. *La Nouvelle Revue*, 1, no. 1 (Oct-Dec 1879), 9-11.
7. Centre des archives du monde du travail, Roubaix, 7AQ2-9. *Bulletin du canal interocé anique* , no. 148, October 15, 1885; newspapers collected with the *Bulletin, no. 29, November 1, 1880.*
8. *Bulletin*, no. 30, November 15, 1880, 275. See also, E. W. Dahlgren, *Les Relations commerciales et maritimes entre La France et les côtes de l'océan Pacifique*, Paris : Honoré Champion, 1909.
9. Pierre Loti, *A Child's Romance*, New York: W.S. Gottsberger, 1891, 253-5.
10. Garcon, *Histoire*, 45; *Bulletin*, Archives du monde du travail, no. AJX4 (September 1880); Deschanel, *La Politique Francaise en Océanie*, 1; also, Archives de la Marine, BB3814, "mouvements de la fl otte," note 27.219 on "the exchange connections between France and the naval division of the Pacific Ocean."
11. Inagaki Manjiro, *Japan and the Pacific*, London: T. Fisher Unwin, 1890, 47, 57; Garcon, 77; Victor Cabrit, *Considerations sur les rivalités internationales dans le Pacifi que nord*, Montpellier: Imprimerie cooperative ouvrière, 1910.
12. Félix Belly, *A Travers l'Amérique Centrale: Le Nicaragua et le canal intéroceanique*, Paris: Suisse Romande, 1867, 37. On "Latin" America, see Paul Edison, *Latinizing America: The French Scientific Study of Mexico, 1820-1920*, Durham: Duke University Press, 2005.
13. Néle de Kantule, "The History of the Cuna Indians from the Great Flood Our Time," in Erland Nordenskiold and Ruben Pérez Kantule, *An Historical and Ethnological Survey of the Cuna*

Rochester University Press, 2005.

32. Juliette Adam, *Le Mandarin*, Paris: Michel Lévy Frères, 1860, 63-5.

33. Krzystof Pomian, *Collectionneurs, amateurs, et curieux*, Paris: Gallimard, 1987, 70.

34. Loti, *A Child's Romance [Le Roman d'un erifant]*, New York: W. S. Gottsberger, 1891, on collecting, possession, and becoming a sailor, 107-9, 261.

35. Loti, *Lettres* (Adam) vi-vii;

36. Loti, *Prime Jeunesse*, 24, 28; see Alain Quella-Villéger, *Pierre Loti: L'Incompris*, 239 on Gustave's memory and "cette sorte de sentiment presque fétichiste." Also, Georges Taboulet and Jean Claude Demariaux, *La Vie dramatique de Gustave Viaud,frère de Pierre Loti*, Paris: Ed. du Scorpion, 1961, for a detailed perspective on Gustave's life, with emphasis on his Indochina mission.

37. Loti, *Journal inédit*, 34; see Frans:ois Le Targat, *A la recherche de Pierre Loti*, Paris: Seghers, 1974, 35.

38. Loti, *Prime Jeunesse*, 41; *Madame Chrysanthemum,* 14-15.

39. Loti, *A Pilgrimmage to Angkor*, 217.

40. Clotilde Chivas-Baron, *La Femme aux colonies*, Paris: Larose, 1927, 184.

41. Thierry Liot, *La Maison de Pierre Loti a Rochefort*, Chauray: Ed. patrimoines et médias, 1999; Sylviane Jacquemin, "L'Océanie et les musées de la seconde motié du XIXe siècle," in Annick Notter, ed., *Oceanie: Curieux, navigateurs, et savants*, Paris: Somogy Ed. d'Art, 1997.

42. "Promotional Cards for Children," *La France Pittoresque*, Ed. Le Chocolat Suchard (1880-1910), Getty collection, 92.R.55, cards 204, 252, 258, 274, 277-80; also of interest, Le Masson, *Views of Tahiti*, I896-I900, one album, 46 prints, 93.R.92; Musée des missions évangéliques: *Exposition universelle*, Paris, 1867, one portolio, twenty-six prints, 93.R.102.

43. Pierre Loti, *Pecheur d'Islande [An Iceland Fisherman]*, Paris: Calmann-Lévy, 1886, 317. Loti (translated works) cited here originally published by CalmannLevy, *The Marriage of Loti*, 1880 first appeared in Adam's *La Nouvelle Revue*, 1879; *Madame Chrysanthemum*, 1887; *Prime Jeunesse*, 1919.

44. Loti, *Madame Chrysanthemum*, 20.

45. Auction catalogue, *Collection Pierre Loti: Objets d'art et meubles de la Chine provenant du palais impérial, art Océanien, Ile de Paques, Iles Marquises, Nouvelle Calédonie, sculpture Mexicaine*, Paris: Hotel Drouot (January 29, 1929), 18. The boomerang attracted a good deal of attention and a good price (1,120 francs); see press clippings collection Maison Pierre Loti, "Un Flaneur à l'Hotel Drouot," "Un coup d'oeil sur la vente Pierre Loti" (February 7, 1929), "La Curiosite" (January 30, 1929).

46. Loti, *A Child's Romance*, 93; Marcel Sémézies, "Une veillée avec Loti à Rochefort," *Cahiers*

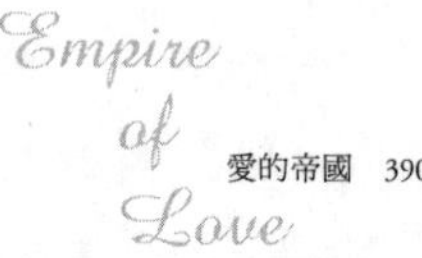

Charavay, Mantoux, Martin, 1889, 310; this work is a part of"editions for young people."

21. Pierre Loti, *Lettres de Pierre Loti* à *Madame Juliette Adam*, Paris: Plon- Nourrit, 1924, letter of June 11, 1885; Loti, "La Mort de l'Amiral Courbet," *Revue des deux mondes* (August 15, 1885), republication of *Le Figaro* article; Garnier, in Jules Harmand, *Bulletin de la société de géographie* (March 1875), 290. On the larger erotic context, see multiple works by Robert Aldrich, especially his *Colonialism and Homosexuality*, London: Routledge, 2003.
22. Marlon B. Ross, "Romancing the Nation-State: The Poetics of Romantic Nationalism," in Jonathan Arac and Harriet Ritvo, eds., *Macropolitics of Nine teenth-Century Lit erature: Nationalism, Exoticism, Imperialism, Philadelphia*: University of Pennsylvania Press, 1991, 56-7 ; for contexts, Fredrick Cooper and Ann Laura Stoler, eds., *Tensions of Empire: Colonial Cultures in a Bourgeois World*, Berkeley: University of California Press, 1997.
23. Juliette Adam, *La Chanson des nouveaux époux*, Paris: L. Conquet, 1882, 22-3; Adam, *Mes souvenirs*, vol. 7, 366.
24. Pierre Loti, *Les Fleurs d'ennui, 361-2; Le Roman d'un Spahi*, 169. Also, Jehan Despert, *Le Doulour eux amour de Pierre Loti*, Rochefort: La Malle aux livres, 1995.
25. Loti, in Alain Quella-Villéger, *Pierre Loti: L'Incompris*, Paris: Presses de la Renaissance, 1986, 80.
26. See Stephen Roberts, *History of French Colonial Policy, 1870-1925*, London: P.S. King and Son, 1929, 11-12. For variations, Robert Aldrich and John Connell, *France's Overseas Frontier: Départements and territoires d'outre- mer*, New York: Cambridge University Press, 1992.
27. Pierre Loti, *Madame Chrysanthemum*, 20.
28. Paul Deschanel, *La Politique Francaise en Oceanie*, Paris: Berger-Levault et Cie, 1884, 34; the Maison de Pierre Loti archive keeps a photograph from Deschanel with the inscription, "à Pierre Loti, vive amitié." Also, Marguerite Duras, U*n Barrage contre le Pacijique*, Paris: Gallimard, 1958; Helen Lainé, *Pioneer Days in New Caledonia, trans. of Hommage.filial, documentaire Calédonien*, Noumea: lmprimeries Reunies, 1942, 62; Albert de Pouvourville, *L'Annamite aujourd'hui*, Paris: Ed. de la Rose, 1932, n3.
29. Loti, *Lettres*, letter (December 9, 1883); pieces for *Le Figaro*, "La Prise de Tonkin," (September 28, 1883); "Prise de Hué" (October 13, 1883); "Au Tonkin," (October 17, 1883)
30. On "exotic war," Pierre Loti, *Cette eternelle nostalgie,journal intime, 1871-1911*, ed. Bruno Verciér, Alain Quella-Villéger, Guy Dugas, Paris: La Table Rond, 1997, 101; on "noble emotion," Emile Duboc, *35 Mois de campagne en Chine, au Tonkin, 1882-5*, Paris: Charavay, Mantoux, Martin, 1889, 310. This work is a part of "editions for young people."
31. Edward Berenson, "Unifying the French Nation: Savorgnan de Brazza and the Third Republic," in Barbara Kelly, ed., *Music, Culture, and National Identity in France, 1870-1939*, Rochester:

Rebours, L'à-bas), 1-11; also Guy Breton, *Histories d'amour de l'historie de France*, vol. 2, Paris: Presses de la Cite (1991).

11. Pierre Loti, "Discours de réception de M. Pierre Loti," Séance de l'Académie française du 1891, Paris: Calmann-Lévy, 1892.

12. See Marius-Ary Leblond (pseud. Aimé Merlo and Georges Athenas), *Après l'exotisme de Loti, le roman colonial*, Paris, 1927; Victor Ségalen, "Essai sur l'exotisme: une esthétique du divers," in Henry Boullier, ed., *Oeuvres complètes*, Paris: Robert Laffont, 1995, 755-9; for an overview, Alain Buisine, Norbert Dodille, Claude Duchet, eds., *L'Exotisme: actes de colloque*, Paris: Didier-Erudition, 1988, featuring thirty-seven essays on "altérités, voyages, colonies, poétiques, ésthetiques," esp. 5-10 and 305-30 on Loti and Ségalen.

13. Bruno Vercier, Alain Quella-Villéger, Guy Dugas, eds., *Cette eternelle nostalgie:journal intime, 1878-1911* (Loti's journal), Paris: La Table Ronde, 1997, 99.

14. British adventure romance has a huge critical literature. See especially, Patrick Bratlinger, *Rule of Darkness: British Literature and Imperialism, 1830-1914*, Ithaca, N.Y.: Cornell University Press, 1988; Robert Dixon, *Writing the Colonial Adventure: Race, Gender, and Nation in Anglo-Australian Popular Fiction, 1875-1914*, Cambridge: Cambridge University Press, 1995.

15. Juliette Lamber (pen name), *Idrées Anti-Proudhoniennes sur l'amour, la femme, et le mariage*, Paris: Michel Lévy Frères, 1868, lv-lvi.

16. For a detailed reading of "couples" who invent themselves in love and politics in the nineteenth century, see Marjan Schwegman, "Aardse liefde in een heroisch leven" ("Earthly Love in a Celestial Life: Giuseppe Mazzini and Giuditta Sidoli, 1831-1992"), *Bulletin Geschiedenis Kunst Cultuur 3*, no. 1 (1994), 52-80, esp. discussions of Mazzini's sensitive "female" characteristics and Sidoli's "virile" qualities.

17. Peter Gay, *The Bourgeois Experience, Victoria to Freud*, vol. 2, *The Tender Passion* (New York: Oxford University Press, 1986), 78. On the transformations of French romantic love and sexuality since the Third Republic, a subject far more complex than I can treat here, see Robert A. Nye, "Sexuality, Sex Difference and the Cult of Modern Love in the French Third Republic," *Historical Reflections/ Réflexions Historiques*, 20, no. 1 (1994), 57-76; Guy Breton, *Histories d'amour de l'historie de France*, vol. 2, Paris: Presses de la Cité (1991), esp. 1052-6 for Gambetta's romance with suspected German agent Léonie Léon and Juliette Adam's political and personal maneuverings to end it.

18. Nguyên Phan-Long, *Le Roman de Mlle Lys*, Hanoi: Imprimerie Tonkinoise, 1921, 103.

19. *Païenne et Un Rêve sur le divin*, Paris: A. Lemérre, 1903, 222, 242-7 .

20. *Le Vice-Amiral Bergasse Du Petit-Thouars, 1832-1890, d'apres ses notes et sa correspondance*, Paris: Perrin et Cie, 1906, i-iii. Emile Duboc,*35 Mois de campagne en Chine, au Tonkin, 1882-5*, Paris:

4. On this chapter title, see Lynn Hunt, *The Family Romance of the French Revolution*, Berkeley: University of California Press, 1992.
2. Emile Bergerat, *L'A mour en République: étude sociologique*, Paris, E. Dentu, 1889, 13.
3. Loti, *Le Roman d'un spahi*, 65; Loti, cited and commented in Alain Qiella-Villeger, *Pierre Loti: L'Incompris*, Paris: Presses de la Renaissance, 1986, 239. On French regionalism, see Stéphane Gerson, *The Pride of Place: Local Memories and Political Culture in Nineteenth Century France*, Ithaca, N.Y.: Cornell University Press, 2003.
4. Pierre Loti, *The Marriage of Loti*; Pierre Loti, André Alexandre, Georges Hartmann, *L'Ile du rêve*, music by Reynaldo Hahn, Paris: Calmann-Lévy, 1898. Opera first presented at the Theatre National de l'Opera Comique, March 23, 1898, directed by Albert Carré. In general, see Tony Chafer and Amada Sackur, eds., *Promoting the Colonial Idea: Propaganda and Visions of Empire in France*, New York: Palgrave, 2002, 1-11.
5. See the analysis of France, Marianne, and Cambodia in Penny Edwards, "Womanizing Indochina: Fiction, Nation, and Cohabitation in Colonial Cam bodia, 1890-1930," in Clancy-Smith and Gouda, eds., *Domesticating the Empire*, 108-9, 129-30.
6. Juliette Adam, *La Vie des ames*, Paris: Bernard-Grasset, 1919, 1; Winfred Stephens, *Madame Adam, La Grande Jranraise*, London: Chapman and Hall, 1917, 222- 3. The Grande Juliette will carry the surname Lambert from birth in 1836, Lamessine from 1853 to 1863, and Adam from 1868 to 1877 and after according to her marriages; her nom de plume will remain an abbreviated Lamber. Also, Chris tophe Charle, *Les Elites de la République, 1880-1900*, Paris: Fayard, 1987. Other powerful salonnières included the Marquise de Blocqueville for her mondain guest list, and Madame Beulé, who entertained Renan and other writers, artists, and composers.
7. Charles-Victor Crosnier de Varigny, *Fourteen Years in the Sandwich Islands, 1855-1868*, reprinted, Honolulu: University of Hawaii Press, 1981, xxvii.
8. Juliette Adam, *Jean et Pascal*, Paris: A. Lemerre, 1905, 18, 21, 306-7. See also, *La Chanson des nouveaux époux*, Paris: L. Conquet, 1882, 22-3. See also her *Le Mandarin*, Paris: M. Lévy Frères, 1860, or *Païenne: Un Rêve sur le divin*, Paris: A. Lemerre, 1903.
9. Juliette Adam, *Mes souvenirs*, vol. 7, 366, 392; see also accounts in Winfred Stephens, 215,217,398.
10.Juliette Adam, in Brigitte Adde, et al., eds., *Et C'est Moi, Juliette: Madame Adam, 1836-1936*, Gif-sur-Yvette: Saga, 1988, 73. On literary varieties of love in this period, see S. Francis Ellen Riordan, *The Concept of Love in the French Catholic Literary Revival*, Washington, D.C.: Catholic University of America, 1952, for readings of Barbey d'Aurevilly (*L'Amour impossible*), Bourget (*Un Crime d'amour, Cruelle enigme d'amour*), and Huysmans (*Les Soeurs Vatard, A*

28. Homi K. Bhabha, "Of Mimicry and Man: The Ambivalence of Colonial Discourse," *October 28* (1984), 125-33. Edward Said, *Culture and Imperialism*, New York: Vintage, 1993; James Scott, *Domination and the Arts of R esistance: Hidden Transcripts*, New Haven, Conn.: Yale University Press, 1990 .

29. Max Radiguet, *Les derniers sauvages: la vie et les moeurs aux Iles Marquises, 1842-59*, Paris: Ed . Duchartre et Van Buggenhoudt, 1929, 234; Ann Laura Stoler, *Race and the Education of Desire: Foucault's History of Sexuality and the Colonial Order of Things*, Durham, N.C.: Duke University Press, 1995.

30. Raoul Girardet, *L'Idée coloniale en France*, Paris: La Table Rond, 1972, 271-2.

31. H. Le Chartier and Charles Legrand, *Guide de France en Océanie et Océanie en France*, Paris: Jouvet, 1889, 198.

32. Stephen Greenblatt, *Marvelous Possessions* Chicago: University of Chicago Press, 1991; Anthony Pagden, *European Encounters with the New World from Rennaisance to Romanticism*, New Haven, Conn.: Yale University Press, 1993, and Pagden, ed., *Facing Each Other: The World's Perception of Europe and Europe's Perception of the World*, Aldershot/ Hampshire: Ashgate/Variforum, 2000; Stuart B. Schwartz, *Implicit Understandings: Observing, Reporting, and Reflecting in the Encounters Between Europeans and Other Peoples in the Early Modern Era*, Cambridge: Cambridge University Press, 1994; Pierre Loti, *A Pilgrimmage to Angkor*, Bangkok: Ed . M. Smithies, 1996, 90.

33. Stuart Persell, *The French Colonial Lobby, 1889-1938*, Stanford: Hoover, 1983, 3-4; Stephen Roberts, *History of French Colonial Policy, 1870-1925*, London: P.S. King and Son, 1929; Albert Sarrault, *La Mise en valeur des colonies françaises*, Paris: Payot, 1923; Scott Cook, *Colonial Encounters in the Age of High Imperialism*, New York: Harper Collins, 1997.

34. Auguste Pavie, *A la conquête des coeurs*, Paris: Presses Universitaires de France, 1947, 268.

35. Félicien Challayé, *Souvenirs sur la colonisation* , Paris: Picart, 1935, 4 . On the *mission civilisatrice*, see Alice Conklin, *A Mission to Civilize: The Republican Idea of Empire in France and West Africa, 1895-1930*, Stanford: Stanford University Press, 1997·

36. Challayé, *Souvenirs*, 4, 40, 201.

37. *Océanie Française*, no. 123 (January/February 1931); cited and narrated in Robert Aldrich, *The French Presence*, 268. Castex was a major theorist of naval strategy.

第一章　法國太平洋的家族浪漫史 羅什福爾

1. Marie-Pascale Bault, ed., *Pierre Loti en Chine et au Japon*, Musée des beauxarts de Rochefort, see "Les voyages de P. Loti en extreme orient a la fin du XIXe siècle," 4; Suetoshi Funaoka, "Les Itinéraires de Pierre Loti en Extrême-Orient," *Revue Pierre Loti*, no. 18 (April 1984), 31-

Family Life in French and Dutch Colonialism, Charlottesville: University Press of Virginia, 1998; Alice Conklin, *A Mission To Civilize: The Republican Idea of Empire in France and West Africa, 1895- 1930*, Stanford: Stanford University Press, 1997; Antoinette Burton, *Burdens of History: British Feminists, Indian Women, and Imperial Culture, 1865-1915*, Chapel Hill: University of North Carolina Press, 1994; Ann Laura Stoler, *Carnal Knowledge and Imperial Power: Race and the Intimate in Colonial Rule*, Berkeley: University of California Press, 2002; more generally, William Reddy, *The Navigation of Feeling: A Framework for the History of Emotions*, Cambridge: Cambridge University Press, 2001, an excellent overview and analytic framework. Also, impossible to miss for its breadth and ambition, Peter Gay, *The Bourgeois Experience: Victoria to Freud* (5 vols.), New York: Oxford University Press (1986-1998).

22. *Le Saigonnais*, October 7, 1886, 17. On love as a force, see Vicente Rafael, *White Love*; also, Maurizio Viroli, *For Love of Country: An Essay on Patriotism and Nationalism*, Oxford: Oxford University Press, 1995.
23. Nicholas Thomas, *In Oceania: Visions, Artifacts, Histories*, Duke University Press, 1997, 16-17, 45; Thomas, "The Primitivist and the Postcolonial," in his *Colonialism's Culture: Anthropology, T ravel, and Government*, Princeton, N.J.: Princeton University Press, 1994, 170-95; Christophe Charle, *La Crise des sociétés imperiales: Allemagne, France, Grande Bretagne, 1900-1940*, Paris: Seuil, 2001; Robert Young, *White Mythologies: Writing History and the West*, London: Routledge, 1990, esp. chs. l, 7-8.
24. Pierre Loti, *Impressions,* New York: Brentanos, 1900, introduction by Henry James, 14.
25. Lesley Blanch, *Pierre Loti: Portrait of an Escapist,* London: Collins, 1983; Christian Genet and Daniel Hervé, *Pierre Loti, l'enchanteur*, Gemozac: La Caillerie, 1988; Alain Villiers-Quella et al., ed., *Pierre Loti: Cette eternelle nostalgie, journal intime, 1878-1911*, Paris: La Table Ronde, 1997.
26. *Pierre Loti: The Romance of a Great Writer*, London: Kennikat, 1926, reissued 1970, 41; Paul Bourget, *Physiologie de l'amourmoderne*, Paris: Plon, 1889, 22, reissued, 1995; also, Stephen Barney, *Allegories of History, Allegories of Love*, Hamden: Archon, 1979, "allegories of history 'mark time' as they measure the distance from the revealed form of salvation and the not-present fact of salvation. Allegories of love, in analogous fashion, seek out the prelapsarian world for their setting," 177.
27. Saidya V. Hartman, *Scenes of Subjection*, New York: Oxford, 1997, 23-4. See Roland Barthes, *Plaisir du texte*, Paris: Ed. du Seuil, 1973, 9: "ne jamais s'excuser, ne jamais s'expliquer, il ne nie jamais rien, ... je détournerai mon regard, ce sera désormais ma seule négation." Roland Greene, *Unrequited Conquests: Lov e and Empire in the Colonial Americas*, Chicago: University of Chicago Press, 1999, 11-14.

Gesa Mackentheun, eds., *Sea Changes: Histori cizing the Ocean*, New York: Routledge, 2004.

11. Paul de Deckker and Pierre Yves Toullelan, eds., *La France et la Pacifique*, Paris: Société Française d'histoire d'outre-mer, 1990; Jean Chesneaux and Nic Maclellan, *La France dans le Pacifique: De Bougainville* à *Moruroa*, Paris: La Découverte, 1993; Stephen Heningham, *France and the South Pacific:A Contemporary History*, Honolulu: University of Hawaii Press, 1992; Deryck Scarr, ed., "France in the Pacific: Past, Present, and Future," *journal of Pacific History*, no. 26 (1991).
12. See Pierre Yves Toullelan, *Tahiti Coloniale, 1860-1914*, Paris: Sorbonne, 1987, 237. Robert Aldrich, *The French Presence in the South Pacific, 1842-1940*, Honolulu: University of Hawaii Press, 1990; Rod Edmond, *Representing the South Pacific*, Cambridge: Cambridge University Press, 1997; Anne Godlewska and Neil Smith, *Geography and Empire*, Oxford: Blackwell, 1994.
13. An excellent overview by John Dunmore, *Visions and Realities: France in the Pacific, 1695-1995*, Waikanae, N.Z.: Heritage Press, 1997.
14. Havelock Ellis, preface to Bronislaw Malinowski, *The Sexual Life of Savages*, New York: Halcyon, 1929, vii. See also the classic by Bernard Smith, *European Vision and the South Pacific: 1768-1850: A Study in the History of Art and Ideas*, Melbourne: Oxford University Press, 1989.
15. Patricia Seed, *Ceremonies of Possession in Europe's Conquest of the New World, 1492-1640*, New York: Cambridge University Press, 1995, 26-9, 70.
16. Stendhal cited by Luisa Passerini, *Europe in Love, Love in Europe*, London: I. B.Tauris, 1999, 206. For comparative work, see Lisa Lowe, *Critical Terrains: French and British Orientalisms*, Ithaca, N.Y.: Cornell University Press, 1991.
17. Dr. Jacobus X (pseud.), *L'Art d'aimer aux colonies*, Paris: Georges Anquetil, 1927, p. 359. Comparatively, especially on Cook, see Kathleen Wilson, *Island Race: Englishness, Empire and Gender in the Eighteenth Century*, New York: Routledge, 2002.
18. "Rapport de Admiral Brossard de Corbigny," C.A.O.M., FM/ SG/ C. 140, doss. A120.
19. See "Interview: In liefde verenigd: het vitale Europa van Luisa Passerini," *Niewuste Tijd* (March 2002), 6. In detail, Passerini, *Europe in Love, Love in Europe*, esp. introduction, chapters 2, 6, 7. See discussion of Irving Singer and Octavio Paz, who distinguish "between the feeling of love, which belongs to all times and places, and the idea or ideology oflove typical of a certain society and epoch," 8-9.
20. Vicente L. Rafael, *White Love and Other Events in Filipino History*, Durham, N.C.: Duke University Press, 2000; John Hirst, *The Sentimental Nation: The Mak ing of the Australian Commonwealth*, Melbourne: Oxford University Press, 2000; Jane Samson, *Imperial Benevolence: Making British Authority in the Pacific Islands*, Honolulu: University of Hawaii Press, 1998
21. Julia Clancy-Smith and Frances Gouda, eds., *Domesticating the Empire: Race, Gender, and*

Provincializing Europe: Postcolonial Thought and Historical Difference, Princeton, N.J.: Princeton University Press, 2000.

7. Bronwen Douglas, "Doing Ethnographic History: Reflections on Practices and Practising," in Brij Lal, ed., *Pacific Islands History: journeys and Traniforma tions*, Canberra, 1992, 106. In a larger context, see Douglas,*Across the Great Divide: journeys in History and Anthropology*, Amsterdam: Harwood Academic Publishers, 1998; also Robert Borofsky, ed., *Remembrance of Pacific Pasts: An Invitation to Remake History*, Honolulu: University of Hawaii Press, 2000, 26.
8. Henri Lutteroth, *O-Taiti, histoire et enquête*, Paris: Paulin, 1843, iii; René Pinon, "La France des antipodes," *Revue des deux mondes*, 158 (1900), 784.
9. See Pierre Nora, ed., *Les Lieux de mémoire*,7 vols., Paris: Gallimard (1984-1992); Jeffrey K. Olick, ed., *States of Memory: Continuities, Conflicts, and Transformations in National Retrospection*, Durham, N.C.: Duke University Press, 2003. For excellent bibliographical notes on the pioneering work and legacies of ethnographic and anthropological "micro-histories" in European studies (works by Emmanuel Le Roy Laduire, Natalie Zemon Davis, Carlo Ginzburg, Robert Darnton, Clifford Geertz, and others), see Edward Berenson, *The Trial of Madame Caillaux*, Berkeley: University of California Press, 1992, 7-8, 251-2. For the Pacific works of Dening and Thomas, see Greg Dening, *Islands and Beaches: Discourse on a Silent Land, Marquesas, 1774-1880*, Honolulu: University of Hawaii Press, 1980; Dening, *History's Anthropology: The Death of William Gooch*, 1988; Dening, *Mr. Bligh's Bad Language: Passion, Power and Theatre on the Bounty*, Cambridge: Cambridge University Press, 1992; Dening, "A Poetics for Histories: Transformations that Present the Past," in Aletta Biersack, ed., *Clio in Oceania: Towards an Historical Anthropology*, Washington, D.C.: Smithsonian Institution Press, 1991, 347-80; Nicholas Thomas, "Partial Texts: Representation, Colonialism and Agency in Pacific History," in his *In Oceania: Visions, Artifacts, Histories*, Durham, N.C.: Duke University Press, 1997, 23-49; Thomas, *Oceanic Art*, London: Thames and Hudson, 1995; Thomas, "The Indigenous Appropriation of European Things," in his *Entangled Objects*, 83-124.
10. Marshall Sahlins, *Islands of History*, Chicago: University of Chicago Press, 1985; on the contested nature of historical narratives, Gananath Obeyesekere, *The Apotheosis of Captain Cook: European Mythmaking in the Pacific*, Princeton, N.J.: Princeton University Press, 1992, and Marshall Sahlins, *How "Natives" Think: About Captain Cook,for Example*, Chicago: University of Chicago Press, 1996. See also Brownen Douglas, "Fracturing Boundaries ofTime and Place in Melanesian Anthropology," *Oceania*, 66, no. 3 (1996), 177-84; some scholars have also usefully adapted Richard White, *The Middle Ground: Indians, Empires, and Republics in the Great Lakes Region, 1650-1815*, Cambridge: Cambridge University Press, 1991—see interview in Borofsky, ed., *Remembrance of Pacific Pasts: An Invitation to R emake History*; also, Bernhard Klein and

參考文獻

導論

1. Louis Antoine de Bougainville, *Voyage autour du monde*, Paris, 1771; Charlotte Haldane, *Tempest Over Tahiti*, London: Constable, 1963, 2.
2. Archives Territoriales, Tipaerui, Tahiti, 48W/1078, 1-3.
3. Admiral P. Revèillère, in Juliette Adam, ed., *A Vasco de Gama: Hommage de la pensée française, 1498-1898*, Paris/Lisbon: Guillard, Aillaud, 1898, 15; Paul de Deckker and Pierre Yves Toullelan, eds., *La France et la Pacifique*, Paris: Société Française d'histoire d'outre-mer, 1990; Jean Chesneaux and Nic Maclellan, *La France dans le Pacifique: de Bougainville* à *Moruroa*, Paris: La Découverte, 1993; Stephen Heningham, *France and the South Pacific:A Contemporary History*, Honolulu: University of Hawaii Press, 1992; Deryck Scarr, ed., "France in the Pacific: Past, Present, and Future," special issue of *journal of Pacific History*, no. 26 (1991).
4. J. Charles Roux, *Colonies et pays de protectorats*, Paris: Exposition universelle de 1900, 1900, 225, 305.
5. Epeli Hau'ofa, "Our Sea of Islands," *Contemporary Pacific* 6, no. 1 (1994), 148- 61; for extended commentaries, *A New Oceania: Rediscovering Our Sea of Islands*, ed. Eric Waddell, Vijay Naidu, and Epeli Hau'ofa, Suva: University of the South Pacific, 1994; also Arif Dirlik and Rob Wilson, eds., *Asia-Pacific as Space of Cultural Production*, Durham, N.C.: Duke University Press, 1995; David Woodward and G. Malcolm Lewis, eds., *History of Cartography: Cartography in Traditional African, American, Arctic, Australian, and Pacific Societies*, vol. 2, book 3, Chicago: University of Chicago Press, 1998, esp. Ben Finney, "Nautical Cartography and Traditional Navigation in the Pacific Basin," 419, passim; David Lewis, *We the Navigators: The Ancient Art of Landfaring in th e Pacific*, ed. Derek Oulton, Honolulu: University of Hawaii Press, 1994; Otto Winkler, "On Sea Charts Formerly Used in the Marshall Islands with Notices on the Navigation of These Islands in General," *Annual Report of the Board of Regents of the Smithsonian Institution*, Washington, D.C.: Government Printing Office, 1901, 487-508.
6. See Nicholas Thomas, *Entangled Objects: Exchange, Material Culture, and Colonialism in the Pacific*, Cambridge: Cambridge University Press, 1991. Also, Greg Dening, "History 'in' the Pacific," *Contemporary Pacific 1*, nos. 1 and 2 (1989), 134-9; Dipesh Chakrabarty,

愛的帝國

權力與誘惑，作為感官文本的「法屬太平洋」

Empire of Love: Histories of France and the Pacific

作者　馬特・松田（Matt K. Matsuda）
譯者　丁超
主編　洪源鴻
責任編輯　賴英錡
行銷企畫　蔡慧華
封面設計　莊謹銘
內頁排版　宸遠彩藝
社長　郭重興
發行人兼出版總監　曾大福
出版發行　八旗文化／遠足文化事業股份有限公司
地址　新北市新店區民權路108-2號9樓
電話　〇二～二二一八～一四一七
傳真　〇二～八六六七～一〇六五
客服專線　〇八〇〇～二二一～〇二九
信箱　gusa0601@gmail.com
臉書　facebook.com/gusapublishing
部落格　gusapublishing.blogspot.com
法律顧問　華洋法律事務所／蘇文生律師
印刷　成陽彩色印刷有限公司
出版　二〇二一年九月（初版首刷）
定價　五〇〇元整
ISBN　9789860763300（平裝）
9789860763317（EPUB）
9789860763324（PDF）

Empire of Love: Histories of France and the Pacific
Copyright © 2005 by Oxford University Press, Inc.
Complex Chinese edition copyright © 2021 by Gusa Press, a division of Walkers Cultural Enterprise Ltd.
This edition is published by arrangement with Oxford University Press, Inc. through Andrew Nurnberg Associates International Limited.
All rights reserved.

◎版權所有，翻印必究。本書如有缺頁、破損、裝訂錯誤，請寄回更換
◎歡迎團體訂購，另有優惠。請電洽業務部（02）22181417分機1124、1135
◎本書言論內容，不代表本公司／出版集團之立場或意見，文責由作者自行承擔

愛的帝國：
權力與誘惑，作為感官文本的「法屬太平洋」
馬特・松田 (Matt K. Matsuda) 著／一版／新北市／八旗文化出版／遠足文化事業股份有限公司發行／2021.09
面；　公分
ISBN 978-986-0763-30-0（平裝）
譯自：Empire of love : histories of France and the Pacific
一、法國史　二、殖民地　三、帝國主義　四、太平洋
742.1
110012245